プリント形式のリアル過去問で本番の臨場感！

大分県

大分高等学校

2025年春受験用

解答集

本書は，実物をなるべくそのままに，プリント形式で年度ごとに収録しています。
問題用紙を教科別に分けて使うことができるので，本番さながらの演習ができます。

■ 収録内容

・解答集(この冊子です)

書籍ＩＤ番号，この問題集の使い方，最新年度実物データ，リアル過去問の活用，
解答例と解説，ご使用にあたってのお願い・ご注意，お問い合わせ

・2024(令和６)年度 ～ 2022(令和４)年度　学力検査問題

JN132504

〇は収録あり　年度	'24	'23	'22		
■ 問題(後期)	〇	〇	〇		
■ 解答用紙	〇	〇	〇		
■ 配点	〇	〇	〇		
■ 英語リスニング原稿※	〇	〇	〇		

解答はありますが
解説はありません

※リスニングの音声は収録していません
注)問題文等非掲載:2023年国語の【二】と英語の【2】

問題文などの非掲載につきまして

著作権上の都合により，本書に収録している過去入試問題の本文や図表の一部を掲載しておりません。ご不便をおかけし，誠に申し訳ございません。

本文の一部を掲載できなかったことによる国語の演習不足を補うため，論説文および小説文の演習問題のダウンロード付録があります。弊社ウェブサイトから書籍ＩＤ番号を入力してご利用ください。

なお，問題の量，形式，難易度などの傾向が，実際の入試問題と一致しない場合があります。

教英出版

■　書籍ＩＤ番号

入試に役立つダウンロード付録や学校情報などを随時更新して掲載しています。
教英出版ウェブサイトの「ご購入者様のページ」画面で，書籍ＩＤ番号を入力してご利用ください。

書籍ＩＤ番号　101543

（有効期限：2025年9月30日まで）

【入試に役立つダウンロード付録】
「ラストチェックテスト（標準／ハイレベル）」
「高校合格への道」

■　この問題集の使い方

年度ごとにプリント形式で収録しています。針を外して教科ごとに分けて使用します。①片側，②中央のどちらかでとじてありますので，下図を参考に，問題用紙と解答用紙に分けて準備をしましょう（解答用紙がない場合もあります）。

針を外すときは，けがをしないように十分注意してください。また，針を外すと紛失しやすくなりますので気をつけましょう。

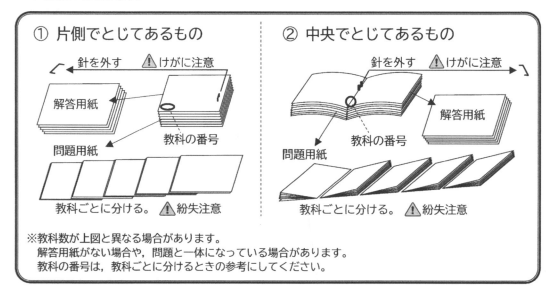

① 片側でとじてあるもの

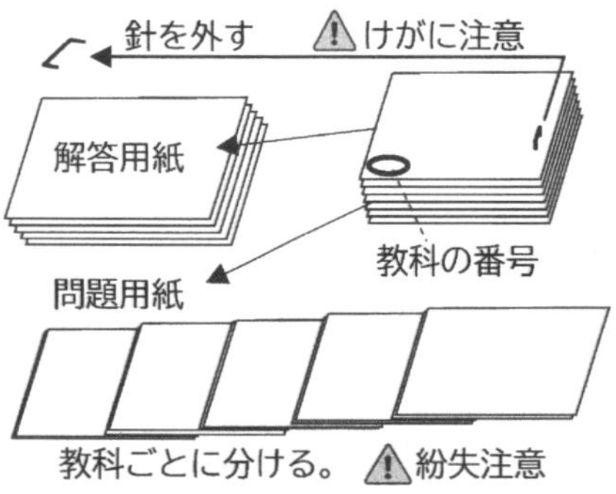

② 中央でとじてあるもの

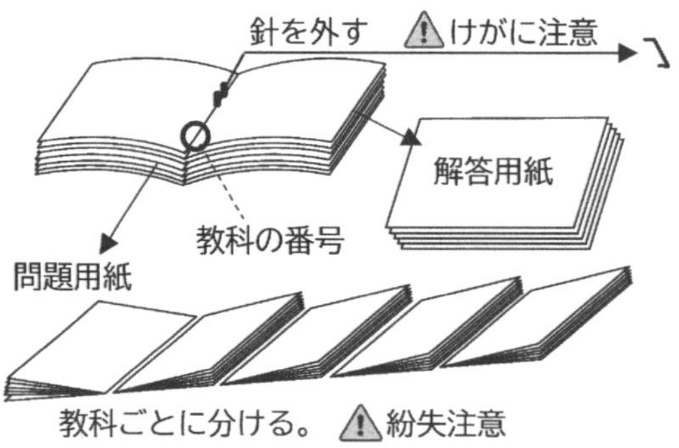

※教科数が上図と異なる場合があります。
　解答用紙がない場合や，問題と一体になっている場合があります。
　教科の番号は，教科ごとに分けるときの参考にしてください。

■　最新年度　実物データ

実物をなるべくそのままに編集していますが，収録の都合上，実際の試験問題とは異なる場合があります。実物のサイズ，様式は右表で確認してください。

問題用紙	Ａ４冊子（二つ折り）
解答用紙	Ａ３片面プリント

リアル過去問の活用

～リアル過去問なら入試本番で力を発揮することができる～

本番を体験しよう！

問題用紙の形式（縦向き / 横向き），問題の配置や余白など，実物に近い紙面構成なので本番の臨場感が味わえます。まずはパラパラとめくって眺めてみてください。「これが志望校の入試問題なんだ！」と思えば入試に向けて気持ちが高まることでしょう。

入試を知ろう！

同じ教科の過去数年分の問題紙面を並べて，見比べてみましょう。

① 問題の量

毎年同じ大問数か，年によって違うのか，また全体の問題量はどのくらいか知っておきましょう。どのくらいのスピードで解けば時間内に終わるのか，大問ひとつにかけられる時間を計算してみましょう。

② 出題分野

よく出題されている分野とそうでない分野を見つけましょう。同じような問題が過去にも出題されていることに気がつくはずです。

③ 出題順序

得意な分野が毎年同じ大問番号で出題されていると分かれば，本番で取りこぼさないように先回りして解答することができるでしょう。

④ 解答方法

記述式か選択式か（マークシートか），見ておきましょう。記述式なら，単位まで書く必要があるかどうか，文字数はどのくらいかなど，細かいところまでチェックしておきましょう。計算過程を書く必要があるかどうかも重要です。

⑤ 問題の難易度

必ず正解したい基本問題，条件や指示の読み間違いといったケアレスミスに気をつけたい問題，後回しにしたほうがいい問題などをチェックしておきましょう。

問題を解こう！

志望校の入試傾向をつかんだら，問題を何度も解いていきましょう。ほかにも問題文の独特な言いまわしや，その学校独自の答え方を発見できることもあるでしょう。オリンピックや環境問題など，話題になった出来事を毎年出題する学校だと分かれば，日頃のニュースの見かたも変わってきます。

こうして志望校の入試傾向を知り対策を立てることこそが，過去問を解く最大の理由なのです。

実力を知ろう！

過去問を解くにあたって，得点はそれほど重要ではありません。大切なのは，志望校の過去問演習を通して，苦手な教科，苦手な分野を知ることです。苦手な教科，分野が分かったら，教科書や参考書に戻って重点的に学習する時間をつくりましょう。今の自分の実力を知れば，入試本番までの勉強の道すじが見えてきます。

試験に慣れよう！

入試では時間配分も重要です。本番で時間が足りなくなってあわてないように，リアル過去問で実戦演習をして，時間配分や出題パターンに慣れておきましょう。教科ごとに気持ちを切り替える練習もしておきましょう。

心を整えよう！

入試は誰でも緊張するものです。入試前日になったら，演習をやり尽くしたリアル過去問の表紙を眺めてみましょう。問題の内容を見る必要はもうありません。どんな形式だったかな？受験番号や氏名はどこに書くのかな？…ほんの少し見ておくだけでも，志望校の入試に向けて心の準備が整うことでしょう。

そして入試本番では，見慣れた問題紙面が緊張した心を落ち着かせてくれるはずです。

※まれに入試形式を変更する学校もありますが，条件はほかの受験生も同じです。心を整えてあせらずに問題に取りかかりましょう。

2024 解答例 令和6年度　大分高等学校

《国　語》

【一】問一．1．心機　2．著　3．宣伝　4．つら　5．じゃり　6．おんこう

問二．(1)エ　(2)イ　(3)あんちゅうもさく　　問三．エ

【二】問一．エ　　問二．膨大な知識の体系　　問三．ア　　問四．種　　問五．エ　　問六．エ

問七．Ⅰ．好きや嫌いは、大切にしなければならない　Ⅱ．単なる好きや嫌いの感覚から距離を置く

問八．ⓑ　　問九．イ

【三】問一．a．ウ　b．ア　　問二．エ　　問三．可能性　　問四．イ　　問五．イ

問六．ギシギシの玉どもの列をディフェンスに見立ててドリブルで進む

問七．Ⅰ．モグラの土出しの跡　Ⅱ．蹴上げて　　問八．イ　　問九．エ

【四】問一．おくりまいらせて、しあわせしたり　　問二．1．大山　2．道　3．あるじ　　問三．エ

問四．夜(道)を行くようだ。　　問五．ア　　問六．(1)ア　(2)エ

《数　学》

【1】(1)① -7　② 1　③ $6\sqrt{3}$　④ $\frac{3y}{10}$　⑤ $a-19$　　(2) $x=1$　　(3) -3, -2, -1, 0, 1, 2, 3　　(4) $\frac{32}{3}\pi$

(5)18　(6) $y=\frac{15}{x}$　(7)(エ)　(8)右図

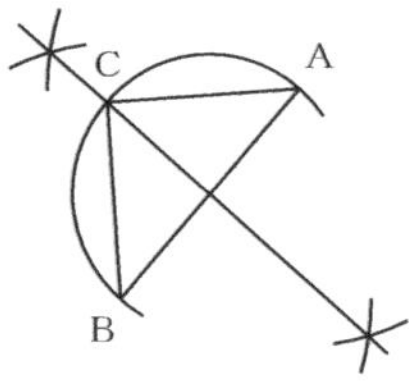

〔別解〕

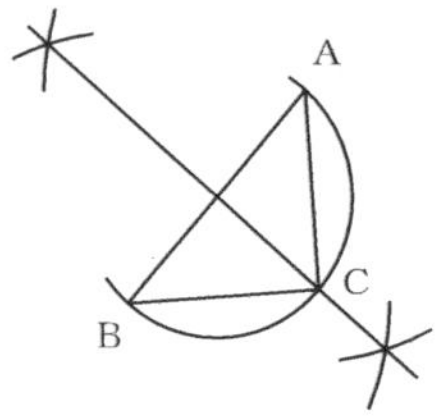

【2】(1) $-3\leqq y\leqq 0$　　(2) $\frac{15}{2}$　　(3) $\frac{4}{3}$

【3】(1)70　(2)17, 4　(3)C, 白

【4】(1)(ⅰ) $2x-8$　(ⅱ)64　(2)4, 6　(3)46

【5】(1)ウ　(2) $\frac{1000}{3}$　(3) $\sqrt{2}$　(4) $\frac{64}{3}$

【6】(1)20

(2)∠AOB＝∠BCF＝90°…①　AB//EFより ∠ABO＝∠BFC(同位角)…②

①, ②より2組の角がそれぞれ等しいので △AOB∽△BCF

(3)22

《英　語》

【1】A．1番…イ　2番…ア　　B．1番…ウ　2番…イ　3番…エ　　C．1番…エ　2番…ウ　3番…エ

【2】A．(1)エ　(2)イ　(3)enjoy sports and delicious food　(4)ウ　　B．①エ　②ウ　③イ　④オ

【3】A．(a Shinkansen の例文) it is faster than a bus and cheaper than an airplane.

B．they should go to Beppu to take a bath in a hot spring.

【4】(1)ウ　(2)ア　(3)is kept by　(4)エ　(5)エ　(6)I should get up early.

【5】(1)ウ　(2)good／for／skin　(3)①温泉の熱を利用することで，二酸化炭素の排出量を減らすことができるから。

②温泉水はたくさんのミネラルを含んでいるので，土にとってよいから。

(4)③ウ　④イ，カ　⑤ア，エ　⑥オ，キ

《理　科》

【１】⑴重力　⑵慣性の法則　⑶右図　⑷右図

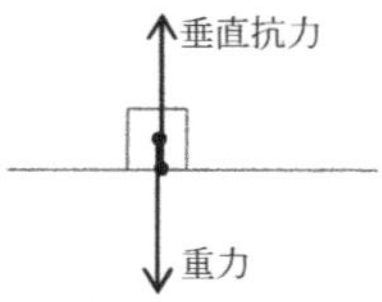

【１】⑶の図

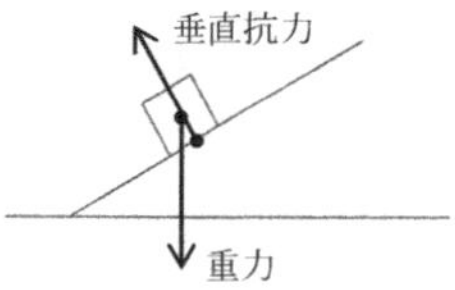

【１】⑷の図

【２】⑴青　⑵陽極　⑶腐卵臭
⑷適当でない収集法…上方置換法　理由…空気より重い気体であるから。　⑸A．NH_3　C．H_2　E．CO_2

【３】⑴0.275　⑵運動神経　⑶皮ふ→脊髄→脳→脊髄→筋肉
⑷虹彩　⑸反射　⑹レンズに入る光の量(下線部は水晶体でもよい)

【４】⑴イ　⑵ア，エ　⑶名称…寒冷前線　記号…右図　⑷図２…イ　図３…ウ
⑸①積乱雲　②乱層雲　⑹イ，ウ，オ

【４】⑶の図

【５】⑴ア．電流　イ．８　ウ．4320000　⑵ア．並列　イ．５　ウ．６　⑶ア．28.5　イ．40.5

【６】⑴突然沸騰するのを防ぐため。　⑵ｃ　⑶ａ，ｄ　⑷①A，D，E　②D，F

【７】⑴ア．無脊椎　イ．節足　ウ．軟体　エ．えら　⑵外とう膜
⑶からだの内部を守り，からだを支えるはたらき。

【８】⑴①イ　②イ　③ア　④イ　⑵ア，イ　⑶鉱物　⑷イ

《社　会》

【１】⑴①北東　②アフリカ　③ア　④ア　⑵①酪農　②エ　③エ　⑶エ　⑷①エ　②(空間が多い土壌ができあがり)水はけがよい

【２】⑴①鑑真　②ウ　③ウ　⑵①ア　②免罪符　③エ　⑶①エ　②ウ　⑷①ア→ウ→イ　②不平等条約を改正するため。

【３】⑴①ウ　②ウ　⑵ウ　⑶イ　⑷エ　⑸①クーリング・オフ　②裁判員　⑹①イ　②直接請求権
③所得が高くなるにつれ，税率も高くなる。

【４】⑴イ　⑵イ　⑶ウ　⑷ア　⑸平和　⑹シリコンバレー

2023 解答例 令和５年度　大分高等学校

《国　語》

【一】問一．１．照　２．歓喜　３．保護　４．ね　５．えんせん　６．せきべつ　問二．ウ　問三．(1)エ　(2)イ　問四．ウ

【二】問一．ａ．エ　ｂ．ウ　問二．エ　問三．ごく短期的な予測に基づいて奇妙な手を打ってしまうことがある　問四．イ　問五．ア　問六．合理性　問七．(1)①23．9　④79．8　(2)②不安　③恐怖感（②と③は順不同）　(3)イ　(4)ア

【三】問一．四　問二．四方八方から剣が刺さってくる　問三．Ａ，Ｂ，Ｅ　問四．エ　問五．イ　問六．イ　問七．(1)つまらないプライド　(2)ア　問八．ウ

【四】問一．ａ．うえて　ｂ．くいつる　問二．イ　問三．心ならず　問四．ウ　問五．(1)死なむよりは　(2)ア

《数　学》

【１】(1)①-7　②-27　③$2\sqrt{2}$　④$\frac{5x-y}{6}$　⑤$-8a^3$　(2)$\frac{7\pm\sqrt{13}}{2}$　(3)$12\sqrt{6}$　(4)ウ　(5)105°　(6)-3　(7)ウ　(8)右図

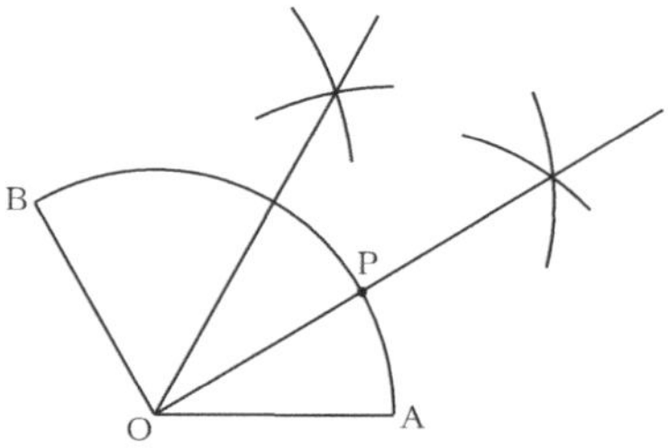

【２】(1)4　(2)$y=-x+5$　(3)$(\frac{8}{5},\ \frac{17}{5})$

【３】(1)$a^4+4a^3+6a^2+4a+1$　(2)(ア)０　(イ)10　(3)128

【４】(1)1216　(2)ア．$x+y$　イ．$14x+16y=1216$　(3)ウ．$2x$　エ．64　(4)１年生…32　２年生…48

【５】(1)辺ＢＦの中点を通るように切ればよい。
(2)辺ＡＥの中点を通るように切ればよい。（下線部はＣＧ，ＥＨ，ＧＨでもよい）　(3)$\frac{9}{2}$　(4)72　(5)162

【６】(1)ア．Ｂ　イ．Ｄ　ウ．垂直二等分線
(2)エ．90°$-$∠ＥＤＦ　オ．１組の辺とその両端の角がそれぞれ等しい　カ．対応する辺の長さ

《英　語》

【１】［Ａ］１番…ウ　２番…エ　［Ｂ］１番…ア　２番…イ　３番…ア　［Ｃ］１番…ウ　２番…エ　３番…イ

【２】Ａ．(1)ウ　(2)イ　(3)エ，イ，ア，ウ　(4)エ　Ｂ．①イ　②オ　③ア　④エ

【３】Ａ．(a personal computer の例文) I want to play computer games with my friends after doing my homework.
Ｂ．study English because I want to be an English teacher in the future.

【４】(1)エ　(2)イ　(3)エ　(4)ア→エ→イ→ウ　(5)They should wear masks during the festival.

【５】(1)エ　(2)イ　(3)エ　(4)①stayed　②memories　③helped　④live

《理　科》

【1】(1)力学的エネルギー　(2)a，b　(3)①m　②i　(4)熱エネルギーの発生が少ないから。　(5)③g　④c

【2】(1)陽極　(2)$NaOH \rightarrow Na^{+} + OH^{-}$　(3)青色　(4)青色に変わった部分が陽極側へ広がった。〔別解〕青色に変わった部分が図の左方向へ広がった。　(5)ウ，オ

【3】(1)ア．ヘモグロビン　イ．血小板　ウ．組織液　A．ウイルスや細菌などをとらえる。　(2)①筋肉がないため　②横隔膜　(3)養分からエネルギーを取り出す細胞の呼吸に使われている。

【4】(1)A．シベリア気団　B．小笠原気団　(2)イ　(3)西高東低　(4)北西　(5)季節風　(6)日本海側…雪や雨　太平洋側…乾燥した晴れ

【5】(1)15 ㎝　(2)27 ㎝　(3)160g　(4)0.4N　(5)エ

【6】(1)H_2　(2)水上置換法　(3)水にとけにくい　(4)三角フラスコ内の空気を含むから。　(5)エ

【7】(1)背骨がある　(2)無脊椎動物　(3)A．は虫類　C．両生類　E．魚類　(4)陸上…A，B　水中…C，E　違い…陸上で産む卵には殻があるが，水中で産む卵には殻がないという違い。　(5)イモリ…C　クジラ…D

【8】(1)b．エ　g．オ　(2)イ　(3)化石を何というか…示相化石　符号…イ　(4)Ⅰ．カ　Ⅱ．イ　Ⅲ．エ

《社　会》

【1】(1)ア　(2)氷河　(3)d　(4)ウ　(5)①ウ　②エ

【2】(1)①2000　②ア　(2)エ　(3)三角州　(4)エ　(5)イ　(6)年間を通して降水量が少ないため，ため池を用いて農業用水を確保した。

【3】(1)①古事記　②ウ　(2)エ　(3)C→B→A　(4)①ウ　②銀の流出／三角貿易

【4】(1)徴兵令　(2)イ　(3)イ　(4)ア　(5)ウ　(6)エ　(7)プーチン

【5】(1)エ　(2)イ　(3)イ　(4)エ　(5)ウ　(6)一般の銀行に対し，資金の貸し出しや預金の受け入れをおこなうから。

【6】(1)ウ　(2)エ　(3)株主総会　(4)イ　(5)CSR　(6)イ　(7)エ

2022 解答例 令和４年度　大分高等学校

《国　語》

【一】問一．１．散策　２．見聞　３．地域　４．したく　５．ゆる　６．ふだ　　問二．⑴ウ　⑵イ
問三．⑴エ　⑵体言止め

【二】問一．危機から自　　問二．トラブルに対処する　　問三．⑴Ⅰ．イ　Ⅲ．エ　⑵身体の同調　⑶イ
問四．Ⅰ．現代人の脳の大きさ　Ⅱ．狩猟採集生活　　問五．喜／哀　　問六．⑴ウ　⑵ア　　問七．ギャップ

【三】問一．c　　問二．たくさんの知恵に育まれてきた果実みたいなもの　　問三．ア　　問四．決まりきったことをきちんきちんとこなす　　問五．ウ　　問六．A．エ　B．イ　　問七．祖母　　問八．エ
問九．Ⅰ．誰が活けても同じ型。　Ⅱ．エ

【四】問一．いと　　問二．係り結び(の法則)　　問三．ウ　　問四．エ　　問五．夜　　問六．徒然草

《数　学》

【１】⑴①９　②１　③$-2a-17b$　④$\frac{x-y}{2}$　⑤$7+2\sqrt{3}$
⑵$\frac{3\pm3\sqrt{5}}{2}$　　⑶$a=\frac{\ell-2b}{2}$　　⑷64°　　⑸2400　　⑹右図

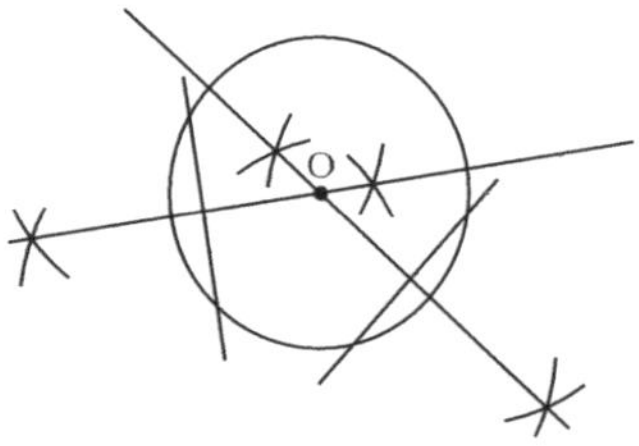

【２】⑴$\frac{1}{3}$　　⑵$(\frac{9}{2}, \frac{27}{4})$　　⑶27　　⑷$72\pi$

【３】⑴①８　②$\frac{7}{36}$　　⑵①$x=3$　$y=11$　②６，13

【４】⑴３　　⑵16　　⑶0.5　　⑷10

【５】⑴三角錐〔別解〕四面体　　⑵∠CDM＝90°　　⑶128　　⑷$\frac{24}{5}$

【６】⑴円周角の定理の逆　　⑵同一円周上　　⑶ACD　　⑷52

《英　語》

【１】［A］１番…イ　２番…ウ　　［B］１番…ア　２番…エ　３番…イ　　［C］１番…ウ　２番…エ　３番…エ

【２】A．⑴①イ　②オ　③エ　④ウ　⑵イ　⑶ウ　　B．①ウ　②オ　③ア　④エ

【３】A．⑴①how many foreign people live　②half　⑵How about checking why they have come to Oita together
B．Kyoto.　It has famous shrines and temples to visit.　We can learn many things from them

【４】⑴ウ　　⑵(c)エ　(d)ア　　⑶イ　　⑷ウ　　⑸We can use our own shopping bags.

【５】⑴ア　　⑵ア，イ　　⑶①positive〔別解〕happy　②tired　③encouraging　④friendship(s)

《理　科》

【1】(1)C　(2)4　(3)1.5　(4)1

【2】(1)溶解度　(2)D　(3)A　(4)A　(5)再結晶

【3】(1)イ　(2)①ア．鏡筒内にゴミが落ちないようにするため。　イ．プレパラートと対物レンズがぶつからないようにするため。　②100　(3)①イ　②エ　③オ

【4】(1)P波…初期微動　S波…主要動　(2)75　(3)10　(4)P波…5　S波…3　(5)20　(6)9，17，45

【5】(1)符号…C　圧力…1200　(2)F　(3)$P_D = P_E = P_F$

【6】(1)エ　(2)Cu　(3)エ　(4)$CuCl_2 \rightarrow Cu^{2+} + 2Cl^-$　(5)A．H_2　B．Cl_2

【7】(1)デンプンの変化が，だ液のはたらきであることを確かめるため。　(2)ヒトの体温に近い状態にするため。
(3)①変化するもの…c　色…青紫色　②試験管内にデンプンが存在したため。　(4)③加熱　④b
(5)だ液はデンプンを分解して，ブドウ糖が何分子かつながったものに変えるはたらきがある。

【8】(1)ウ　(2)エ　(3)西　(4)乱層雲／積乱雲　(5)天気は西から東へ変化する。太陽は西へ沈むため，夕焼けのときは，西の空が晴れているので，翌日晴れになりやすい。

《社　会》

【1】(1)①経済特区　②ア　(2)①略称…ＡＳＥＡＮ　記号…イ　②東経105　(3)①ウ　②ウ

【2】(1)①エ　②4750　(2)ア　(3)ウ　(4)ア　(5)オ　(6)やませの影響による冷害で，不作であったから。

【3】(1)①エ　②空海　(2)ア　(3)南蛮貿易　(4)①異国船打払令　②特産物の専売を強化し，有能な下級武士を登用した。

【4】(1)ルネサンス　(2)ア，エ　(3)イ　(4)エ　(5)イ　(6)ア　(7)東京大空襲

【5】(1)ウ　(2)オ　(3)イ　(4)ウ　(5)①国民審査　②国会や内閣から干渉されずに裁判をすること。

【6】(1)①ア　②イ　(2)①エ　②イ　(3)①エ　②ⅰ．分業　ⅱ．グローバル化

■ ご使用にあたってのお願い・ご注意

（1）問題文等の非掲載

著作権上の都合により，問題文や図表などの一部を掲載できない場合があります。

誠に申し訳ございませんが，ご了承くださいますようお願いいたします。

（2）過去問における時事性

過去問題集は，学習指導要領の改訂や社会状況の変化，新たな発見などにより，現在とは異なる表記や解説になっている場合があります。過去問の特性上，出題当時のままで出版していますので，あらかじめご了承ください。

（3）配点

学校等から配点が公表されている場合は，記載しています。公表されていない場合は，記載していません。

独自の予想配点は，出題者の意図と異なる場合があり，お客様が学習するうえで誤った判断をしてしまう恐れがあるため記載していません。

（4）無断複製等の禁止

購入された個人のお客様が，ご家庭でご自身またはご家族の学習のためにコピーをすることは可能ですが，それ以外の目的でコピー，スキャン，転載（ブログ，ＳＮＳなどでの公開を含みます）などをすることは法律により禁止されています。学校や学習塾などで，児童生徒のためにコピーをして使用することも法律により禁止されています。

ご不明な点や，違法な疑いのある行為を確認された場合は，弊社までご連絡ください。

（5）けがに注意

この問題集は針を外して使用します。針を外すときは，けがをしないように注意してください。また，表紙カバーや問題用紙の端で手指を傷つけないように十分注意してください。

（6）正誤

制作には万全を期しておりますが，万が一誤りなどがございましたら，弊社までご連絡ください。

なお，誤りが判明した場合は，弊社ウェブサイトの「ご購入者様のページ」に掲載しておりますので，そちらもご確認ください。

■ お問い合わせ

解答例，解説，印刷，製本など，問題集発行におけるすべての責任は弊社にあります。

ご不明な点がございましたら，弊社ウェブサイトの「お問い合わせ」フォームよりご連絡ください。迅速に対応いたしますが，営業日の都合で回答に数日を要する場合があります。

ご入力いただいたメールアドレス宛に自動返信メールをお送りしています。自動返信メールが届かない場合は，「よくある質問」の「メールの問い合わせに対し返信がありません。」の項目をご確認ください。

また弊社営業日（平日）は，午前９時から午後５時まで，電話でのお問い合わせも受け付けています。

2025 春

株式会社教英出版
〒422-8054　静岡県静岡市駿河区南安倍３丁目 12-28
TEL　054-288-2131　　FAX　054-288-2133
URL　https://kyoei-syuppan.net/
MAIL siteform@kyoei-syuppan.net

教英出版　2025年春受験用　高校入試問題集

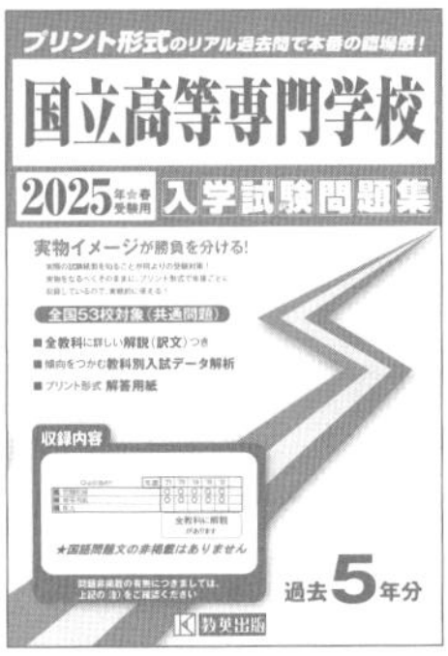

公立高等学校問題集

北海道公立高等学校
青森県公立高等学校
宮城県公立高等学校
秋田県公立高等学校
山形県公立高等学校
福島県公立高等学校
茨城県公立高等学校
埼玉県公立高等学校
千葉県公立高等学校
東京都立高等学校
神奈川県公立高等学校
新潟県公立高等学校
富山県公立高等学校
石川県公立高等学校
長野県公立高等学校
岐阜県公立高等学校
静岡県公立高等学校
愛知県公立高等学校
三重県公立高等学校(前期選抜)
三重県公立高等学校(後期選抜)
京都府公立高等学校(前期選抜)
京都府公立高等学校(中期選抜)
大阪府公立高等学校
兵庫県公立高等学校
島根県公立高等学校
岡山県公立高等学校
広島県公立高等学校
山口県公立高等学校
香川県公立高等学校
愛媛県公立高等学校
福岡県公立高等学校
佐賀県公立高等学校
長崎県公立高等学校
熊本県公立高等学校
大分県公立高等学校
宮崎県公立高等学校
鹿児島県公立高等学校
沖縄県公立高等学校

公立高 教科別8年分問題集
(2024年〜2017年)

北海道(国·社·数·理·英)
宮城県(国·社·数·理·英)
山形県(国·社·数·理·英)
新潟県(国·社·数·理·英)
富山県(国·社·数·理·英)
長野県(国·社·数·理·英)
岐阜県(国·社·数·理·英)
静岡県(国·社·数·理·英)
愛知県(国·社·数·理·英)
兵庫県(国·社·数·理·英)
岡山県(国·社·数·理·英)
広島県(国·社·数·理·英)
山口県(国·社·数·理·英)
福岡県(国·社·数·理·英)

国立高等専門学校 最新5年分問題集
(2024年〜2020年·全国共通)

対象の高等専門学校

釧路工業·旭川工業·
苫小牧工業·函館工業·
八戸工業·一関工業·仙台·
秋田工業·鶴岡工業·福島工業·
茨城工業·小山工業·群馬工業·
木更津工業·東京工業·
長岡工業·富山·石川工業·
福井工業·長野工業·岐阜工業·
沼津工業·豊田工業·鈴鹿工業·
鳥羽商船·舞鶴工業·
大阪府立大学工業·明石工業·
神戸市立工業·奈良工業·
和歌山工業·米子工業·
松江工業·津山工業·呉工業·
広島商船·徳山工業·宇部工業·
大島商船·阿南工業·香川·
新居浜工業·弓削商船·
高知工業·北九州工業·
久留米工業·有明工業·
佐世保工業·熊本·大分工業·
都城工業·鹿児島工業·
沖縄工業

高専 教科別10年分問題集

もっと過去問シリーズ
教科別
数学·理科·英語
(2019年〜2010年)

学校別問題集

北海道

①札幌北斗高等学校
②北星学園大学附属高等学校
③東海大学付属札幌高等学校
④立命館慶祥高等学校
⑤北海高等学校
⑥北見藤高等学校
⑦札幌光星高等学校
⑧函館ラ・サール高等学校
⑨札幌大谷高等学校
⑩北海道科学大学高等学校
⑪遺愛女子高等学校
⑫札幌龍谷学園高等学校
⑬札幌日本大学高等学校
⑭札幌第一高等学校
⑮旭川実業高等学校
⑯北海学園札幌高等学校

青森県

①八戸工業大学第二高等学校

宮城県

①聖和学園高等学校(A日程)
②聖和学園高等学校(B日程)
③東北学院高等学校(A日程)
④東北学院高等学校(B日程)
⑤仙台大学附属明成高等学校
⑥仙台城南高等学校
⑦東北学院榴ケ岡高等学校
⑧古川学園高等学校
⑨仙台育英学園高等学校(A日程)
⑩仙台育英学園高等学校(B日程)
⑪聖ウルスラ学院英智高等学校
⑫宮城学院高等学校
⑬東北生活文化大学高等学校
⑭東北高等学校
⑮常盤木学園高等学校
⑯仙台白百合学園高等学校
⑰尚絅学院高等学校(A日程)
⑱尚絅学院高等学校(B日程)

山形県

①日本大学山形高等学校
②惺山高等学校
③東北文教大学山形城北高等学校
④東海大学山形高等学校
⑤山形学院高等学校

福島県

①日本大学東北高等学校

新潟県

①中越高等学校
②新潟第一高等学校
③東京学館新潟高等学校
④日本文理高等学校
⑤新潟青陵高等学校
⑥帝京長岡高等学校
⑦北越高等学校
⑧新潟明訓高等学校

富山県

①高岡第一高等学校
②富山第一高等学校

石川県

①金沢高等学校
②金沢学院大学附属高等学校
③遊学館高等学校
④星稜高等学校
⑤鵬学園高等学校

山梨県

①駿台甲府高等学校
②山梨学院高等学校(特進)
③山梨学院高等学校(進学)
④山梨英和高等学校

岐阜県

①鶯谷高等学校
②富田高等学校
③岐阜東高等学校
④岐阜聖徳学園高等学校
⑤大垣日本大学高等学校
⑥美濃加茂高等学校
⑦済美高等学校

静岡県

①御殿場西高等学校
②知徳高等学校
③日本大学三島高等学校
④沼津中央高等学校
⑤飛龍高等学校
⑥桐陽高等学校
⑦加藤学園高等学校
⑧加藤学園暁秀高等学校
⑨誠恵高等学校
⑩星陵高等学校
⑪静岡県富士見高等学校
⑫清水国際高等学校
⑬静岡サレジオ高等学校
⑭東海大学付属静岡翔洋高等学校
⑮静岡大成高等学校
⑯静岡英和女学院高等学校
⑰城南静岡高等学校
⑱静岡女子高等学校
⑲常葉大学附属常葉高等学校
常葉大学附属橘高等学校
常葉大学附属菊川高等学校
⑳静岡北高等学校
㉑静岡学園高等学校
㉒焼津高等学校
㉓藤枝明誠高等学校
㉔静清高等学校
㉕磐田東高等学校
㉖浜松学院高等学校
㉗浜松修学舎高等学校
㉘浜松開誠館高等学校
㉙浜松学芸高等学校
㉚浜松聖星高等学校
㉛浜松日体高等学校
㉜聖隷クリストファー高等学校
㉝浜松啓陽高等学校
㉞オイスカ浜松国際高等学校

愛知県

①[国立]愛知教育大学附属高等学校
②愛知高等学校
③名古屋経済大学市邨高等学校
④名古屋経済大学高蔵高等学校
⑤名古屋大谷高等学校
⑥享栄高等学校
⑦椙山女学園高等学校
⑧大同大学大同高等学校
⑨日本福祉大学付属高等学校
⑩中京大学附属中京高等学校
⑪至学館高等学校
⑫東海高等学校
⑬名古屋たちばな高等学校
⑭東邦高等学校
⑮名古屋高等学校
⑯名古屋工業高等学校
⑰名古屋葵大学高等学校
(名古屋女子大学高等学校)
⑱中部大学第一高等学校
⑲桜花学園高等学校
⑳愛知工業大学名電高等学校
㉑愛知みずほ大学瑞穂高等学校
㉒名城大学附属高等学校
㉓修文学院高等学校
㉔愛知啓成高等学校
㉕聖カピタニオ女子高等学校
㉖滝高等学校
㉗中部大学春日丘高等学校
㉘清林館高等学校
㉙愛知黎明高等学校
㉚岡崎城西高等学校
㉛人間環境大学附属岡崎高等学校
㉜桜丘高等学校

㉝光ヶ丘女子高等学校
㉞藤ノ花女子高等学校
㉟栄徳高等学校
㊱同朋高等学校
㊲星城高等学校
㊳安城学園高等学校
㊴愛知産業大学三河高等学校
㊵大成高等学校
㊶豊田大谷高等学校
㊷東海学園高等学校
㊸名古屋国際高等学校
㊹啓明学館高等学校
㊺聖霊高等学校
㊻誠信高等学校
㊼誉高等学校
㊽杜若高等学校
㊾菊華高等学校
㊿豊川高等学校

三重県

①暁高等学校(3年制)
②暁高等学校(6年制)
③海星高等学校
④四日市メリノール学院高等学校
⑤鈴鹿高等学校
⑥高田高等学校
⑦三重高等学校
⑧皇學館高等学校
⑨伊勢学園高等学校
⑩津田学園高等学校

滋賀県

①近江高等学校

大阪府

①上宮高等学校
②大阪高等学校
③興國高等学校
④清風高等学校
⑤早稲田大阪高等学校
（早稲田摂陵高等学校）
⑥大商学園高等学校
⑦浪速高等学校
⑧大阪夕陽丘学園高等学校
⑨大阪成蹊女子高等学校
⑩四天王寺高等学校
⑪梅花高等学校
⑫追手門学院高等学校
⑬大阪学院大学高等学校
⑭大阪学芸高等学校
⑮常翔学園高等学校
⑯大阪桐蔭高等学校
⑰関西大倉高等学校
⑱近畿大学附属高等学校
⑲金光大阪高等学校
⑳星翔高等学校
㉑阪南大学高等学校
㉒箕面自由学園高等学校
㉓桃山学院高等学校
㉔関西大学北陽高等学校

兵庫県

①雲雀丘学園高等学校
②園田学園高等学校
③関西学院高等部
④灘高等学校
⑤神戸龍谷高等学校
⑥神戸第一高等学校
⑦神港学園高等学校
⑧神戸学院大学附属高等学校
⑨神戸弘陵学園高等学校
⑩彩星工科高等学校
⑪神戸野田高等学校
⑫滝川高等学校
⑬須磨学園高等学校
⑭神戸星城高等学校
⑮啓明学院高等学校
⑯神戸国際大学附属高等学校
⑰滝川第二高等学校
⑱三田松聖高等学校
⑲姫路女学院高等学校
⑳東洋大学附属姫路高等学校
㉑日ノ本学園高等学校
㉒市川高等学校
㉓近畿大学附属豊岡高等学校
㉔夙川高等学校
㉕仁川学院高等学校
㉖育英高等学校

奈良県

①西大和学園高等学校

岡山県

①［県立］岡山朝日高等学校
②清心女子高等学校
③就実高等学校
（特別進学コース〈ハイグレード・アドバンス〉）
④就実高等学校
（特別進学チャレンジコース・総合進学コース）
⑤岡山白陵高等学校
⑥山陽学園高等学校
⑦関西高等学校
⑧おかやま山陽高等学校
⑨岡山商科大学附属高等学校
⑩倉敷高等学校
⑪岡山学芸館高等学校(1期1日目)
⑫岡山学芸館高等学校(1期2日目)
⑬倉敷翠松高等学校
⑭岡山理科大学附属高等学校
⑮創志学園高等学校
⑯明誠学院高等学校
⑰岡山龍谷高等学校

広島県

①［国立］広島大学附属高等学校
②［国立］広島大学附属福山高等学校
③修道高等学校
④崇徳高等学校
⑤広島修道大学ひろしま協創高等学校
⑥比治山女子高等学校
⑦呉港高等学校
⑧清水ヶ丘高等学校
⑨盈進高等学校
⑩尾道高等学校
⑪如水館高等学校
⑫広島新庄高等学校
⑬広島文教大学附属高等学校
⑭銀河学院高等学校
⑮安田女子高等学校
⑯山陽高等学校
⑰広島工業大学高等学校
⑱広陵高等学校
⑲近畿大学附属広島高等学校福山校
⑳武田高等学校
㉑広島県瀬戸内高等学校(特別進学)
㉒広島県瀬戸内高等学校(一般)
㉓広島国際学院高等学校
㉔近畿大学附属広島高等学校東広島校
㉕広島桜が丘高等学校

山口県

①高水高等学校
②野田学園高等学校
③宇部フロンティア大学付属香川高等学校
（普通科〈特進・進学コース〉）
④宇部フロンティア大学付属香川高等学校
（生活デザイン・食物調理・保育科）
⑤宇部鴻城高等学校

徳島県

①徳島文理高等学校

香川県

①香川誠陵高等学校
②大手前高松高等学校

愛媛県

①愛光高等学校
②済美高等学校
③ＦＣ今治高等学校
④新田高等学校
⑤聖カタリナ学園高等学校

福岡県

①福岡大学附属若葉高等学校
②精華女子高等学校(専願試験)
③精華女子高等学校(前期試験)
④西南学院高等学校
⑤筑紫女学園高等学校
⑥中村学園女子高等学校(専願入試)
⑦中村学園女子高等学校(前期入試)
⑧博多女子高等学校
⑨博多高等学校
⑩東福岡高等学校
⑪福岡大学附属大濠高等学校
⑫自由ケ丘高等学校
⑬常磐高等学校
⑭東筑紫学園高等学校
⑮敬愛高等学校
⑯久留米大学附設高等学校
⑰久留米信愛高等学校
⑱福岡海星女子学院高等学校
⑲誠修高等学校
⑳筑陽学園高等学校(専願入試)
㉑筑陽学園高等学校(前期入試)
㉒真颯館高等学校
㉓筑紫台高等学校
㉔純真高等学校
㉕福岡舞鶴高等学校
㉖折尾愛真高等学校
㉗九州国際大学付属高等学校
㉘祐誠高等学校
㉙西日本短期大学附属高等学校
㉚東海大学付属福岡高等学校
㉛慶成高等学校
㉜高稜高等学校
㉝中村学園三陽高等学校
㉞柳川高等学校
㉟沖学園高等学校
㊱福岡常葉高等学校
㊲九州産業大学付属九州高等学校
㊳近畿大学附属福岡高等学校
㊴大牟田高等学校
㊵久留米学園高等学校
㊶福岡工業大学附属城東高等学校(専願入試)
㊷福岡工業大学附属城東高等学校(前期入試)
㊸八女学院高等学校
㊹星琳高等学校
㊺九州産業大学付属九州産業高等学校
㊻福岡雙葉高等学校

佐賀県

①龍谷高等学校
②佐賀学園高等学校
③佐賀女子短期大学付属佐賀女子高等学校
④弘学館高等学校
⑤東明館高等学校
⑥佐賀清和高等学校
⑦早稲田佐賀高等学校

長崎県

①海星高等学校(奨学生試験)
②海星高等学校(一般入試)
③活水高等学校
④純心女子高等学校
⑤長崎南山高等学校
⑥長崎日本大学高等学校(特別入試)
⑦長崎日本大学高等学校(一次入試)
⑧青雲高等学校
⑨向陽高等学校
⑩創成館高等学校
⑪鎮西学院高等学校

熊本県

①真和高等学校
②九州学院高等学校(奨学生・専願生)
③九州学院高等学校(一般生)
④ルーテル学院高等学校(専願入試・奨学入試)
⑤ルーテル学院高等学校(一般入試)
⑥熊本信愛女学院高等学校
⑦熊本学園大学付属高等学校(奨学生試験・専願生試験)
⑧熊本学園大学付属高等学校(一般生試験)
⑨熊本中央高等学校
⑩尚絅高等学校
⑪文徳高等学校
⑫熊本マリスト学園高等学校
⑬慶誠高等学校

大分県

①大分高等学校

宮崎県

①鵬翔高等学校
②宮崎日本大学高等学校
③宮崎学園高等学校
④日向学院高等学校
⑤宮崎第一高等学校(文理科)
⑥宮崎第一高等学校(普通科·国際マルチメディア科·電気科)

鹿児島県

①鹿児島高等学校
②鹿児島実業高等学校
③樟南高等学校
④れいめい高等学校
⑤ラ・サール高等学校

新刊
もっと過去問シリーズ

愛知県

愛知高等学校
7年分(数学・英語)
中京大学附属中京高等学校
7年分(数学・英語)
東海高等学校
7年分(数学・英語)
名古屋高等学校
7年分(数学・英語)
愛知工業大学名電高等学校
7年分(数学・英語)
名城大学附属高等学校
7年分(数学・英語)
滝高等学校
7年分(数学・英語)

※もっと過去問シリーズは入学試験の実施教科に関わらず、数学と英語のみの収録となります。

教英出版
〒422-8054
静岡県静岡市駿河区南安倍3丁目12−28
TEL 054-288-2131
FAX 054-288-2133
詳しくは教英出版で検索
教英出版 検索
URL https://kyoei-syuppan.net/

2024年度

後期入学試験問題

国　　　語

（50分）

注意事項

① 試験開始の合図があるまで、中を見てはいけません。
② 解答はすべて解答用紙の所定の欄に書きなさい。
③ 解答用紙は、この冊子の間にはさんであります。

大分高等学校

2024(R6) 大分高
K 教英出版

【一】 次の問一～問三に答えなさい。

問一 次の――線のカタカナを**漢字**に直し、漢字は読みを**ひらがな**で書きなさい。

1 シンキ一転して出直す。

2 科学がイチジルしく進歩する。

3 番組でセンデンする。

4 渡り鳥が連なって飛ぶ。

5 トラックで砂利を運ぶ。

6 彼は温厚な人物だ。

問二 次は、A～Cの生徒が中学校の部活動について話している場面である。これを読んで後の(1)～(3)に答えなさい。

A 中学校では部活動のクラブチームへの移行が進むらしいよ。今後どうなっていくのかな。

B 専門的な指導を受けられるようになるからとても良いんじゃないかな。

C でも、本当に全ての中学生が平等に部活動をできるのか（ Ⅰ ）気持ちもあるなぁ。

A 確かに、強いチームと弱いチームの差が広がるかもしれないよ。

B どちらにしてもメリットと、デメリットがあるだろうね。

C まだ（ Ⅱ ）の状況だけど、良い方向に進んでもらいたいね。

(1) （ Ⅰ ）に当てはまる言葉として最も適当なものを次の**ア**～**エ**のうちから一つ選び、その符号を書きなさい。

ア 意外な　**イ** 楽観的な　**ウ** 臆病な　**エ** 不安な

(2) （ Ⅱ ）に当てはまる四字熟語として最も適当なものを次の**ア**～**エ**のうちから一つ選び、その符号を書きなさい。

ア 取捨選択　**イ** 暗中模索　**ウ** 疑心暗鬼　**エ** 右往左往

(3) (2)で選んだ四字熟語の読みを**ひらがな**で書きなさい。

問三 次の短歌に見られる表現技法を、後の**ア**～**エ**のうちから一つ選び、その符号を書きなさい。

君のため空白なりし手帳にも予定を入れぬ鉛筆書きで　俵　万智

ア 体言止め　**イ** 直喩　**ウ** 擬人法　**エ** 倒置法

【二】　次の文章を読んで下の問一～問九に答えなさい。なお、解答に字数制限がある場合は、句読点や「　」などの記号も一字と数えること。

人間がつくり出したものは数えきれず、一人では到底学びきれない。人間は学ぶべきことを増やしすぎたのではないかと思うほどだ。研究分野の細分化も近年ますます進行している。例えば、脳の「海馬」という部分を研究している脳科学者の知人がいる。人間は何かを学ぶたびに海馬の最深部で「新生ニューロン」という神経組織を生成している。知人はこのメカニズムを研究しているのだが、同じ研究に取り組む研究チームは世界におよそ一〇〇チームもあり、日々成果を競っているという。

（　Ａ　）、何をするにせよ勉強して覚えるべきことは多い。新生ニューロンに限らず、何か新発見をするほどの研究者になりたいのであればなおさらだ。しかし知識量で勝る者が強者かというと、現実はそうなっていない。実は新発見というものは、発見者が一五～一六歳の頃からその種を自分の中に宿していることが多い。つまり、あなたたちの年になにかの「種」が宿されるということ。これは分野によらない。このことが端的に示しているのは、世界を変える力は知識ではなく「若い力」だということだ。若い力とは「知らない」力であり、「知っている」ということよりも「知らない」ということのほうが重要なのである。

理由の一つが「エラー」、つまり「失敗」する可能性だ。膨大な知識の体系に分け入った若者は、①それを骨肉化しようとするとき、誤った理解をすることもしばしばある。物事は、教えられたとおりに学ぶとは限らないからだ。新発見は、それまでの常識からすればエラー、あるいはアクシデントと呼ばれる事態の中でなされることが多い。人間が何かを成し遂げる力は、エラーにこそある。生物としての人類もそうやって進化してきたはず。突然変異というエラーを利用することで環境に適応し、生き残ってきたのだから。歳をとると失敗を恥じるようになり、エラーを起こせなくなっていくが、エラーを恐れてはならない。②若さとは、弱点であると同時に世界を変えていく力でもあるのだ。

物理学者のある友人は、高校で教わった「虚数単位」が大人になってもずっと頭にひっかかっていたという。虚数単位は−1の平方根だと説明されても「よくわからない。気持ち悪い。なんかおかしい」という思いを、彼は長い間、頭の片隅に置いておいた。三〇年後、彼はその虚数を利用してまったく新しいタイプの電子顕微鏡を発明するのだが、皆さんの年頃に抱いたほんの少しの③違和感と疑問を持ち続け、それが花開いたのだという。「知らない」ことは大きな力にもなりうる。エラーをする可能性はおおいにあるが、それ

問一　（　Ａ　）・（　Ｂ　）に当てはまる言葉の組み合わせとして最も適当なものを、次の**ア**～**エ**のうちから一つ選び、その符号を書きなさい。

ア　Ａ　また　　　Ｂ　したがって
イ　Ａ　さて　　　Ｂ　しかし
ウ　Ａ　つまり　　Ｂ　なぜなら
エ　Ａ　たしかに　Ｂ　だが

問二　――線①の指す内容を、本文中から**十字以内**で抜き出して書きなさい。

問三　――線②の内容として最も適当なものを、次の**ア**～**エ**のうちから一つ選び、その符号を書きなさい。

ア　若者は「知らない」力を持っており、失敗する可能性があるからこそ新しい発見をすることにつながるということ。
イ　若者は「知らない」力を持っており、その力が生物としての人類の進化におおいに役立ってきたということ。
ウ　若者は「知らない」力を持っているため、失敗しても平気で、誰も考えつかなかったことに挑戦できるということ。
エ　若者は「知らない」力を持っているため、教えられたとおりに学ばなければ、世界を変える力が失われるということ。

問四　――線③を、**たとえを用いて**言い換えている言葉を、本文中から**一単語**で抜き出して書きなさい。

は、誰も考えつかなかったことを行う可能性でもある。学校では「間違えてはならない」という雰囲気が形成されがちだが、それは世界を変える力を逆に失わせてしまうことになるかもしれない。

④何かを学んでいこうとするとき、「好き」という感覚ほど強い味方はない。一方「嫌い」という感覚は、学びにブレーキをかける。好きなことはいくらでもできるが、嫌いなことはやりたくない、と。加えて、好きや嫌いという感覚は個人的な感覚だから、誰かに「私はリンゴが好きだ」と言ったとしても、「それは君が好きなだけ、僕はバナナが好きだ」と返される場合が少なくない。好き嫌いは［　　　　　　　　］ことがあるのである。

しかし、内面でわき起こる好きや嫌いは、大切にしなければならない。それが人生をつくっていくのだから。だが何かを本当に学ぶためには、好き嫌いの感覚を、さしあたり停止して、どうして好きなのか、どうして嫌いなのかを正視しなければならない。⑤矛盾していると思うだろう。しかし、数学の勉強が嫌いなら、どこが好きでどこが嫌いなのかを考えてみてほしい。考えることが、単なる好きや嫌いの感覚から距離を置くことを教えてくれるから。それが学ぶことの第一歩。今のうちにその術を身につけてほしい。好きだから、嫌いだからで終わってはいけない。

学ぶためのもう一つのポイントは、全体を見ること。それと同時にどこか一点を見なければならない。全体だけを見ていても絶対に自分のものにはならない。これも矛盾していると思うだろう。（　B　）スポーツを想像すればわかりやすい。スポーツは単に肉体の問題ではない。例えば野球では、筋力を鍛えさえすればホームランを打てるわけではない。筋力だけでなく、身体全体を考え、何かポイントをつかむことでバッターとして成長できる。人はそれぞれ「癖」を持っているものだが、それを捨て、自分なりのポイントをつかむことが基本だ。

これは⑥思考の基本でもある。人間がものを考えるとき、※公理から出発することはありえない。全体の※コンテクストをぼんやりと視野に入れながら、その中で手がかりを見つけて考えを進める。ⓐA＝B、B＝C、C＝Aといったような論理は、考え抜いたあとで、他者に説明するために組み立てる表現だ。事件現場に立つシャーロック・ホームズを想像してほしい。彼は、ⓑ現場全体を見ながら、頭の中ではそれまでに集めた証拠品のイメージや証言を繰り返していることだろう。全体を見ながら、どこかに特異点を見いだそうとしているのである。さまざまな要素があり、それらがどういう関係にあるのか、そしてそれらの

問五　――線④に当てはまることわざとして最も適当なものを、次の**ア**～**エ**のうちから一つ選び、その符号を書きなさい。

ア　初心忘るべからず
イ　習うより慣れよ
ウ　下手の横好き
エ　好きこそ物の上手なれ

問六　［　　　　］に当てはまる言葉として最も適当なものを、次の**ア**～**エ**のうちから一つ選び、その符号を書きなさい。

ア　何かを拡大して思いどおりの世界を生み出す
イ　何かを拡大して目新しい世界を生み出す
ウ　何かをブロックしてぎすぎすした世界を生み出す
エ　何かをブロックしてひとりよがりな世界を生み出す

問七　――線⑤とは、何と何が矛盾しているというのか、次の文の（　Ⅰ　）・（　Ⅱ　）に当てはまる言葉を、本文中からそれぞれ**二十字以内**で抜き出して書きなさい。

（　　Ⅰ　　）と言っていることと
（　　Ⅱ　　）べきだと言っていること。

問八　――線⑥の筆者の考えに合っているものを、本文中の――線ⓐ～ⓓのうちから一つ選び、その符号を書きなさい。

関係がどう全体をかたちづくっているのかを見ていくのである。

こうした思考は、数学でも国語でも、研究でもビジネスの現場でも変わらない。ⓒ「文科系と理科系ではアタマの使い方が異なる」などと思い込んではならない。原則は同じなのだ。文章全体を見ていながら、どこかに必ず文章全体にかかわるひっかかりがあるはずだ。それをつかむ。そのポイントを自分なりに展開することで人間はものを考え始めることができる。学校の勉強には正解が用意されている。皆さんがⓓ誤った答案を書けば、間違いを指摘される。だが皆さんに課されているのは、正解を知ることではなく、頭の働かせ方を学ぶことだ。この学びは、たんに知識を蓄えることではなく、自分自身を変えていくことにほかならない。全体のコンテクストがあり、その特異点をつかんで全体をもう一回つくり直す。これは自分の世界を自分でつくり直していく力でもある。

（小林康夫「中学生からの大学講義１　何のために『学ぶ』のか」から）

※公理…一般に通用する道理。

※コンテクスト…文脈・背景・状況。

問九　本文の内容に合うものとして最も適当なものを、次の**ア**～**エ**のうちから一つ選び、その符号を書きなさい。

ア　水泳で速く泳ぐ力をつけるためには、まずキック力を身につけて、次に息つぎを習得することが重要だ。

イ　書道を上達させるためには、全体のバランスを見ながら、一点一画のとめやはらいにも気を配ることが必要だ。

ウ　空手の形を極めるためには、日々の鍛錬を積み重ねた上で、心を落ち着かせて自分に自信を持つことが大切だ。

エ　吹奏楽でよい演奏をするためには、チームワークが大切であり、仲間たちと協力しながら成果を出すことが不可欠だ。

問題は次のページに続きます。

【三】 次の文章を読んで下の問一～問九に答えなさい。なお、解答に字数制限がある場合は、句読点や「　」などの記号も一字と数えること。

> 少年サッカーチームに所属する唯一の女子である「亜美《あび》」は、夏に行われた合宿の時に、合宿所から文庫本を持って帰ってしまった。その文庫本を返却するために、小説家である叔父の「私」と、合宿所までのおよそ百キロの道のりを歩いて旅している。その途中で「みどりさん」という女性に出会い、一緒に旅をすることになった。

　十一時半になったところで、目的地までの三分の一ほどを過ぎていた。楽勝だという亜美を二人でaたしなめた後、我々は河川敷の土道を行くことにした。雑草はまだ伸びかけるところで歩きづらくはない。進みながら長めの距離を蹴り合うが、亜美の方はボールがなかなか上がらないで、草にからんで中間に止まる。後ろを歩く私がそこまで歩く間に、亜美も先へ進んで距離を保つ。私の蹴ったボールがそれほどぶれずに届くと、①もどかしそうに歪む顔がかろうじて見えた。

　やがて取水のために河川敷が分断されるところまで来ると、亜美は土手を上がったところで私を待っていた。

「Aキック力ってつくのかな？」

「つくよ」これまで何度もされたこの質問には「ある程度は」としか答えようがない。

「女子サッカー見てたらさ、ボールのスピードが男子と全然ちがうじゃん。すっごい努力したプロでもあれぐらいなんだって思っちゃうんだよね」

b答えかねている私より先にみどりさんが「亜美ちゃん」と言った。「身長と体重、教えてもらってもいい？」

「測ったの一月だけど、一五一センチの三十七キロ」

「※ジーコが十四歳の時とほとんど同じ」

　ジーコはポルトガル語でやせっぽちを意味する。小さい頃からのあだ名がそのままサッカーネームになったように、細くて小さな選手だった。テクニックに優れてフラメンゴのユースチームに入ることができたが、他の選手との競り合いで全く勝てず、結果を出せない。

「それで、どうしたの？」

問一　〰〰線a・bの本文での意味として最も適当なものを、次のア～エのうちからそれぞれ一つずつ選び、その符号を書きなさい。

a　ア　悩ませた　　イ　ののしった
　　ウ　注意した　　エ　叱りつけた

b　ア　答えられずにいる　　イ　答えようとしている
　　ウ　答えを知っている　　エ　答えまいとしている

問二　――線①の亜美の心情として最も適当なものを、次のア～エのうちから一つ選び、その符号を書きなさい。

ア　叔父の蹴るボールの勢いの強さに自分との練習量の違いを感じ悔しく思っている。

イ　草のからんだボールをうまくコントロールすることができなくて焦っている。

ウ　叔父の蹴る、スピードの速いボールに追いつけない自分の無力さを感じている。

エ　ボールがうまく上がらず狙い通りにいかない自分の技術を情けなく思っている。

問三　――線②の理由を説明した次の文の（　　　）に当てはまる言葉を、**漢字三字**で考えて書きなさい。

> 小さくて痩せていたジーコが努力して結果を出せたことに、自分の（　　　）を感じたから。

「肉体改造」

それは当時としては異例の徹底ぶりで行われたという。ホルモン注射、ビタミン摂取、食事療法、ウェイトトレーニング。チームの基本練習や試合に合宿もある中で、ジーコの生活は多忙を極めた。早朝のバスで二時間かけて練習場へ向かい、終われば昼から始まる学校まで走り、夕方からはアカデミーでのトレーニング。二時間かけて帰宅すると、もう夜の十一時だった。

「でも、その生活を一年続けてユースチームで得点王になって、プロチームに上がるの」

「へえ」と②嬉しそうにボールを宙へ放る。

「でも、また少ししてユースチームに戻されちゃうの」

「どうして?」

「小さくて痩《や》せすぎてるから」

思わずみどりさんを見た亜美のBボールを抱く手に力がこもるのがわかった。

「だから、それからもトレーニングは続いたの」それからみどりさんは人差し指を出して「ジーコはつらかった肉体改造を振り返ってこう言います」と説明口調になり、亜美を見つめた。「もし『もう一度同じことができるか』と問われたら、迷わず『できる』と答える」

C亜美は黙ってみどりさんの眼を見つめていた。

「そのために大事なのは、忍耐と記憶だと」

「記憶?」と亜美は首を傾げた。「どういうこと?」

「なんだったっけな」とみどりさんは笑った。③「とにかくそう書いてた、自伝に。だから――」

そこでみどりさんは笑った。「これ、励ましになってる?こういうことじゃない?」

「ううん」亜美は首を振って、抱えた手の中でボールを回した。「なってる」

また河川敷に下りて歩けば、枯れたヨシ原の奥に利根川が平たく見える。コロナ禍という言葉が世に馴染《なじ》んできても変わることのないその流れには目もくれないでボールを触る亜美はきっと、もっと上手くなりたいと願っていた。自分自身で求めたもの。求めること。それだけを考えて生きること。生きたこと。先の見えないこんな状況は、それを考えるのに適しているのだと言ってしまってもいいのだろうか?

また一つ取水路を越えて下に降りると、前方遠くにカーブが消えていくまで、※ギシギシが冬の※ロゼットから※根生葉《こんせいよう》を密に立ち上げ、大きな玉を所かまわずつくっているのが見渡せた。④亜美を呼んでそちらを指さすと、すぐに察してボールを土手の下に蹴った。駆け下りて回収し、低く春を待っている一面の雑草の上に大小無造作に散らばっているギシギ

問四 ――線③について、ジーコの自伝の話を通してみどりさんが亜美に伝えたかったことは何か、最も適当なものを次の**ア**～**エ**のうちから一つ選び、その符号を書きなさい。

ア テクニックに優れているが体が細くて痩せているジーコが、他の選手との競り合いに勝てないという弱点を克服するために今でも努力を続けているということ。

イ トレーニングを続けることで弱点を克服できたジーコのように、亜美も忍耐を忘れず練習を続けていればいつか思い通りのプレーができるようになるということ。

ウ 女子、男子に関係なく、弱点を把握しそれを克服するための努力を続ける忍耐力のある者だけが世界的なプレーヤーになれるということ。

エ キック力がつかないのは女子であるせいだと亜美は暗に言っているが、それは努力を続けることに嫌気がさした亜美の言い訳にすぎないということ。

問五 ……線**A**～**C**の亜美の心情の変化として最も適当なものを、次の**ア**～**エ**のうちから一つ選び、その符号を書きなさい。

ア 迷い → 動揺 → 怒り

イ 不安 → 緊張 → 期待

ウ あきらめ → 同情 → 安心

エ いらだち → 失望 → 驚き

シの玉どもの列に正対すると、それをディフェンスに見立ててドリブルで進んでいった。みどりさんもなぜか走ってそれを追いかけた。

ボールと片足が長細い葉をリズミカルに鳴らしていく音は、※モレリアが土を蹴上げて黒い飛沫《ひまつ》を上げたところで止まった。⑤逸れたボールに目をやった後、亜美はその場所を不思議そうに振り返って見つめている。追いついて見ると、モグラの土出しの跡だ。

「やっぱり！」

顔を見合わせて喜んだあと亜美は残った山を見下ろし「ナイスディフェンス」と褒《ほ》めながら、そのくせ足でさらに削った。「ほんとにいるんだ」

「モグラも※キジもいる」

「なんかちょっとわかってきたみたい」と亜美は笑った。「ほんとにいるんだって感じがさー」

ともすれば照れくさい教育的場面を見るのがみどりさんはたまらなく好きらしくにこにこしているが、かなり息が切れていた。

「あと一個、わかったことがあるよ」と亜美はそっちを振り返った。「みどりさんがまっすぐ走ったら、あたしのドリブルよりちょっと速い」

きょとんとしているみどりさんを見ながら、亜美はボールを足下に持ってきた。

「だから競走」とボールを蹴りだす。「途切れるとこまで！」

ウソでしょと小さな声を残してあと百メートルはありそうなところを駆けていく二人が、遠く近くに連なって小さな地平をつくるギシギシの玉に埋もれていく。それを見ていると⑥私はなんだか幸福な気分になった。

（乗代雄介「旅する練習」から）

※ジーコ……ブラジル出身の元プロサッカー選手。

※ギシギシ…草の名。

※ロゼット…冬を越すときに植物の葉が平面的に放射状・円盤状に広がっている様子。

※根生葉……セイヨウタンポポのように根から生えているように見える葉。

※モレリア…サッカーシューズのメーカー名。

※「キジもいる」…旅の前半に立ち寄った神社で野生のキジを見たことをふまえている。

問六　――線④について、亜美が察した内容を説明した次の文の（　　）に当てはまる言葉を、本文中の言葉を用いて**二十五～三十字以内**で書きなさい。

> 土手の下で（　　　　　）練習をしようと「私」が言っていること。

問七　――線⑤とあるが、ボールが逸れてしまった原因について説明した次の文の（　Ｉ　）・（　Ⅱ　）に当てはまる言葉を、（Ｉ）は**十字以内**、（Ⅱ）は**五字以内**で本文中から抜き出して書きなさい。

> 亜美が（　Ｉ　）に気づかず、それを（　Ⅱ　）しまったから。

問八　――線⑥の「私」の心情の説明として最も適当なものを、次の**ア～エ**のうちから一つ選び、その符号を書きなさい。

ア　これまで叔父である「私」以外とは話せなかった亜美が、旅をする中で出会ったみどりさんと打ち解け笑い合う姿に、頼もしさを感じている。

イ　「私」があいまいにごまかしていた亜美の質問にみどりさんが答えをくれ、前向きに練習するようになった亜美の変化をうれしく思っている。

ウ　旅の途中で出会ったみどりさんが亜美との信頼関係を深め、「私」と亜美の教育的場面を見守ってくれていることを誇らしく感じている。

エ　春が間近に迫る土手で自然の営みに触れ、みどりさんのおかげで都会に生きる亜美に自然を感じさせる旅ができたことに感謝している。

問九　本文の説明として最も適当なものを、次の**ア**〜**エ**のうちから一つ選び、その符号を書きなさい。

ア　会話文を多用することで、場面を細かく区切りながら登場人物の関係性を印象的に表している。

イ　句読点を効果的に用いた短文を繰り返すことで、全体にリズミカルで軽やかな印象を与えている。

ウ　「私」の心の声を多く示すことで、「私」の内向的な性格を表し、亜美の社交的な性格を強調している。

エ　「私」の視点から描くことで、亜美とみどりさんとの交流や亜美の成長を見守る様子を表現している。

【四】 次の古文を読んで下の問一～問六に答えなさい。なお、解答に字数制限がある場合は、句読点や「　」などの記号も一字と数えること。

あるじのいふ、「これより出羽《でわ》の国に、大山を隔てて、道さだかならざれば、道しるべの人を頼みて、越ゆべきよし」を申す。「さらば」（「それでは（頼みます）」と言って）といひて、①人を頼み侍れば、究竟《くっきょう》（頼もしげな）の若者、反脇指《そりわきざし》（そった刀を腰にさし）をよこたえ、樫《かし》の杖を携へて、我々が先に立ちて行く。「けふこそ必ずあやふきめにもあふべき日□」と、辛き思ひをなして後について行く。あるじのいふにたがはず、高山森々として一鳥声きかず、木の下闇茂りあひて、②夜行くがごとし。※雲端《うんたん》につちふる心地して、篠《しの》（竹の笹）の中踏み分け踏み分け、水をわたり岩につまづいて、肌につめたき汗を流して、※最上《もがみ》の庄《しょう》に出づ。かの案内せし男のいふやう、「このみち必ず不用の事あり。つつがなう、おくりまゐらせて、しあはせしたり」と、③よろこびてわかれぬ（別れて行った）。後に聞きてさへ、胸とどろくのみなり。

※雲端につちふる…雲の端から土まじりの風が吹き下ろして、あたり一面が暗いさまをいう。
※最上の庄…現在の山形県尾花沢市。

問一 〰〰線を現代かなづかいに直しなさい。

問二 ――線①とあるが、なぜ案内人を頼んだのか、それを説明した次の文の（　1　）～（　3　）に当てはまる言葉をそれぞれ**本文中から抜き出して**書きなさい。

> この場所から、出羽国に出るには、（　1　）が途中にあり、（　2　）もはっきりしないので、道案内人を頼んで、山を越えた方がよいでしょう、と宿の（　3　）に言われたから。

問三 □に当てはまる言葉として最も適当なものを次の**ア**～**エ**のうちから一つ選び、その符号を書きなさい。

ア なら（未然形）　**イ** なり（連用形）
ウ なる（連体形）　**エ** なれ（已然形）

問四 ――線②を**五～十字以内**で現代語訳しなさい。

問五 ――線③とあるが、その理由として最も適当なものを、次の**ア**～**エ**のうちから一つ選び、その符号を書きなさい。

ア いつも不都合なことが起きてしまう出羽の国までのこの道で、今日は何事もなく作者一行を送り届けることができたから。

イ 必ず何か大変なことが待ち構えている出羽の国までのこの道が、予想にはずれて歩きやすく、疲れる人もいなかったから。

ウ　今まで誰もお礼を言ってくれなかったのに、作者一行はお礼の言葉だけでなくたくさんの謝礼もくれたから。

エ　毎回、思いがけない人に出会う出羽の国に通じるこの道で、誰にも邪魔されず一行だけで親しく歩けたから。

問六　次の(1)・(2)に答えなさい。

(1)　上の古文の作者と作品名の組み合わせとして、最も適当なものを、次の**ア**～**エ**のうちから一つ選び、その符号を書きなさい。

ア　松尾芭蕉　「おくのほそ道」
イ　与謝蕪村　「おくのほそ道」
ウ　兼好法師　「徒然草」
エ　小林一茶　「徒然草」

(2)　次の**ア**～**エ**は全て上の古文の作者の俳句である。季節の異なる俳句を一つ選び、その符号を書きなさい。

ア　五月雨をあつめて早し最上川
イ　夏草や兵どもがゆめの跡
ウ　閑かさや岩にしみ入る蝉の声
エ　初しぐれ猿も小蓑をほしげなり

2024年度

後期入学試験問題

数　　　学

（50分）

注意事項

① 試験開始の合図があるまで、中を見てはいけません。
② 解答はすべて解答用紙の所定の欄に書きなさい。
③ 解答用紙は、この冊子の間にはさんであります。

大分高等学校

【1】　次の（1）～（8）の問いに答えなさい。

（1）　次の①～⑤の計算をしなさい。

①　$4-11$　　　　②　$(-3)^2-2^2\times 2$

③　$\sqrt{27}-\sqrt{3}+2\sqrt{12}$　　　　④　$\dfrac{x+y}{5}-\dfrac{2x-y}{10}$

⑤　$3(2a-3)-5(a+2)$

（2）　2次方程式 $(x+1)(x-1)=2x(x-1)$ を解きなさい。

（3）　絶対値が $\dfrac{10}{3}$ より小さい整数をすべて書きなさい。

（4）　1辺が4cmの立方体がある。この立方体に球がぴったりと入っている。球の体積を求めなさい。ただし，円周率は π とする。

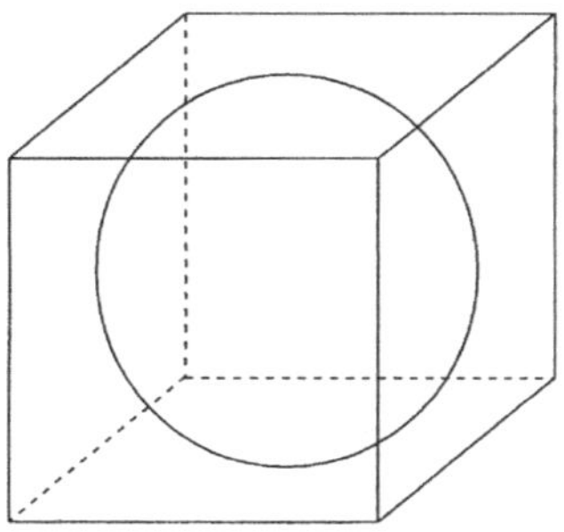

（5）　△ABCは正三角形で，$l \parallel m$ である。
$\angle x$ の大きさを求めなさい。

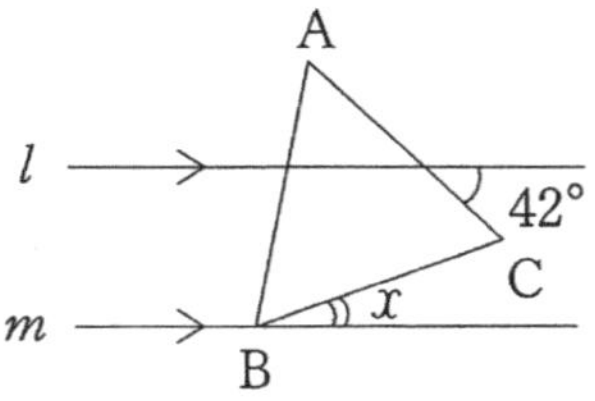

（6）　面積が15cm^{2}の長方形がある。縦の長さを$x$cm，横の長さを$y$cmとする。
このとき，yをxの式で表しなさい。

（7）　下の図は，大分高校１年１組の数学の授業で実施した小テストの得点を表したヒストグラムである。

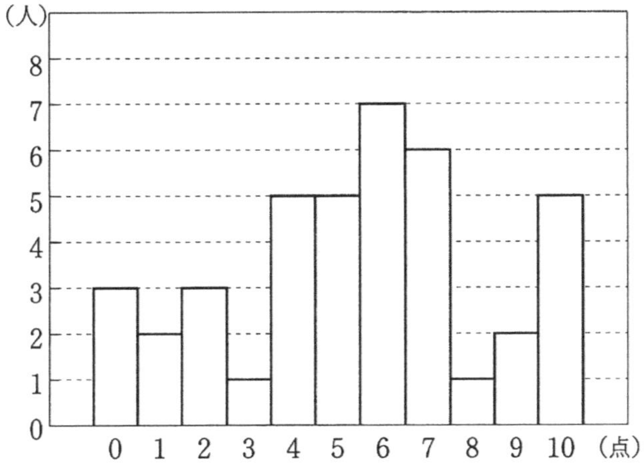

このヒストグラムを見てわかることについて，**正しくないもの**を次の（ア）～（エ）から１つ選び，記号で答えなさい。

（ア）　受験者は40人である。
（イ）　平均値は5.4点である。
（ウ）　中央値は6点である。
（エ）　四分位範囲は7点である。

（8）　下の図のように，線分ABがある。この線分ABを斜辺とする直角二等辺三角形ABCを１つ作図しなさい。ただし，作図には定規とコンパスを用い，作図に使った線は消さないこと。

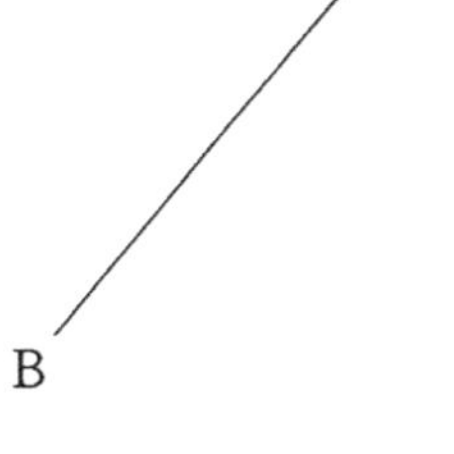

【2】　下の図のように，関数 $y=-\frac{1}{3}x^2$ …①，関数 $y=ax^2$（$a>0$）…②のグラフがある。

また，点A(3，−3) があり，点B(−2，−3)，x軸上に点P，②のグラフ上にx座標が−3である点Cをとる。

このとき，次の（1）～（3）の問いに答えなさい。

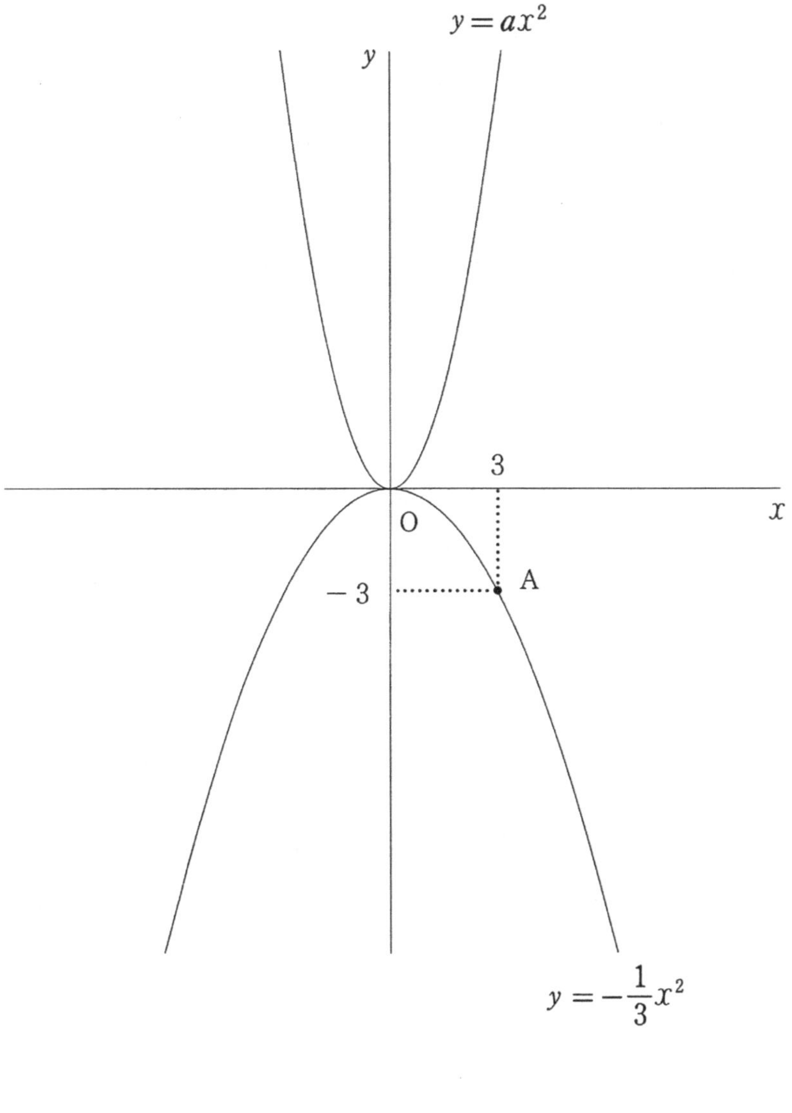

（1）　①について，xの変域が$-3 \leqq x \leqq 2$のとき，yの変域を求めなさい。

（2）　△PABの面積を求めなさい。

（3）　点Pのx座標が4のとき，四角形PABCの面積が54となるようなaの値を求めなさい。

【3】 Aさん，Bさん，Cさんの3人が，図のように，黒と白の碁石を，以下のような規則で並べていく。

	1組目	2組目	3組目	…
1段目	●	○	●	
2段目	○○	●●	○○	
3段目	●●●	○○○	●●●	…
4段目	○○○○	●●●●	○○○○	
5段目	●●●●●	○○○○○	●●●●●	

規則

1組目　Aさんが1段目に黒の碁石を1個並べる。
Bさんが2段目に白の碁石を2個並べる。
Cさんが3段目に黒の碁石を3個並べる。
Aさんが4段目に白の碁石を4個並べる。
Bさんが5段目に黒の碁石を5個並べる。

2組目　Cさんが1段目に白の碁石を1個並べる。
Aさんが2段目に黒の碁石を2個並べる。
Bさんが3段目に白の碁石を3個並べる。
Cさんが4段目に黒の碁石を4個並べる。
Aさんが5段目に白の碁石を5個並べる。

3組目　Bさんが1段目に黒の碁石を1個並べる。
Cさんが2段目に白の碁石を2個並べる。

・
・
・

以降　1段ごとにAさん，Bさん，Cさんがこの順で並べていく。
1段ごとに黒と白の碁石を交互に並べていく。

このとき，次の（1）～（3）の問いに答えなさい。

（1）　5組目の4段目まで並べたとき，碁石は全部で何個並べられているか，求めなさい。

（2）　250個目の碁石は何組目の何段目に含まれるか，求めなさい。

（3）　250個目の碁石はAさん，Bさん，Cさんの誰が，何色の碁石を並べることになるか，答えなさい。

【4】　自然数A，B，Cがある。これらはすべて2桁の数で，数Aについては，十の位の数の2倍は一の位の数より8大きい。数Bについては，十の位の数を2乗したものに一の位の数を加え，さらに24を加えるともとの数Bに等しくなる。
このとき，次の（1）～（3）の問いに答えなさい。

（1）　数Aの十の位の数をx，一の位の数をyとする。

（i）　yをxを用いて表しなさい。

（ii）　数Aの十の位の数と一の位の数を入れかえてできる数は，もとの数Aより18小さくなる。このとき，数Aを求めなさい。

（2）　数Bの十の位の数として考えられる数を２つ求めなさい。

（3）　数Cについては，一の位の数を７倍したものに50を加えると，もとの数Cの２倍になる。また，数Cに（1）の（ii）で求めた数Aを加えると，３桁の数になる。このとき，数Cを求めなさい。

【5】　下の図は１辺の長さが10cmの立方体である。
このとき，次の（１）～（４）の問いに答えなさい。

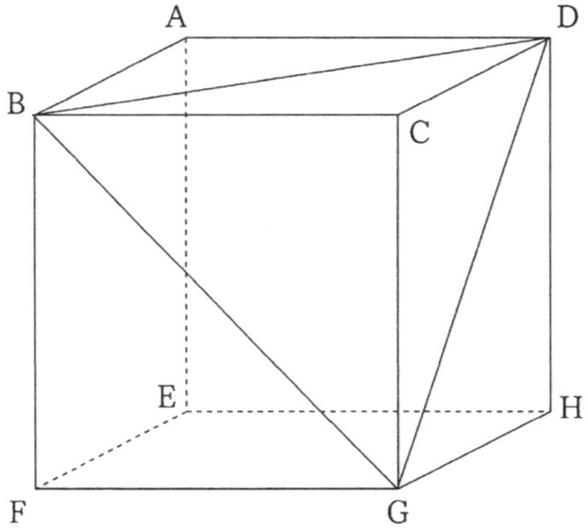

（１）　この立方体から４つの四面体BCDG，ABDE，BEFG，DEGHを切り取るとき，残りの立体を次のア～エから１つ選び，記号で答えなさい。

ア
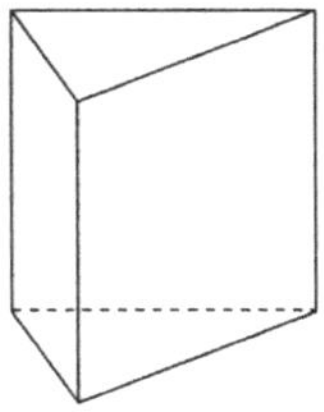

イ
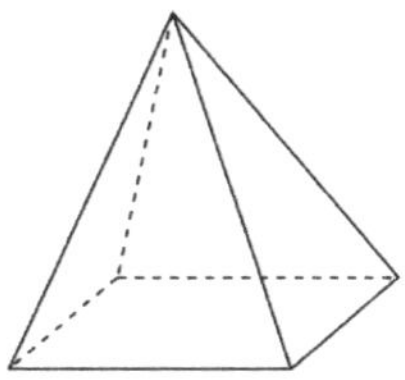

ウ
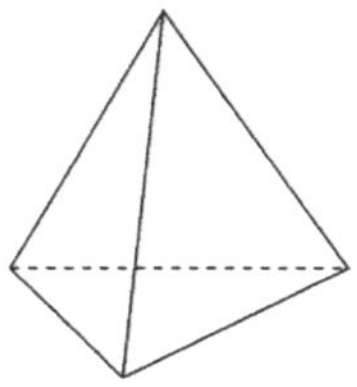

エ
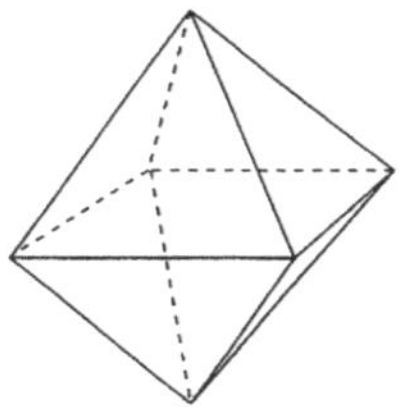

（２）　（１）の立体の体積を求めなさい。

（３）　１辺の長さが a cmの正方形の対角線の長さを b cmとする。
このとき，正方形の面積に着目して $\dfrac{b}{a}$ の値を求めなさい。

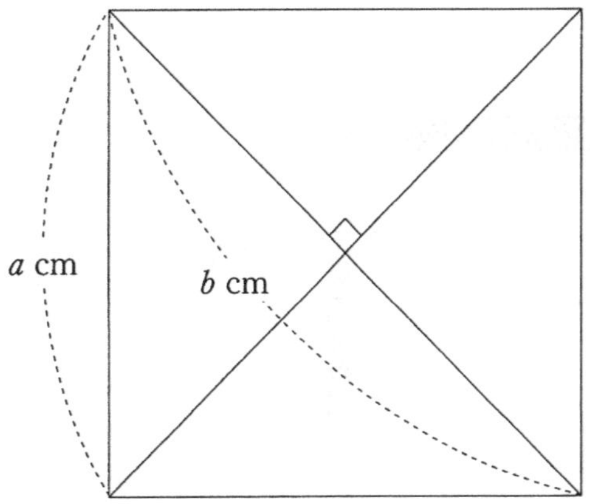

（４）　１辺の長さが $4\sqrt{2}$ cmの正四面体の体積を求めなさい。

【6】 太郎さんは，自分の部屋の本棚を見ると下の（図1）のように，並べてあった本が傾いていることに気がついた。（図2）は（図1）をもとにしてかいたものである。

（図1）

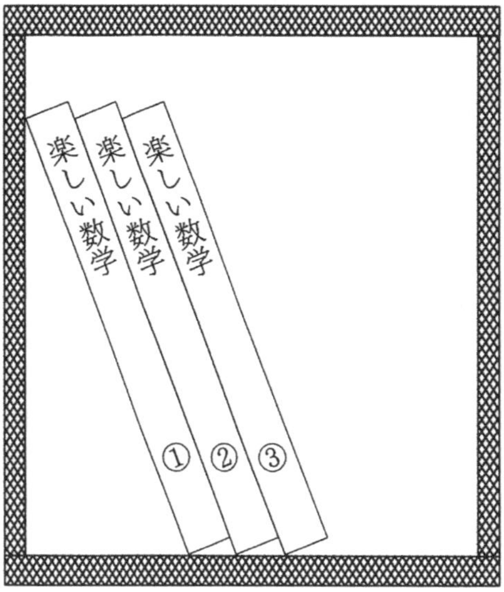

（図2）

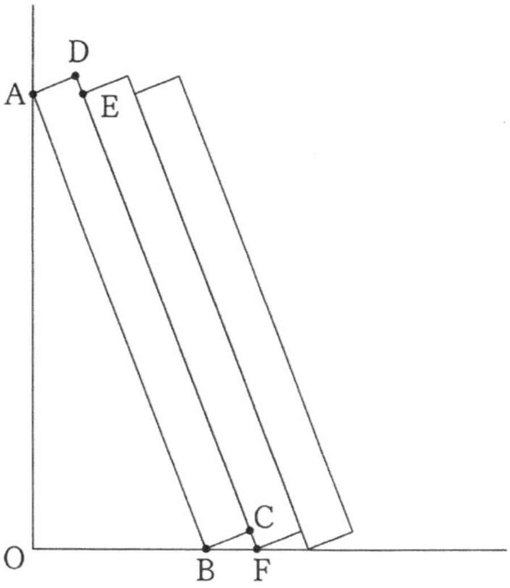

太郎さんはこのシリーズの本を10冊，隙間なく立てることができる本棚を自分で作ることにした。ただし本棚の角は直角，すなわち∠AOB＝90°であり，本の大きさはすべて同じである。また，本の背表紙すなわち四角形ABCDは長方形である。

このとき，次の（1）～（3）の問いに答えなさい。

（1） EC＝19cm，DF＝21cmのとき，ABの長さを求めなさい。

（2）　△AOB∽△BCFであることを証明しなさい。

［証明］△AOBと△BCFにおいて，

［終］

（3）　（1）のとき，さらに$OA=8\sqrt{5}$cm，$OB=4\sqrt{5}$cmであることがわかった。
厚さ1cmの板で，下の（図3）のような本棚を作るとき，底板の長さを何cmにすればよいか，答えなさい。

（図3）

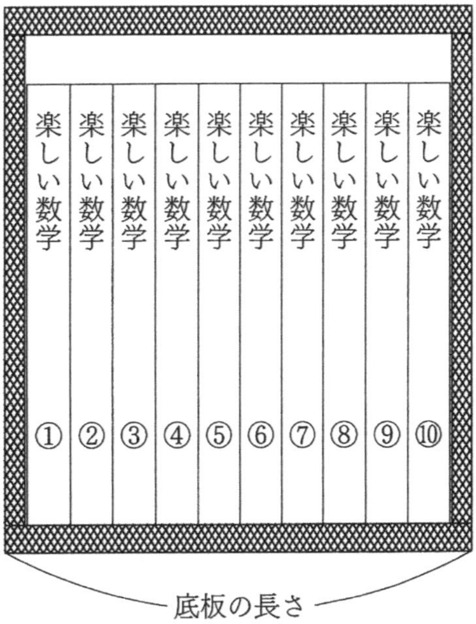

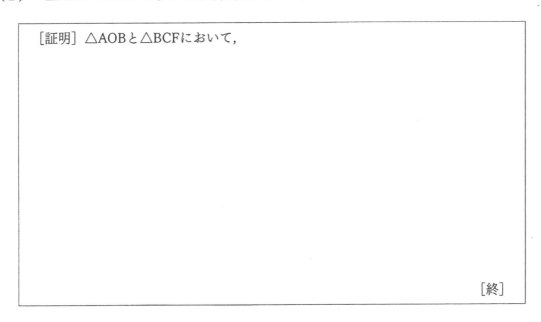

2024(R6) 大分高
K 教英出版

2024年度

後期入学試験問題

英　　　語

（50分）

注意事項

① 試験開始の合図があるまで、中を見てはいけません。
② 解答はすべて解答用紙の所定の欄に書きなさい。
③ 解答用紙は、この冊子の間にはさんであります。

大分高等学校

【1】　放送を聞いて答える問題　　※音声は収録しておりません

A　1番，2番の対話を聞いて，それぞれの質問の答えとして最も適当なものを，ア～エから1つずつ選び，記号を書きなさい。

1番

2番

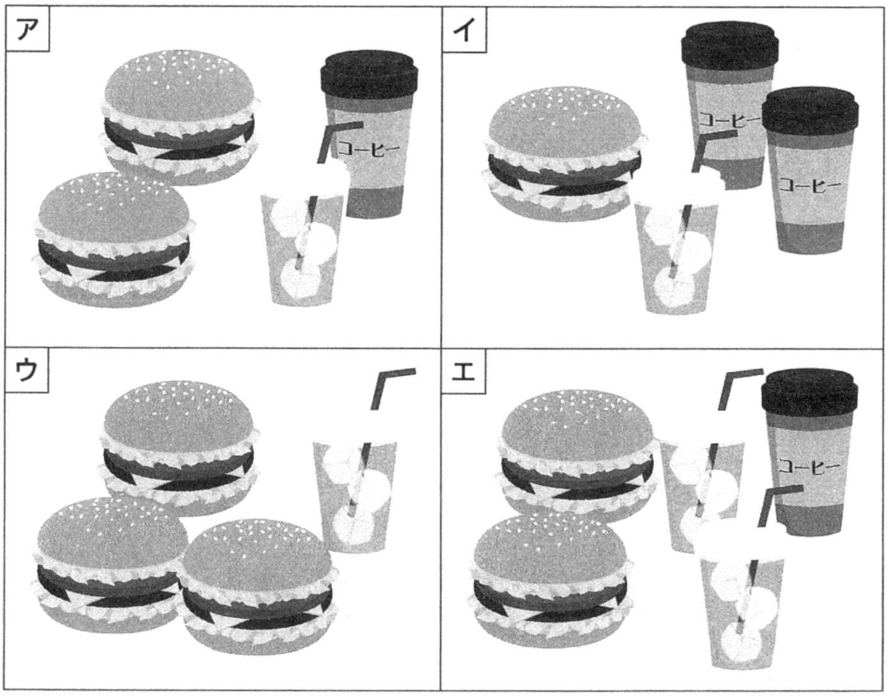

B　次の英文を聞いて，それに続く１番～３番の質問の答えとして最も適当なものを，ア～エから１つずつ選び，その記号を書きなさい。

１番　ア　About 150.
　　　イ　About 200.
　　　ウ　About 2000.
　　　エ　About 2500.

２番　ア　At 8:30.
　　　イ　At 8:45.
　　　ウ　At 9:30.
　　　エ　At 9:45.

３番　ア　Some runners.
　　　イ　Running events.
　　　ウ　Some information.
　　　エ　Some volunteers.

C　KyokoとBenの対話を聞いて，それに続く１番～３番の質問の答えとして最も適当なものを，それぞれア～エから１つずつ選び，その記号を書きなさい。

１番　ア　It's green.
　　　イ　It's blue.
　　　ウ　It's red.
　　　エ　It's white.

２番　ア　On the chair.
　　　イ　Near the door.
　　　ウ　In his bag.
　　　エ　In the kitchen.

３番　ア　Badminton.
　　　イ　Volleyball.
　　　ウ　Basketball.
　　　エ　Baseball.

【2】 次のA，Bの各問いに答えなさい。

A 次の英文は，中学生のTakashiとJudyが，夏休みの計画について話している場面のものです。Takashiのメモを参考にして，（1）～（4）の問いに答えなさい。

Takashiのメモ

○交通アクセス
飛 行 機　約30分（14,200円～）
高速フェリー　約1時間20分（10,300円～）
フェリー　約3時間30分（3,560円～）

○種子島宇宙センターで見学可能な施設
・大型ロケット発射場
・ロケットガレージ
・ロケットの丘展望所
・総合司令塔
・カフェテリア「宙飯屋」
・宇宙科学技術館
※施設案内バスツアーだけで見学可能な施設もある

Takashi：Hi, Judy.
Judy：Hi, Takashi. What are you doing?
Takashi：I'm making a plan for the summer vacation.
Judy：What are you going to do?
Takashi：I'm going to go to Tanegashima by *ferry.
Judy：Why do you want to use the ferry? I think a plane is faster.
Takashi：I know that, but the ticket for the ferry is（ ① ）than the ticket for the plane.
Judy：I see. I hear Tanegashima has many good places to enjoy sports and delicious food.
Takashi：Really? I'm going to visit *Tanegashima Space Center. There, I can learn and experience many things about *space. After that, if I have enough time, ⓐI will.
Judy：What can you do at Tanegashima Space Center?
Takashi：I can visit many places and see *rockets or the *control center. In the *Space Science and Technology Museum I can learn about life and activities in space, technologies to make life in space better, and so on. I'm interested（ ② ）space and I want to work in space as an engineer in the future.
Judy：Oh, I hope ⓑso.
Takashi：I'll do my best.

（注）*ferry　フェリー　*Tanegashima Space Center　種子島宇宙センター
*space　宇宙　*rocket(s)　ロケット　*control center　総合司令塔
*Space Science and Technology Museum　宇宙科学技術館

（1）（ ① ）に入る最も適当なものを，ア～エから1つ選び，記号を書きなさい。
ア lower　イ more expensive　ウ higher　エ cheaper

（2）（ ② ）に入る最も適当なものを，ア～エから1つ選び，記号を書きなさい。
ア to　イ in　ウ on　エ for

（3）次の英文が，下線部ⓐの表す内容になるように，［　　　　］に入る最も適切な**連続する5語の英語**を，**本文中から抜き出して**書きなさい。

I will ［　　　　　　　　　　　　］.

（4）下線部ⓑの表す内容として，最も適切なものを，ア～エから1つ選び，記号を書きなさい。
ア Takashi can eat delicious food.
イ Takashi can see a rocket.
ウ Takashi will be able to work in space.
エ Takashi can visit the Space Science and Technology Museum.

B　次の英文は，中学生のAkikoとJackが，福岡に新しくできたキッザニア福岡（Kidzania Fukuoka）のホームページを見ながら，話をしている場面のものです。ホームページから抜粋されたパビリオンの一覧，および英文をもとにして，[①]～[④]に入る最も適当なものを，ア～キから１つずつ選び，記号を書きなさい。

Akiko：Hi, Jack.　Do you have any plans next holiday?

Jack：No.　Why?

Akiko：Kidzania was *newly opened in Fukuoka in 2022.　I'm going to go there with my family.　Will you join us?

Jack：Of course.　By the way, what is Kidzania?

Akiko：It is a *facility that was built for kids.　They can experience many kinds of jobs there.

キッザニア福岡のパビリオン

- Airplane［飛行機］
- Bank［銀行］
- City Tour Bus［観光バス］
- Dental Clinic「歯科医院」
- Fire Department［消防署］
- Hospital［病院］
- Police Station［警察署］
- Shoe Factory［くつ工場］
- Shopping Mall［ショッピングモール］
- Space Training Center［宇宙訓練センター］
- TV Station［テレビ局］

(キッザニア福岡のHPより一部抜粋)

Jack：Please tell me [①].

Akiko：They can experience about more than 60 jobs.

Jack：More than 60 jobs!　That's great!

Akiko：[②] there, and it will be useful to experience jobs when they search for a job in the future.

Jack：That's true.　It is a very good experience.　Which job do you want to experience there?

Akiko：[③].　It is a great job to help sick people.　How about you, Jack?

Jack：[④].　Someday, I want to be a pilot.　It's very cool!
I'm looking forward to visiting Kidzania Fukuoka!

（注）*newly　新しく　*facility　施設

ア　Jobs at the Fire Department is very hard
イ　I'd like to experience a job as a nurse at the hospital
ウ　There are a lot of jobs that kids can experience
エ　how many jobs they can experience
オ　I want to experience jobs in an airplane
カ　I want to sell clothes at the shopping mall
キ　they can't learn many things about jobs

【3】　次のA，Bの各問いに答えなさい。

A　あなたは教室でBrown先生と会話をしています。後の**条件**にしたがって，会話中の[　　　　　　]に入る英語を書きなさい。

a bus
バス

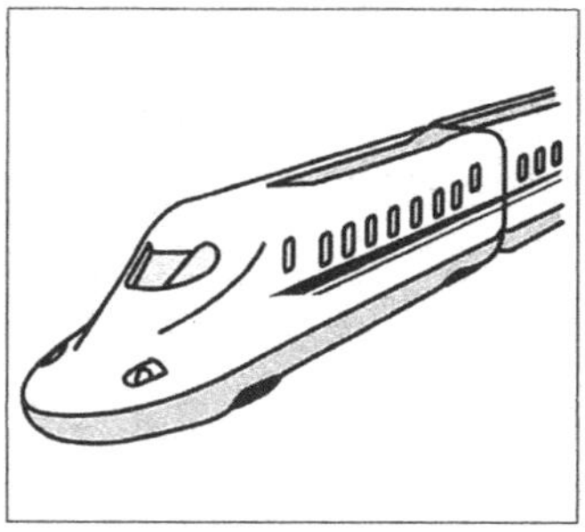

a Shinkansen
新幹線

an airplane
飛行機

Mr. Brown：What did you do last Saturday?
You：I practiced basketball because we have a game next Sunday.　How about you?
Mr. Brown：I went to my friend's house and made a plan for our Tokyo trip.　We're going to go there by car.　What do you want to use when you travel to Tokyo?
You：[　　　　　　]
Mr. Brown：Oh, that's nice!

条件

①　**解答用紙**に書かれている a bus / a Shinkansen / an airplane のうち，1つを選び，〇で囲むこと。

②　**解答用紙**に書かれている語に続けて，あなたが①で選んだ理由を，**主語と動詞を使ってBecauseを含め全体で10語以上の英語**で書くこと。

③　英文の数は２文以内とする。

④　短縮形（I'mなど）は１語として数えることとし，ピリオド，コンマなどの符号は語数に含めないこと。

B　あなたは，外国人観光客に向けた県のパンフレット（leaflet）を作成するボランティア活動に参加することになりました。そこで，クラスメイトに，次のアンケートに協力してもらいました。後の**条件**にしたがって，あなたの考えを英語で書きなさい。

アンケート

Hi, my friends,
My volunteer team is going to make a leaflet for foreign tourists who come to Oita.
What should they try to do in Oita?　Please give me your idea.

条件

① **解答用紙**に書かれている英語に続けて，あなたの考えとその理由を**主語と動詞を含めて全体で10語以上の英語**で書くこと（I think that も含めて10語とする）。

② 英文の数は２文以内とする。

③ 短縮形（I'mなど）は１語として数えることとし，ピリオド，コンマなどの符号は語数に含めないこと。

【4】 次の英文は，中学3年生のTomokaが英語の授業で，調べたことを発表している場面のものです。グラフ（graph）および英文をもとにして，（1）～（6）の問いに答えなさい。

Do you have breakfast every morning? There are some people who don't like to eat breakfast and start the day without it. But ①<u>breakfast is very important</u>. I will tell you some good points about eating breakfast. Eating breakfast makes your body warm. It makes your sleeping brain active, too. Besides, you can also *concentrate on studying and playing sports. If you eat breakfast, you can find out that it can keep you healthy.

Look at this graph. Breakfast influences your health. Over half of the people who eat breakfast every day say that they feel well. And about 65% of the people who eat breakfast *four days or less in a week say that they don't feel well.

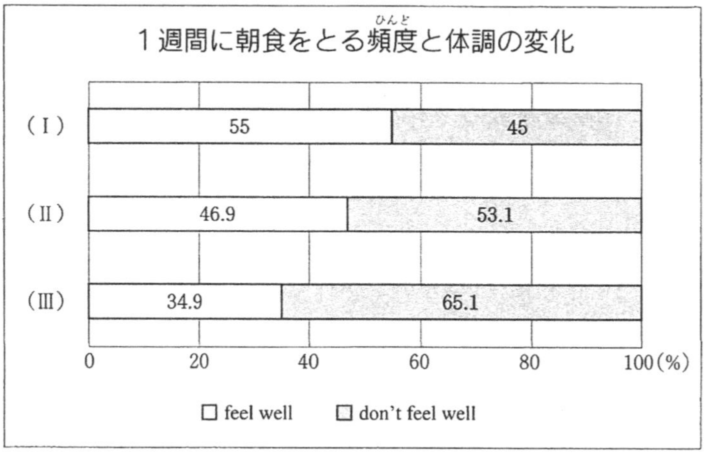

（日本スポーツ振興センター「児童生徒の食生活等実態調査」を参考に作成）

[②]. For example, when something bad happens, *breakfast skippers will get nervous and worry about even small things more often than people who have breakfast. It is sometimes difficult for those breakfast skippers to think carefully about one thing. The health of your mind [③] eating breakfast.

If you eat breakfast, you need time for it. ④<u>What should you do to have time in the morning?</u> You should prepare to go to school as quickly as you can. You may be busy in the morning, but you should try to have time to eat something. Probably, there are some people who cannot or don't like to eat breakfast food such as rice, bread, fish, soup, and so on. I recommend those people eat some light meals. For example, you can choose yogurt, fruit, or a cup of milk.

I want you to think about your life and breakfast again. Thank you for listening.

（注） *concentrate on～ ～に集中する * four days or less in a week 1週間に4日以下
*breakfast skipper(s) 朝食をとらない人

（1）下線部①の理由を次のア～エから１つ選び，記号を書きなさい。

ア　You can make breakfast by yourself.

イ　You can sleep well at night.

ウ　You can stay healthy.

エ　You can communicate with your family.

（2）英文中の［　②　］に入る最も適当なものを，ア～エから１つ選び，記号を書きなさい。

ア　Breakfast also affects your mind

イ　Breakfast is more important than lunch

ウ　Breakfast helps you study hard

エ　Breakfast makes you active

（3）英文中の［　③　］に，「～によって保たれています」という意味になるように，**英語３語**を書きなさい。

（4）グラフ内の（Ⅰ）～（Ⅲ）に入る語句の組み合わせとして最も適当なものを，ア～エから１つ選び，記号を書きなさい。

	（Ⅰ）	（Ⅱ）	（Ⅲ）
ア	7 days	1～4 days	5 or 6 days
イ	1～4 days	7 days	5 or 6 days
ウ	1～4 days	5 or 6 days	7 days
エ	7 days	5 or 6 days	1～4 days

（5）第４段落でTomokaが伝えたいこととして最も適当なものを，ア～エから１つ選び，記号を書きなさい。

ア　You should eat rice, bread and fish for breakfast.

イ　You don’t have to eat breakfast when you cannot eat it.

ウ　You don’t have to decide what you eat before breakfast.

エ　You should try to have a light breakfast even when you don’t want to.

（6）下線部④について，次の条件にしたがって，あなたの考えを英語で書きなさい。

条件

① 主語と動詞を含む**５語以上の英語**で書くこと。ただし，英文中で述べられていない内容を書くこと。

② 英文の数は１文とする。

③ 短縮形（I’mなど）は１語として数えることとし，ピリオド，コンマなどの符号は語数に含めないこと。

【5】 次の英文は，中学3年生のMegumiが，My Hometownというテーマでスピーチをしている場面のものです。英文を読み，（1）～（4）の問いに答えなさい。

Have you ever visited Beppu? What images do you have when you hear of it? I *was born and brought up in Beppu. I love my town and I'm proud of its traditional culture. I'll tell you more about it.

Beppu *is blessed with a precious natural environment and natural resources. They are very helpful for our daily lives. As you know, in Beppu, there are many kinds of hot springs and they have a long old history. A long time ago, people took a bath in hot springs for medical purposes.

Hot springs have their own effects on our body and mind, so people come to take a bath from other cities in Japan in order to [①]. Actually, when I was a little child, my father took me to the hot spring that was good for skin many times. Finally, my dry skin got better.

Hot springs can be used in other ways. They are used in agriculture. People working on the farm use the heat from the hot spring and can grow some vegetables and fruits quickly. ②It is called eco-friendly agriculture. We can reduce the *emission of CO_2 by using the heat from the hot spring. Also, the hot spring water contains a lot of *minerals, so it is good for the soil.

Do you know that Beppu is famous for *bamboo crafts? During this summer vacation, I had a chance to go to the *Beppu City Traditional Bamboo Crafts Center. I saw various kinds of bamboo crafts that were used in our daily lives. They were very beautiful. Then, I took part in the *workshop for making bamboo crafts and made my own flower basket. It was very difficult for me to make it, but I learned an interesting thing about bamboo crafts. People who often went to the hot springs used baskets made of bamboo to carry their bath goods. They were just practical things, but *gradually they *have developed into crafts. The kind of bamboo produced in Oita is *suitable for bamboo crafts, and young workers improve their skills and *acquire techniques of bamboo crafts there. They work hard to preserve this precious tradition.

Beppu has precious natural resources and these are important things that make our life more comfortable and better. So we need to pay more attention to them and preserve them for the next *generation.

（注）*was born and brought up 生まれ育った *is blessed with ～に恵まれている
*emission 排出 *mineral(s) ミネラル *bamboo crafts 竹工芸
*Beppu City Traditional Bamboo Crafts Center 別府市竹細工伝統産業会館
*workshop 体験型の講座 *gradually 次第に
*have developed into～ ～になった *suitable for～ ～に適している
*acquire techniques 技術を身につける *generation 世代

（1）英文中の ① に入る最も適当なものを，ア～エから１つ選び，記号を書きなさい。

ア　join the hot spring festival　　イ　buy some souvenirs

ウ　improve their health　　エ　write a book about hot springs

（2）次の問いに対する答えを，本文中から**連続する英語３語**を抜き出して，完成させなさい。

Why did Megumi's father take Megumi to the hot spring when she was a little child?

－ Because he thought that the hot spring was ＿＿＿＿＿＿＿＿.

（3）下線部②の理由を**２つ**，本文に即して**日本語**で書きなさい。

（4）次は，Megumiがスピーチをするために，自分で整理したメモの一部です。メモ内の ③ ～ ⑥ に入る最も適当なものを，ア～キから**２つ**ずつ選び，記号を書きなさい。ただし， ③ は**１つ**選びなさい。

Beppu has precious natural resources. ⇒ ③（　　　　）

⇓

Hot springs are used for medical purposes.
④
（　　　　）
（　　　　）

Hot springs are used in agriculture.
⑤
（　　　　）
（　　　　）

Beppu is famous for bamboo crafts.
⑥
（　　　　）
（　　　　）

ア　Using the heat from hot springs is kind to the environment.

イ　Hot springs made my skin better.

ウ　It is very helpful for our daily lives.

エ　The hot spring water can give nutrition to the soil.

オ　I learned about bamboo crafts and found that young workers tried to preserve the tradition.

カ　Hot springs are good for our body and mind.

キ　I made my own basket made of bamboo.

2024(R6) 大分高
K 教英出版

2024年度

後期入学試験問題

理　　　科

（50分）

注意事項

① 試験開始の合図があるまで、中を見てはいけません。
② 解答はすべて解答用紙の所定の欄に書きなさい。
③ 解答用紙は、この冊子の間にはさんであります。

大分高等学校

【1】　図１～図３のようにおもりが摩擦のない水平面上と斜面上に置かれており，図３の斜面上に置かれたおもりは下に向かって移動中である。次の各問いに答えなさい。ただし，空気抵抗は無視できるものとする。

（1）　図１において，地球がおもりにおよぼす力を何というか，名称を書きなさい。

図１

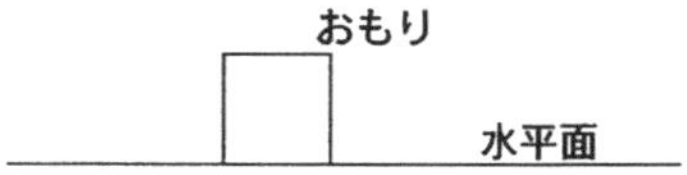

（2）　図１のおもりを指ではじくと，図２のように止まることなく一定の速さで横に滑っていった。これはどのような法則によるものか，その法則名を書きなさい。

図２

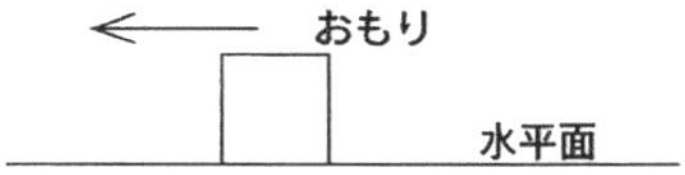

（3）　図２のとき，おもりにはたらく力を解答欄に矢印で図示し，力の名称をそれぞれ矢印の横に書き込みなさい。ただし，矢印の長さは適当に決めてよい。

（4）　図３のとき，おもりにはたらく力を解答欄に矢印で図示し，力の名称をそれぞれ矢印の横に書き込みなさい。ただし，矢印の長さは適当に決めてよい。

図３

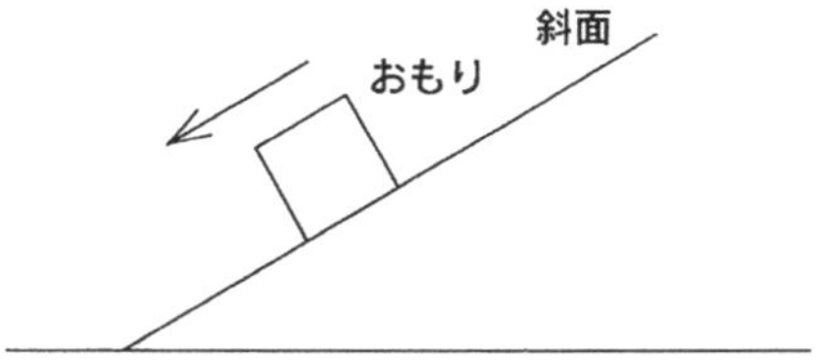

【2】　５種類の気体Ａ～Ｅは，アンモニア，塩素，水素，二酸化炭素，硫化水素のいずれかである。下の表は，気体Ａ～Ｅの性質をまとめている。次の各問いに答えなさい。

表

種類	色	におい	発生方法
気体Ａ	なし	あり	塩化アンモニウムと水酸化ナトリウムを混合して，少量の水を加えると発生する
気体Ｂ	あり	あり	うすい塩酸に電極Ｘと電極Ｙを入れ，電源装置につなぎ，電圧を加えると，電極Ｘから発生する
気体Ｃ	なし	なし	うすい塩酸に電極Ｘと電極Ｙを入れ，電源装置につなぎ，電圧を加えると，電極Ｙから発生する
気体Ｄ	なし	あり	硫化鉄にうすい塩酸を加えると発生する
気体Ｅ	なし	なし	酸化銅と炭素を混合して，加熱すると発生する

（１）　気体Ａを水に溶かしたときの水溶液は無色であった。この水溶液にＢＴＢ溶液を加えると，何色に変化するか，書きなさい。

（２）　気体Ｂは電極Ｘから発生し，気体Ｃは電極Ｙから発生する。電極Ｘを何というか，書きなさい。

（３）　気体Ｄには特有のにおいがあった。このにおいを何というか，漢字３文字で書きなさい。

（４）　気体Ｅの集め方として，適当でない収集法は何か，書きなさい。また，その理由を，簡潔に書きなさい。

（５）　気体Ａ，Ｃ，Ｅの化学式を，それぞれ書きなさい。

【3】　刺激に対する人とネコの反応を調べる実験を行った。次の各問いに答えなさい。

〔実験Ⅰ〕

図1

　図1のように11人が手をつないで輪になる。右手にストップウォッチを持った人がストップウォッチをスタートさせ，同時に左手で隣の人の右手を握る。右手を握られた人は左手で隣の人の右手を握る。これを次々に行っていく。ストップウォッチを持った人は右手を握られたらストップウォッチをすぐに止め，時間を記録する。表はこれを3回行った時の記録である。

表

回　数	1回目	2回目	3回目
時間(秒)	2.71	2.74	2.80

（1）　実験Ⅰで1人の手が握られてから隣の人の手を握るまでにかかった平均の時間は何秒か，求めなさい。

図2

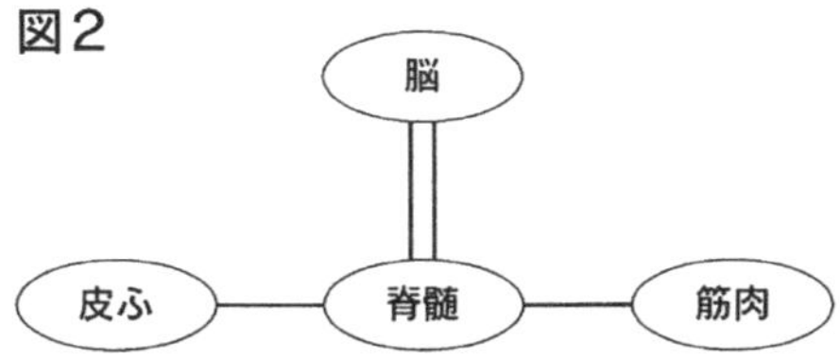

（2）　実験Ⅰで「握る」という命令の信号を左手に伝える末梢神経は何という神経か，名称を書きなさい。

（3）　図2は実験Ⅰで1人の人が手を握られてから，隣の人の手を握るまでの神経の経路を模式的に示したものである。実線はそれらをつなぐ神経を表している。実験Ⅰで1人の人が手を握られてから，隣の人の手を握るまでに刺激や命令の信号は，どのような経路で伝わったか。信号が伝わった順に，図中の名称を使って書きなさい。ただし，同じ名称を2度使ってもよい。

〔実験Ⅱ〕

　ネコの目を観察したところ，図3のように明るい所にいるときと暗い所にいるときでひとみの形や大きさが変化することに気付いた。

図3

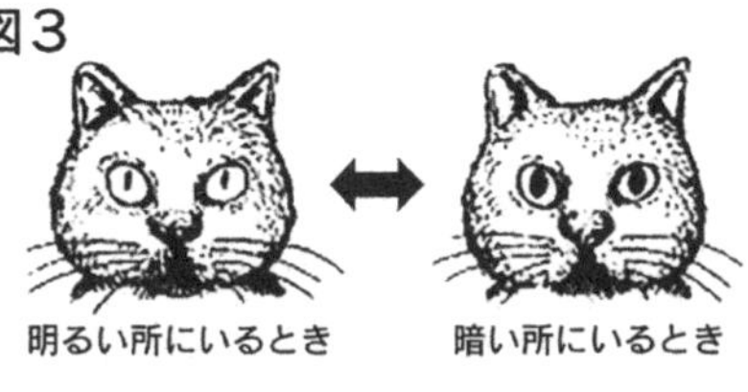

（4）　図3でひとみの形や大きさが変化するのは目の何という部分のはたらきによるか，その名称を書きなさい。

（5）　ネコと同じようにヒトのひとみの大きさも意識せずに変化する。このように，刺激に対して意識と関係なく起こる反応を何というか，書きなさい。

（6）　ひとみの大きさが変化することにより，何が調節されるか，書きなさい。

【4】 **図1は高気圧と低気圧付近の風の動きについて表したものである。図2，図3は前線付近の断面を模式的に表したものである。次の各問いに答えなさい。**

（1） 図1で，日本付近の高気圧付近の風のふき方を表しているものはどれか，ア～エから1つ選び，符号で書きなさい。

（2） 低気圧の中心付近にあてはまるものを次のア～エから2つ選び，符号で書きなさい。

ア 上昇気流が生じる。

イ 下降気流が生じる。

ウ 晴れることが多い。

エ 雨が降りやすい。

（3） 図2の前線を何というか，その名称と前線の記号を書きなさい。

（4） 図2，図3の前線は，ふつう低気圧の中心からどの方向にのびているか，それぞれ次のア～ウから選び，符号で書きなさい。

ア 北側　　イ 西側　　ウ 東側

（5） 前線面付近で発達し，雨を降らせる①，②の雲をそれぞれ何というか，書きなさい。

（6） 図2の前線にあてはまるものを次のア～カから3つ選び，符号で書きなさい。

ア 通過後は気温が上がる。

イ 通過後は気温が下がる。

ウ せまい範囲で，短い時間強い雨が降る。

エ 広い範囲で，長い時間弱い雨が降る。

オ 通過後，風向が北寄りに変わる。

カ 通過後，風向が南寄りに変わる。

図1

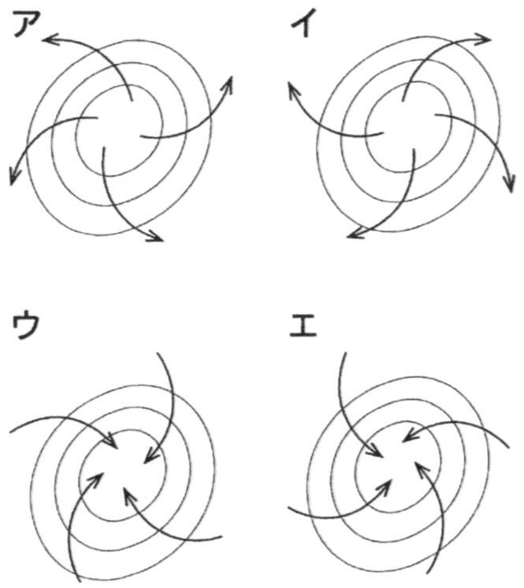

図2

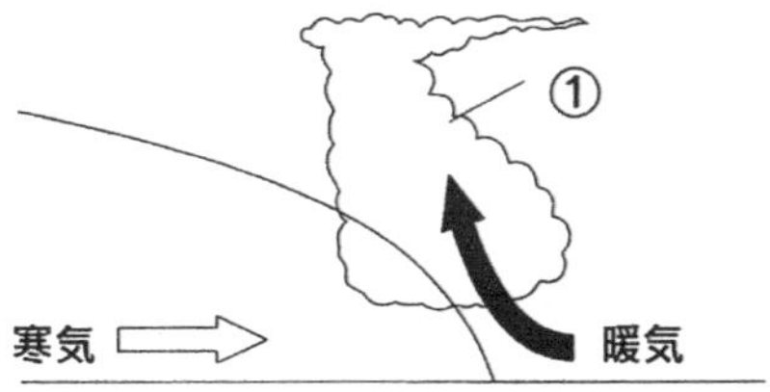

図3

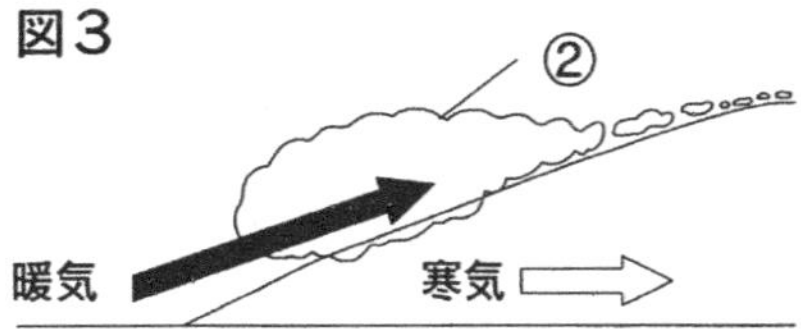

【5】 **冬のある日，電気こたつやエアコンを使うケイタさんは家の電気の使用状況が気になり下の調査１，調査２を行った。次の各問いに答えなさい。**

〔調査１〕

ここ最近の６時から22時の間に使われた主な電気器具について，100Ｖの交流電源につないだときの消費電力と使用していた時間を調べ，図のようにまとめた。ただし，電気器具を使用していた時間は整数値であり，←→ で示している。

図

電気器具名	消費電力＼時刻	6	7	8	9	10	11	12	13	14	15	16	17	18	19	20	21	22
テレビ	150W	←	→										←	―	―	―	―	→
エアコン	1000W					←	―	―	―	→			←	―	―	―	→	
冷蔵庫	500W	←	―	―	―	―	―	―	―	―	―	―	―	―	―	―	―	→
洗濯機	600W			←	→										←	→		
電気こたつ	600W	←	―	―	→									←	―	―	―	→

〔調査２〕

ケイタさんは多くの電気器具を同時に使用すると，家の電気が一時的にしゃ断され，家全体が停電することが分かった。また，自宅の電気料金請求書を見ると，ケイタさんの家庭で使用できる電流の最大の値が40Ａであることが分かった。

（１） ケイタさんは消費電力について次のようにまとめた。下の文の（ア）～（ウ）に当てはまる適切な語句や値を書きなさい。

> １秒あたりに消費される電気エネルギーの量を電力といい，電力は電圧と（　ア　）をかけ算することで求めることができる。また，電力に時間をかけ算することで電力量を求めることができる。図よりテレビは全部で（　イ　）時間使用しており，この間にテレビで消費された電力量は（　ウ　）Ｊである。

（2） ケイタさんは電気がしゃ断された理由を調べようとした。下の文の（ア）～（ウ）に当てはまる適切な語句や値を書きなさい。ただし，各電気器具を使用しているときの消費電力は一定であり，コンセントにさしたままで使用していないときの消費電力は考えないものとする。

> 家庭の電気配線は，つないだすべての電気器具に対して100Vの電圧が加わるように（　ア　）回路となっている。冷蔵庫を使用しているときに冷蔵庫に流れる電流は（　イ　）Aであり，電気こたつを使用しているときに電気こたつに流れる電流は（　ウ　）Aである。

（3） ケイタさんは1200Wのドライヤーを19時30分に使おうとすると電気がしゃ断されることが分かった。それはなぜか，下の文の（ア），（イ）に適する値を小数第1位まで書きなさい。

> その日の19時30分ではドライヤーを使う前は全部で（　ア　）Aの電流が流れているが，ドライヤーを使うことで電気器具全体で（　イ　）Aの電流が流れ，40Aを超えるため，電気がしゃ断されたのだと考えられる。

【6】　図１のような装置で，いろいろな液体の沸点を調べた。図２は，このときの時間と温度との関係をそれぞれグラフに表したものである。次の各問いに答えなさい。

（1）　図1のように，ビーカーに沸騰石を入れた理由は何か，簡潔に書きなさい。

（2）　図2で，混合物と考えられる液体のグラフはどれか，ａ～ｄから1つ選び，符号で書きなさい。

（3）　図2で，同じ種類の物質と考えられる液体のグラフはどれとどれか，ａ～ｄから選び，符号で書きなさい。

図１

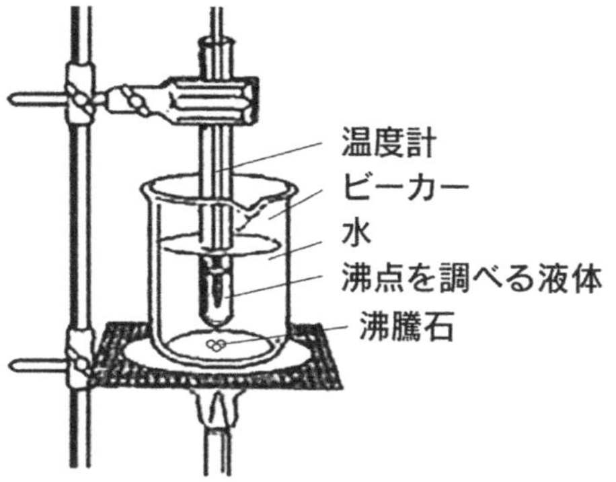

図２

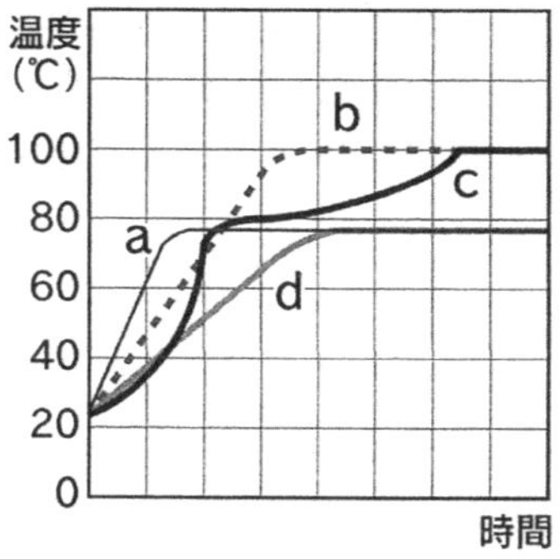

表は純粋な物質Ａ～Ｆの融点と沸点をまとめたものである。

（4）　表で，次の①，②にあてはまる物質はどれか，Ａ～Ｆからそれぞれすべて選び，符号で書きなさい。

①　30℃で液体であるもの。

②　100℃で気体であるもの。

表

純粋な物質	A	B	C	D	E	F
融点〔℃〕	−39	81	54	−116	17	−218
沸点〔℃〕	357	218	174	35	118	−183

【7】 たかしさんは夏休みにイカをつりに行き，自分でつり上げたイカのからだのつくりについて調べ，解剖した後，スケッチを描いた。下の文章を読み，次の各問いに答えなさい。

イカは背骨のない（　ア　）動物に分類され，あしは筋肉のはたらきで動かす。（　ア　）動物の中で，からだやあしに節があるものは（　イ　）動物と呼ばれ，昆虫類や甲殻類が含まれる。（　イ　）動物のからだの外側は①外骨格という殻でおおわれている。また，イカやタコは（　ウ　）動物に分類され，多くは水中で生活し，（　エ　）で呼吸する。

（1）　文章中の（ア）～（エ）に当てはまる適切な語句を書きなさい。

図

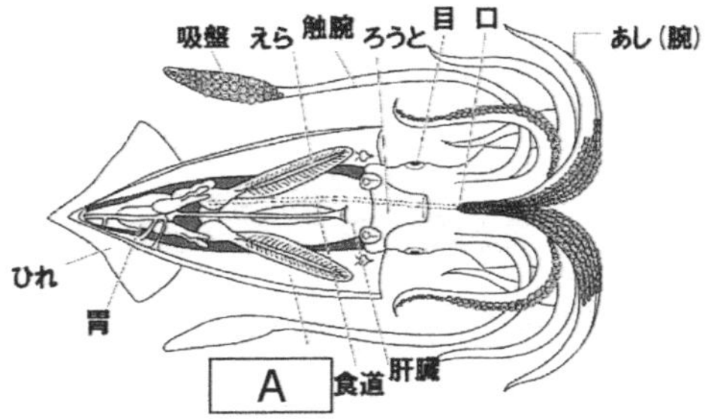

（2）　右図はイカを解剖して観察した際のスケッチである。内臓をおおっている膜Aを何というか，名称を書きなさい。

（3）　文中の下線部①のはたらきについて簡潔に書きなさい。

【8】　火山や火山噴出物について，次の各問いに答えなさい。

（1）　一般的に，火山の形や噴火の様子とマグマのねばりけの程度は関係性が見られる。これらのことについて，次の文章の（①）～（④）に当てはまる適切な語句をそれぞれの語群より１つずつ選び，符号で書きなさい。

ねばりけが（　①　）マグマをふき出す火山ほど，（　②　）のような形になり，火山噴出物の色は白っぽい。噴火の様子は，（　③　）であることが多い。代表例は（　④　）や雲仙普賢岳である。

語群

①　ア　弱い（小さい）　　イ　強い（大きい）　　ウ　中程度

②　ア

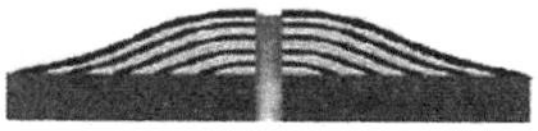

イ

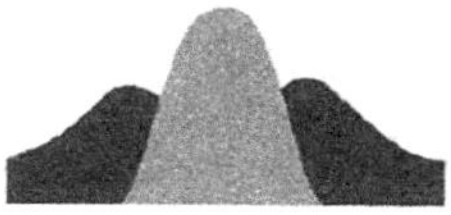

ウ

③　ア　激しく爆発的　　イ　比較的穏やか　　ウ　爆発とマグマの流出が交互

④　ア　キラウエア　　イ　昭和新山　　ウ　富士山

（2）　火山噴出物を次のア～カから２つ選び，符号で書きなさい。

ア　軽石　　イ　溶岩　　ウ　石灰岩　　エ　斑れい岩

オ　チャート　　カ　花崗岩

（3）　火山噴出物の火山灰を双眼実体顕微鏡を用いて観察したところ，火山灰には小さな粒がたくさん含まれていた。その粒の多くはマグマが冷えて結晶になったものである。これを何というか，書きなさい。

（4）　双眼実体顕微鏡について説明しているものとして最も適当なものを，次のア～エから１つ選び，符号で書きなさい。

ア　試料を観察すると，上下左右が逆に見える。

イ　試料を観察すると，立体的に見える。

ウ　試料をプレパラートにして観察するのに適している。

エ　試料を手に持って観察するのに適している。

［2024年度　英語リスニングテスト］

放送原稿

※音声は収録しておりません

これからリスニングテストを行います。問題用紙の問題【１】を見なさい。問題はＡ，Ｂ，Ｃの３つあります。放送中にメモをとってもかまいません。

それでは，Ａの問題から始めます。

１番，２番の対話を聞いて，それぞれの質問の答えとして最も適当なものを，ア～エから１つずつ選び，記号を書きなさい。なお，対話と質問は通して２回繰り返します。それでは，始めます。

１番　A boy ：Look!　My mother bought me these presents for my birthday.
A girl ：How nice!
A boy ：I am very happy because I can use them to draw a picture.

Question：What are the presents?

もう一度繰り返します。　　（対話と質問の繰り返し）

２番　A boy ：Can I have two hamburgers and a glass of orange juice, please?
A clerk：Anything else?
A boy ：Yes, I'll have a cup of coffee.

Question：What will the boy buy?

もう一度繰り返します。　　（対話と質問の繰り返し）

次はＢの問題です。次の英文を聞いて，それに続く１番～３番の質問の答えとして最も適当なものを，ア～エから１つずつ選び，記号を書きなさい。なお，英文と質問は通して２回繰り返します。それでは，始めます。

Hi, Koji.　This is Judy.　Next Saturday, our city will have a running event.　About two thousand people are going to join.　Many foreign people will run.　Our city needs some volunteers who can speak English.　Can you help us?　It will start at 9:30 in the morning from Nagatomi Park.　Volunteers have to be at the park at 8:45.　If you can come, please email me.　I will tell you more information about the running event then.　Thank you.

それでは，質問を1回ずつ読みます。

１番　How many people will run at the event?

２番　What time do volunteers have to be at the park?

３番　What does the city need?

もう一度繰り返します。　　（英文と質問の繰り返し）

次はＣの問題です。留学生のBenと彼のホームステイ先のKyokoの対話文を聞いて，それに続く１番〜３番の質問の答えとして最も適当なものを，ア〜エから１つずつ選び，記号を書きなさい。なお，対話と質問は通して２回繰り返します。それでは，始めます。

Ben：Kyoko, I need your help.　Are you at home now?

Kyoko：Yes.　What's the matter?

Ben：I'm at the baseball stadium, and the game will start soon.　But I left my uniform at home.

Kyoko：What?　Today's game is very important and you have practiced very hard for this, right?

Ben：Of course, yes.　I have to find my uniform.　If you have time, can you help me?　It's white.

Kyoko：OK, Ben.　I'll check.

Ben：I think I put it on my bed.　Please check there.

Kyoko：Sorry, I can't find it there.　How about other places?

Ben：Well, I put it on the chair in the morning when I had breakfast.

Kyoko：On the chair?　No, I can't find it.　Did you leave it at home?　I think you are too excited now.　Check your bag again.

Ben：I see.　I'll check it again.　You are right!　Thank you for your help.

Kyoko：No problem.

それでは，質問を１回ずつ読みます。

１番　What color is Ben's uniform?

２番　Where did Ben find his uniform?

３番　What is Ben going to play?

もう１度繰り返します。　　（対話と質問の繰り返し）

以上で，リスニングテストを終わります。ひき続いてあとの問題に移りなさい。

2024年度

後期入学試験問題

社　　　会

（50分）

注 意 事 項

① 試験開始の合図があるまで、中を見てはいけません。
② 解答はすべて解答用紙の所定の欄に書きなさい。
③ 解答用紙は、この冊子の間にはさんであります。

大 分 高 等 学 校

【1】 世界と日本の地理について，（1）～（4）の問いに答えなさい。

（1） **資料1**に関連して，①～④の問いに答えなさい。なお**資料1**は，図の中心（東京）からの距離と方位が正しい地図である。

資料1

資料2

（『整理と対策　社会』より）

資料3

	人口密度（人／㎢）（2022年）	人口の高齢化率（%）（2021年）
ア	152	8.6
イ	48	3.5
ウ	34	19.9
エ	5	11.9

注）ロシアは，ヨーロッパに含まれている。
注）人口の高齢化率は，総人口に占める65歳以上の人口の割合。

（『日本国勢図会2023／24』ほかより作成）

① 東京から見たサンフランシスコの方位は，どの方位となるか，８方位で書きなさい。

②  で示された大陸名を書きなさい。

③ **資料2**の写真が撮影された場所として最も適当なものを，**資料1**のア～エから１つ選び，記号を書きなさい。

④ 世界の地域は，６つの州に分けることができる。**資料3**は，そのうちアジア州・アフリカ州・オセアニア州・ヨーロッパ州の人口密度と人口の高齢化率を示している。アジア州のものとして最も適当なものを，ア～エから１つ選び，記号を書きなさい。

（2） **資料4**に関連して，①～③の問いに答えなさい。

① 北海道では，乳牛を飼育し，生乳・バター・チーズなどの乳製品を生産する農業が盛んである。このような農業を何というか，書きなさい。

② **資料5**は，**資料4**の**A**～**D**の都道府県の人口に関する統計（2021年）をまとめたものであり，ア～エは**A**～**D**のいずれかである。**B**の統計として最も適当なものを，ア～エから1つ選び，記号を書きなさい。

資料4

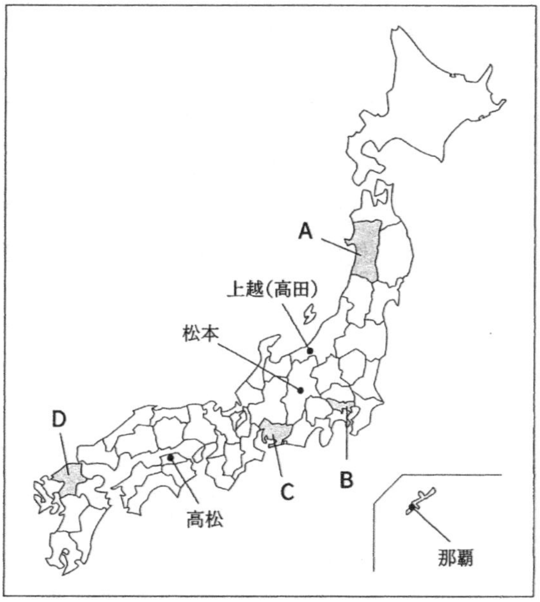

資料5

	人口増減率（%）	年齢別人口割合（%）			産業別人口割合（%）		
		0～14歳	15～64歳	65歳以上	第1次産業	第2次産業	第3次産業
ア	−0.22	12.9	58.9	28.2	2.4	19.9	77.7
イ	−1.52	9.5	52.4	38.1	8.6	23.9	67.5
ウ	−0.34	12.8	61.6	25.5	1.9	32.4	65.7
エ	−0.27	11.1	66.1	22.9	0.4	15.0	84.6

（『データでみる県勢　2023』より作成）

③ **資料6**のア～エは，上越（高田）市・松本市・高松市・那覇市のいずれかの雨温図である。上越（高田）市のものとして最も適当なものを，ア～エから1つ選び，記号を書きなさい。

資料6

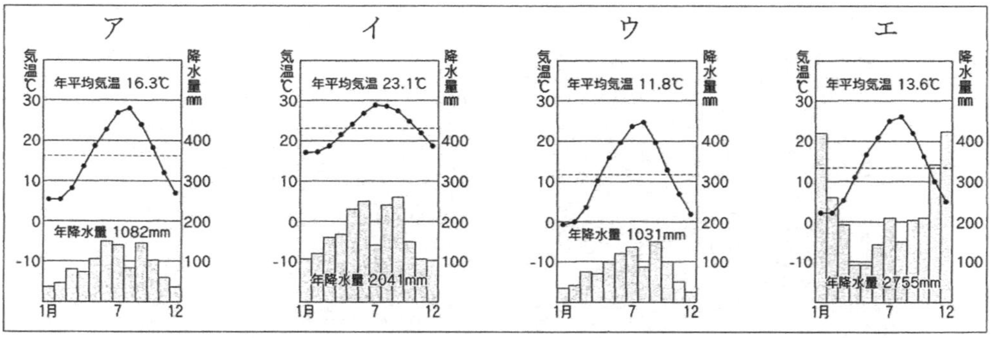

（『理科年表』平成30年より作成）

（3）　**資料7**は，1970年～2010年における日本の工業別製品出荷額の推移を示している。**X**～**Z**にあてはまる語句の組み合わせとして正しいものを，ア～エから1つ選び，記号を書きなさい。

	X	Y	Z
ア	化学工業	繊維工業	機械工業
イ	機械工業	繊維工業	化学工業
ウ	化学工業	機械工業	繊維工業
エ	機械工業	化学工業	繊維工業

資料7

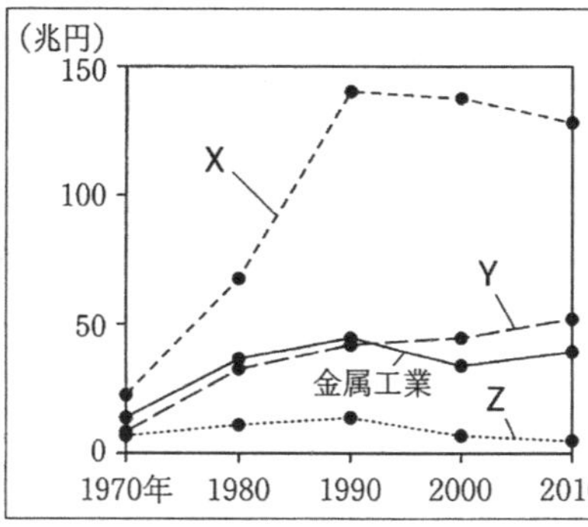

（『数字でみる日本の100年』より作成）

（4）　**資料8**は，甲府北部の２万５千分の１の地形図の一部である。①・②の問いに答えなさい。

資料8

（『国土地理院発行２万５千分の１地形図』より作成）

① 地形図を読み取った内容として最も適当なものを，ア～エから１つ選び，記号を書きなさい。

ア．「甲府駅」の南側には，図書館・郵便局・交番・博物館がある。

イ．「武田氏館跡」から「武田信玄の墓」まで地形図上の直線距離が約５cmのため，実際の距離は約2000mである。

ウ．「山梨大学」の西側には，高等学校が３つ位置している。

エ．「西田町」周辺は，この地形図の中で比較的標高が低く，水田が見られる。

② 山梨県では，地形図のような扇状地が見られる。次の文章は，扇状地の農業の特色について述べている。（　　　　　　）にあてはまる内容を書きなさい。

扇状地の中央部は，粒の大きい砂や石からできているので（　　　　　　）。 そのため，水田には適さないが，ぶどうなどの果樹の栽培に利用されている。

【2】　祐希さんは，日本を訪れた外国人について調べ学習をおこない，パネルにまとめた。パネル1～4は，その一部である。（1）～（4）の問いに答えなさい。

パネル1：（　a　）

b唐の僧。日本への渡来を決意し，失敗を重ね盲目になりながら6度目の753年に達成。754年に入京して戒律を伝える。東大寺戒壇院・c唐招提寺を建てた。

パネル2：フランシスコ・ザビエル

dスペイン人のeイエズス会宣教師。1549年鹿児島に来日し布教。上京したが目的を達せず山口に戻り，領主の保護を得て布教。ついで豊後府内の領主を帰依させた。1551年インドに帰り，f翌年に中国布教をめざすが広州付近で死去した。

パネル3：シーボルト

オランダ商館のドイツ人医師。g1823年に来日し，鳴滝塾で医学を教授。1828年のhシーボルト事件により，翌年国外追放。帰国後に『日本』を著す。1859年に再来日し，1862年に帰国した。

パネル4：ラフカディオ・ハーン

英文学者。小説家。日本名は小泉八雲。熊本の第五高等中学校や東京帝国大学などで英文学を教えた。日本の研究・紹介をおこない『怪談』などの小説も著した。

（1）　**パネル1**に関連して，①～③の問いに答えなさい。

①　（　a　）にあてはまる人物名を書きなさい。

②　**下線部b**に関連して，この時代の説明として正しいものを，ア～エから1つ選び，記号を書きなさい。

ア．始皇帝が中国を統一する帝国を造り上げ，初めて「皇帝」を名乗った。
イ．邪馬台国の卑弥呼が朝貢して，皇帝から金印を授けられた。
ウ．新羅と連合し，白村江の戦いで日本を破った。
エ．フビライ・ハンに仕えたマルコ・ポーロが『世界の記述』を著した。

③　**下線部c**に関連して，唐招提寺をア～エから1つ選び，記号を書きなさい。

ア

イ

ウ

エ

（2） **パネル2**に関連して，①～③の問いに答えなさい。

① **下線部d**に関連して，この国が進出した地域として正しいものを，**資料1**のア～オから1つ選び，記号を書きなさい。

資料1　ヨーロッパ諸国の進出(17世紀後半)

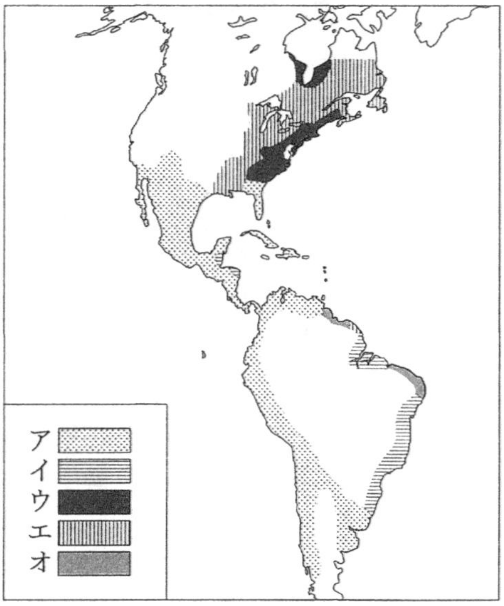

（『アカデミア世界史』より作成）

② **下線部e**に関連して，イエズス会は宗教改革に対抗して組織された教団である。宗教改革を始めたルターが発表した**資料2**を読み，（　　）にあてはまる語句を**漢字**で書きなさい。

資料2　「95か条の意見書」

36. 真に悔い改めている信者は，（　　）がなくても罪から完全に救われる。
43. 信者は，（　　）を買うより，貧しい者に施す方が善い行いだと教えられるべきである。
86. どんな金持ちよりも富裕な法王は，なぜ貧しい信者たちの金銭によってサン・ピエトロ大聖堂を建てたのか。

（『みつけよう？と！　歴史資料』より作成）

③ **下線部f**に関連して，フランシスコ・ザビエルの死後来日したルイス・フロイスが謁見した織田信長に関係の深いものを，ア～エから1つ選び，記号を書きなさい。

ア

一　日本は神国であるから，キリスト教国が邪教（キリスト教）を伝え広めるのは，けしからぬことである。
一　土地の人々をキリスト教にし，神社や寺を破壊するのは，もってのほかである。
一　バテレン（宣教師）を日本に置いておくことはできない。今日から20日以内に準備して帰国するように。
一　ポルトガル船は，商売のために来ているので，バテレン追放とは別である。今後も商売をしに来るように。

イ

尾張国の国司藤原元命が，この3年間に行った不法な税の取り立てと乱暴について，次の31件のことを裁いてくださるよう，尾張国郡司・民衆が太政官にお願い申し上げます。
一　定まった税のほか，この3年間で，さらに税12万9374束あまりを取り立てたこと。
一　元命の配下の者たちが，郡司や民衆から無理やりいろいろな物を奪い取っていること。

ウ

一　学問と武芸にひたすら精を出すようにしなさい。
一　諸国の城は，修理する場合であっても，必ず幕府に申し出ること。新しい城を造ることは厳しく禁止する。
一　幕府の許可なく，結婚してはならない。

エ

安土城下の町中に対する定め
一　この安土の町は楽市としたので，いろいろな座は廃止し，さまざまな税は，免除する。
一　街道を行き来する商人は中山道を素通りせず，この町に宿を取るようにせよ。

（3） **パネル3**に関連して，①・②の問いに答えなさい。

① **下線部g**に関連して，シーボルトが来日したのは江戸時代のことである。この時代の外交政策は「鎖国」と呼ばれているが，完全に国を閉ざしたわけではない。**資料3**の**A**～**C**は，朝鮮・琉球・アイヌ民族と関係を持った各藩をあらわしている。**A**～**C**にあてはまる語句の組み合わせとして正しいものを，ア～カから1つ選び，記号を書きなさい。

	A	B	C
ア	薩摩藩	対馬藩	松前藩
イ	薩摩藩	松前藩	対馬藩
ウ	松前藩	薩摩藩	対馬藩
エ	松前藩	対馬藩	薩摩藩
オ	対馬藩	松前藩	薩摩藩
カ	対馬藩	薩摩藩	松前藩

資料3 鎖国下の四つの窓口

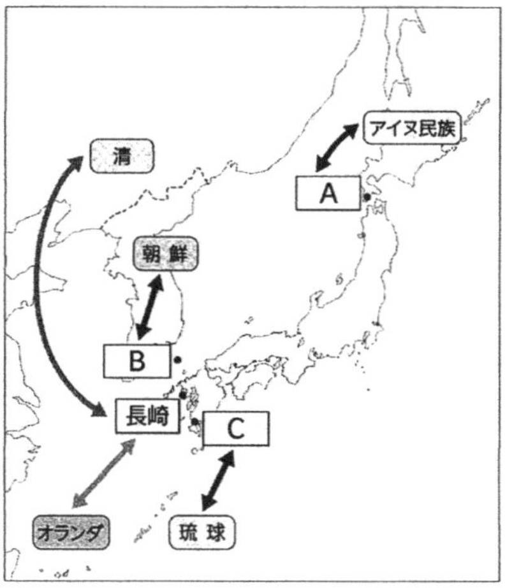

（『新しい社会 歴史』より作成）

② **下線部h**に関連して，このときシーボルトは伊能忠敬の地図を国外に持ち出そうとして追放された。伊能忠敬と同じ時代に活躍した人物について述べた文として最も適当なものを，ア～エから1つ選び，記号を書きなさい。

ア．千利休が，わび茶と呼ばれる芸能を完成させた。

イ．観阿弥・世阿弥親子が，能を大成した。

ウ．葛飾北斎が，『富嶽三十六景』を描いた。

エ．兼好法師が，随筆『徒然草』を著した。

（4） **パネル4**に関連して，①・②の問いに答えなさい。

① ラフカディオ・ハーン（1850～1904）死後のできごとア～ウを，**年代の古い順**に並べ替えなさい。

ア．日本が韓国を併合した。

イ．満州事変がおこった。

ウ．日本が国際連盟に加盟した。

② **資料4**は，ラフカディオ・ハーンの生存中に派遣された岩倉使節団の航路である。この使節団が派遣された目的は，欧米視察のほかに何があったか。簡潔に書きなさい。

資料4 岩倉使節団の航路

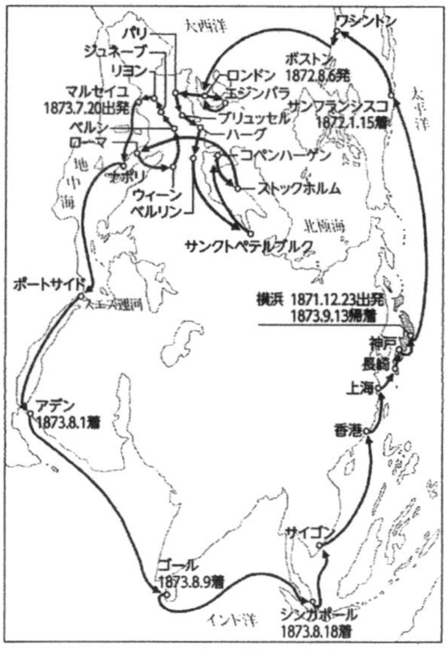

（『新しい歴史』より作成）

2024年度　国語　後期解答用紙

大分高等学校

※解答は楷書で正しく書くこと

【一】

問一

1

2　（しく）

3

4　（なって）

5

6

問二

(1)

(2)　符号

(3)　読み

問三

1点×10

（　　　）点

【二】

問一

問二

問三

問四

問五

問六

問七

Ⅰ

Ⅱ

2点×10

（　　　）点

得点　　　点

※60点満点

【4】 2点×4

(1)	(i)	$y=$	(ii)		□
(2)			(3)		点

【5】 2点×4

(1)		(2)	cm^3	□
(3)	$\frac{b}{a}=$	(4)	cm^3	点

【6】 ⑴2点 ⑵4点 ⑶2点

(1)	cm		□
(2)	[証明] △AOBと△BCFにおいて, [終]		
(3)	cm		点

受験番号		得点	点	

※60点満点

【4】 ⑴2点　⑵2点　⑶3点　⑷2点　⑸2点　⑹4点

(1)		(2)		(3)		□
(4)		(5)				
(6)						点

【5】 ⑴2点　⑵完答2点　⑶3点×2　⑷1点×4

(1)			(2)	(　　　)(　　　)(　　　)			□
(3)	①						
	②						
(4)	③			④			
	⑤			⑥			点

受験番号		得点	点	

※60点満点

【5】 1点×8

(1)	ア	イ　　時間	ウ　　J	
(2)	ア	イ　　A	ウ　　A	
(3)	ア　　A	イ　　A		点

【6】 (1)2点　(2)2点　(3)1点　(4)1点×2

(1)			(2)		
(3)	と	(4)	①	②	点

【7】 (1)1点×4　(2)1点　(3)2点

(1)	ア	イ	ウ	エ	
(2)					
(3)					点

【8】 (1)1点×4　(2)完答1点　(3)1点　(4)1点

(1)	①	②	③	④	
(2)		(3)		(4)	点

受験番号		得点	点	

※60点満点

【3】 ⑴1点×2　⑵1点　⑶1点　⑷2点　⑸2点×2　⑹2点×3

（1）①	（1）②		
（2）	（3）		
		点	
（4）	（5）① **カタカナ**		
	制度		
（5）②	（6）①	（6）② **漢字5字**	
制度			
（6）③			
		点	点

【4】 2点×6

（1）	（2）	
（3）	（4）	
（5）	（6）	
		点

受験番号		得点	点	

※60点満点

【1】　(1)1点×4　(2)2点×3　(3)2点　(4)2点×2

(1)①	(1)②	
	大陸	
(1)③	(1)④	
		点

(2)①	(2)②	(2)③

(3)	(4)①

(4)②		
	点	点

【2】　(1)1点×3　(2)①1点　②2点　③2点　(3)2点×2　(4)2点×2

(1)①	(1)②	
(1)③	(2)①	
		点

(2)② 漢字	(2)③

(3)①	(3)②	(4)①
		→　　→

(4)②		
	点	点

【1】 ⑴１点　⑵２点　⑶２点　⑷２点

(1)		(2)		
(3)	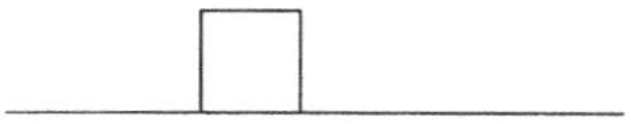	(4)	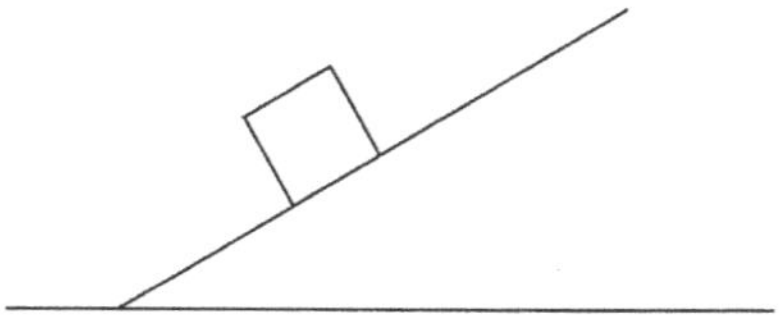	点

【2】 １点×８

(1)	色	(2)		(3)		
(4)	適当でない収集法	理由				
(5)	A	C	E			点

【3】 ⑴１点　⑵１点　⑶２点　⑷１点　⑸１点　⑹２点

(1)	秒		(2)			
(3)	皮ふ　→					
(4)		(5)		(6)		点

【4】 ⑴１点　⑵完答１点　⑶１点×２　⑷完答１点　⑸１点×２　⑹完答１点

(1)		(2)				
(3)	名称	(4)	図２	図３		
	記号	(5)	①	②		
		(6)				点

英語　後期解答用紙

大分高等学校

【1】 A. 1点×2　B. 1点×3　C. 2点×3

A	1番		2番				
B	1番		2番		3番		点
C	1番		2番		3番		点

【2】 A. (1)1点　(2)1点　(3)2点　(4)2点　B. 1点×4

A	(1)		(2)					
	(3)					(4)		
B	①		②		③		④	点

【3】 5点×2

A	I want to use (a bus / a Shinkansen / an airplane). Because	
B	I think that	点

2024年度　　数学　　後期解答用紙　　　大分高等学校

【1】2点×12

(1)	①		②		③		
	④		⑤				
(2)			(3)				
(4)	cm³		(5)	度			
(6)			(7)				
(8)							点

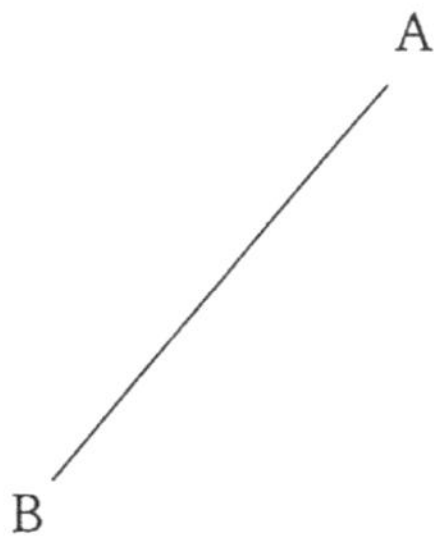

【2】　2点×3

(1)		(2)		
(3)	$a =$			点

【3】　2点×3

(1)	個	(2)	組目の　　　段目	
(3)	さんが　　　色の碁石を並べる。			点

【三】

問一
a
b

問二

問三

問四

問五

問六

問七
Ⅰ
Ⅱ

問八

問九

２点×９
(問一，七は完答)

(　　　　)点

【四】

問一

問二
1
2
3

問三

問四

問五

問六
⑴
⑵

２点×６
(問二，六は完答)

(　　　　)点

受験番

【3】 美月さんは，地方自治について調べ学習をおこなった。**資料1**は，その一部である。（1）～（6）の問いに答えなさい。

資料1

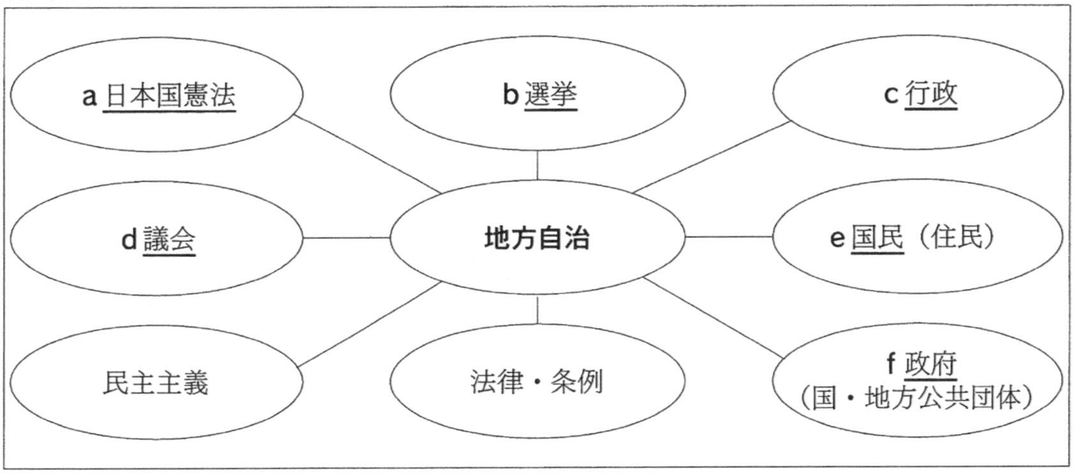

（1） **下線部a**に関連して，①・②の問いに答えなさい。

① 天皇は政治についての決定権を持たず，憲法の定める国事行為のみをおこなう。国事行為の内容として正しいものを，ア～エから1つ選び，記号を書きなさい。

ア．参議院の解散　　イ．弾劾裁判所の設置

ウ．国会の召集　　エ．憲法改正の発議

② 日本国憲法では，平等権・自由権・社会権・参政権などの基本的人権が保障されている。社会権の1つが，憲法第25条の生存権であり，**資料2**はその条文の一部である。（　　）にあてはまる語句として正しいものを，ア～エから1つ選び，記号を書きなさい。

資料2

すべて国民は，健康で（　　）的な最低限度の生活を営む権利を有する。

ア．積極　　イ．公共　　ウ．文化　　エ．主体

（2） **下線部b**に関連して，日本の現在の選挙は4つの原則の下でおこなわれている。その原則について述べた文として**誤っているもの**を，ア～エから1つ選び，記号を書きなさい。

ア．普通選挙とは，一定の年齢以上のすべての国民が選挙権を得ること。

イ．平等選挙とは，財産や性別に関係なく，一人一票であること。

ウ．直接選挙とは，有権者が選挙人を選び，選挙人が候補者を選ぶこと。

エ．秘密選挙とは，投票した政党や候補者を他人に知られないようにすること。

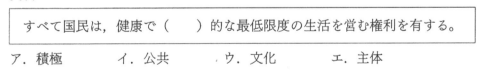

（3） **下線部c**に関連して，**資料4**は日本のおもな行政機関(令和５年８月１日現在)をまとめたものである。また**資料5**は，**資料4**の［ A ］～［ C ］にあてはまる行政機関についての説明である。［ A ］～［ C ］にあてはまる語句の組み合わせとして正しいものを，ア～エから１つ選び，記号を書きなさい。

資料4

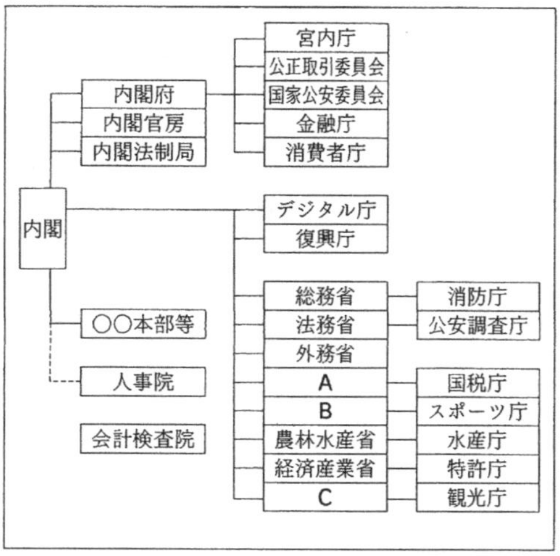

（内閣官房ＨＰより作成）

資料5

［ A ］は，国のお金を中心に扱う機関である。予算を立てて税金や国債で資金を集め，使い道を計画することや，外国とのお金のやり取りをスムーズにさせる仕事を担う。管轄の国税庁は，国税局や税務署の指導・監督をおこなう機関である。
［ B ］は，教育・科学技術・学術・スポーツ・文化の振興などの役割を担う機関である。管轄のスポーツ庁は，すべての国民のスポーツ機会の確保や健康長寿社会の実現，スポーツを通じた地域・経済活性化を目的に創設された機関である。
［ C ］は，防災対策，河川・ダム・海岸島の維持管理，水資源，下水道などの施策の推進の役割を担う機関である。管轄の観光庁は，観光地及び観光施設の改善や，観光の振興などをおこなう機関である。

（各省庁HPより作成）

	A	B	C
ア	財務省	厚生労働省	防衛省
イ	財務省	文部科学省	国土交通省
ウ	環境省	厚生労働省	国土交通省
エ	環境省	文部科学省	防衛省

（4） **下線部d**に関連して，日本の国会に関して述べた文として最も適当なものを，ア～エから１つ選び，記号を書きなさい。

ア．予算の議決は，衆議院と参議院の議決が一致せず，特別国会でも意見が一致しない場合，衆議院において出席議員の半数以上の賛成で再び可決されれば承認となる。

イ．内閣不信任の決議は，参議院のみでおこなうことができる。

ウ．参議院の緊急集会は，衆議院解散後の総選挙の日から30日以内に必ず召集される。

エ．国会議員には，国会が開かれている間は原則として逮捕されない不逮捕特権が保障されている。

（5） **下線部e**に関連して，①・②の問いに答えなさい。

① 消費者の契約トラブルを防止・解決するために設けられている制度がある。**資料6**は，その制度を使う際に郵送する通知書の記載例である。この制度を何というか，**カタカナ**で書きなさい。

資料6

通知書

私は、令和○年○月○日に、貴社の営業○○氏に勧められ、左記の契約をしましたが、都合により解約します。支払済の金○○○円を返金してください。

記

一、商品名　○○○
二、代　金　金○○○円
（契約書番号○○○）

令和○年○月○日
住所　○○
氏名　○○　印

内容証明書用紙

宛先住所　○○
株式会社○○○
代表取締役　○○○殿

（『中学社会　公民　ともに生きる』より作成）

② **資料7**は，日本のある制度についてのメモである。この制度を何というか，書きなさい。

資料7

○平成21年５月21日から制度が始まる。
○国民が刑事裁判に参加し，被告人が有罪かどうか，有罪の場合はどのような刑にするかなど，裁判官と一緒に決める制度である。
○国民が刑事裁判に参加することにより，裁判が身近で分かりやすいものとなり，司法に対する国民の信頼の向上につながることが期待されている。

（『政府広報オンライン』より作成）

（6）　**下線部ｆ**に関連して，①～③の問いに答えなさい。

① **資料8**は，家計・企業・政府のつながりをあらわしたものである。**X**・**Y**にあてはまる具体的な経済活動の組み合わせとして最も適当なものを，ア～エから１つ選び，記号を書きなさい。

資料8

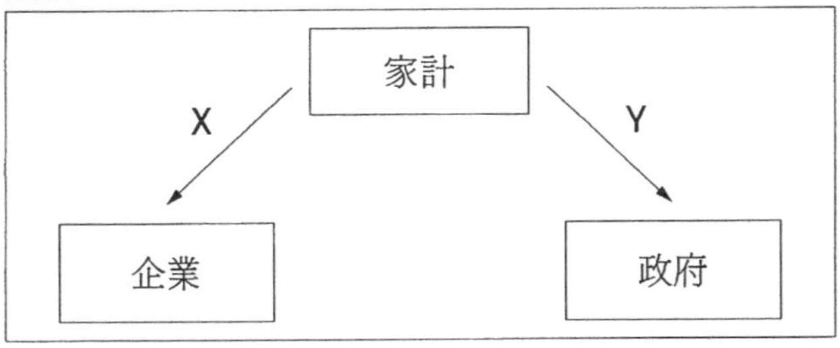

	X	Y
ア	アルバイト代を支払う	法人税を納める
イ	コンビニエンスストアで働く	所得税を納める
ウ	アルバイト代を支払う	所得税を納める
エ	コンビニエンスストアで働く	法人税を納める

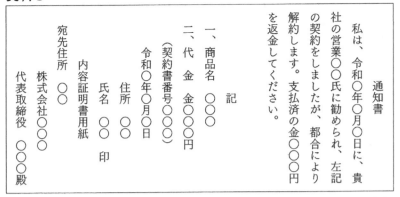

② 地域の政治は，国の政治よりも私たちの身近な暮らしに深く関わってくる。そこで住民には，**資料9**にまとめた内容の権利が保障されている。この権利を何というか。**漢字5字**で書きなさい。

資料9

請求の種類	必要な署名	請求先	請求後の取り扱い
条例の制定 または改廃の請求	有権者の50分の1以上	首長	議会を招集し，結果を報告。
監査請求	有権者の50分の1以上	監査委員	監査を実施し，その結果を公表。
議会の解散請求	原則，有権者の3分の1以上	選挙管理委員会	住民投票をおこない，過半数の賛成があれば解散。
首長・議員の 解職請求	原則，有権者の3分の1以上	選挙管理委員会	住民投票をおこない，過半数の賛成があれば解職。

（『中学社会　公民　ともに生きる』より作成）

③ 所得税には累進課税制度が適用されている。**資料10**は，所得税の税率（令和5年4月1日現在）をまとめたものである。この資料を参考にして，累進課税制度の特徴を簡潔に説明しなさい。

資料10

課税される所得金額	税率
1,000円～ 1,949,000円まで	5％
1,950,000円～ 3,299,000円まで	10%
3,300,000円～ 6,949,000円まで	20%
6,950,000円～ 8,999,000円まで	23%
9,000,000円～17,999,000円まで	33%
18,000,000円～39,999,000円まで	40%
40,000,000円以上	45%

（国税庁HPより作成）

【4】　日本の新しい紙幣についてのかなさんと先生の会話文を読んで，（1）～（6）の問いに答えなさい。

会話文

かな：先生，今年**a** 日本の紙幣が新しくなるそうですね。
先生：そうですね。今のところ，７月頃に変わる予定みたいですよ。
かな：今回変わるのは，１万円札・５千円札・千円札の３つですよね。
先生：その通りです。新しい紙幣の**b** 肖像には誰が選ばれたか知っていますか。
かな：１万円札が**c** 渋沢栄一，５千円札が（　　　　）で，千円札が…，ちょっと思い出せません。
先生：千円札は，「近代日本医学の父」と呼ばれている北里柴三郎ですね。
かな：肖像に選ばれる人物には何か基準があるのですか。
先生：特別な制約はないようですが，**d** 日本国民が世界に誇れる人物であることや，偽造防止の目的から，なるべく精密な人物像の写真や絵画を入手できる人物であることを基準にしているようです。
かな：たしかにどの人物も教科書に出てくるような人たちですね。
先生：新しい紙幣には，偽造防止のための**e** 最先端技術が用いられているそうですよ。見るのが楽しみですね。

（1）　**会話文**の（　　　　）には，1871年，７歳の時に岩倉使節団に同行して渡米し，のちに女子教育の発展に力を尽くした人物の名前が入る。あてはまる人物として正しいものを，ア～エから１つ選び，記号を書きなさい。

ア．与謝野晶子　　イ．津田梅子　　ウ．樋口一葉　　エ．平塚らいてう

（2） **下線部ａ**に関連して，日本銀行の役割についての説明として**誤っているもの**を，ア～エから１つ選び，記号を書きなさい。

ア．日本銀行は「発券銀行」であり，日本の紙幣を発行することのできる唯一の機関である。

イ．日本銀行は「銀行の銀行」であり，個人だけでなく，一般の銀行に対しても資金の貸し出しや預金の受け入れをおこなう。

ウ．日本銀行は「政府の銀行」であり，政府の資金を預金として預かり，その出し入れをおこなう。

エ．日本銀行は景気の調整をおこなっており，不景気の時には一般の銀行が持つ国債などを買い上げ，代金を支払う。

（3） **下線部ｂ**に関連して，肖像権は，「新しい人権」であるプライバシーの権利の１つである。「新しい人権」について述べた文として**誤っているもの**を，ア～エから１つ選び，記号を書きなさい。

ア．環境権により，大規模な開発事業をおこなう前に環境への影響を調査する環境アセスメントが義務づけられた。

イ．自己決定権により，医療において患者が治療方法などを自ら決定できるように，手術などの際には，インフォームド・コンセントが求められるようになった。

ウ．知る権利により，新聞社やテレビ局が持っている情報を，国民の請求に応じて開示する情報公開制度が設けられた。

エ．プライバシーの権利により，国や地方，民間の情報管理者が個人情報を慎重に管理するように義務づける個人情報保護制度が設けられた。

（4） **下線部ｃ**に関連して，**資料１**の人物が渋沢栄一であり，**資料２**は，渋沢栄一が1872年に設立した富岡製糸場の現在の写真である。明治時代，政府が富岡製糸場などの官営模範工場をつくったり，博覧会を開いたりして産業の近代化をはかった。この政策として正しいものを，ア～エから１つ選び，記号を書きなさい。

資料１

資料２

（「文化遺産オンライン」ＨＰより）

ア．殖産興業　　イ．高度経済成長　　ウ．文明開化　　エ．産業革命

（5） **下線部ｄ**に関連して，**資料３**は，日本国憲法前文の一部であり，（　　　）には共通の語句が入る。（　　　）にあてはまる語句を書きなさい。

資料３

日本国民は，恒久の（　　　）を念願し，人間相互の関係を支配する崇高な理想を深く自覚するのであつて，（　　　）を愛する諸国民の公正と信義に信頼して，われらの安全と生存を保持しようと決意した。われらは，（　　　）を維持し，専制と隷従，圧迫と偏狭を地上から永遠に除去しようと努めてゐる国際社会において，名誉ある地位を占めたいと思ふ。われらは，全世界の国民が，ひとしく恐怖と欠乏から免かれ，（　　　）のうちに生存する権利を有することを確認する。

（6） **下線部ｅ**に関連して，**資料４**のＸの地域では，先端技術産業や情報通信技術産業が特に発達している。この地域を何というか，書きなさい。

資料４

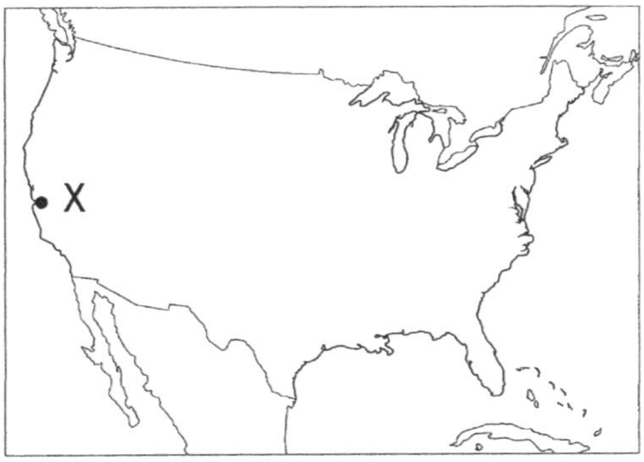

2024(R6) 大分高
K 教英出版

2023年度

後期入学試験問題

国　　語

（50分）

注意事項

① 試験開始の合図があるまで、中を見てはいけません。
② 解答はすべて解答用紙の所定の欄に書きなさい。
③ 解答用紙は、この冊子の間にはさんであります。

大分高等学校

2023(R5) 大分高
K 教英出版

【一】 **次の問一～問四に答えなさい。**

問一 次の――線のカタカナを**漢字**に直し、漢字の読みを**ひらがな**で書きなさい。

1 祖母にほめられてテれる。

2 優勝にカンキの声を上げる。

3 迷子の犬をホゴする。

4 勝利への作戦を練る。

5 同じ沿線の高校に通う。

6 惜別の念を抱く。

問二 次の――線のうち、**他と異なる**意味・用法のものを**ア**～**エ**のうちから一つ選び、その符号を書きなさい。

ア ある山里で生活する。

イ 彼に会ったのはある日の夕方のことだ。

ウ 意見のある人は挙手してください。

エ 父と一緒にある施設を訪れた。

問三 次の⑴・⑵の熟語と構成が同じものを、後の**ア**～**エ**のうちからそれぞれ一つずつ選び、その符号を書きなさい。

⑴ 勤務
ア 不信 **イ** 高価 **ウ** 損得 **エ** 運送

⑵ 雷鳴
ア 看病 **イ** 市営 **ウ** 道路 **エ** 非礼

問四 次の文の［　　］に当てはまる四字熟語を、後の**ア**～**エ**のうちから一つ選び、その符号を書きなさい。

コロナ禍の影響でずっと延期になっていたライブ公演の開催を［　　］の思いで待っていた。

ア 一期一会

イ 千載一遇

ウ 一日千秋

エ 無我夢中

【二】

次の文章を読んで下の問一～問七に答えなさい。なお、解答に字数制限がある場合は、句読点や「　」などの記号も一字と数えること。

問一　～～～線**a・b**の本文中の意味として最も適当なものを、次の**ア～エ**のうちからそれぞれ一つずつ選び、その符号を書きなさい。

a
ア　自信を失って不安になっている
イ　投げやりな気持ちになっている
ウ　一生懸命になっている
エ　あせってむきになっている

b
ア　相手を打ち負かす最後の機会
イ　皆がこぞって争う最後の目標
ウ　最後に残された大切な希望
エ　最後まで使えない自分だけの武器

問二　——線①とあるが、筆者が賛成できないと考える理由として**適当でないもの**を、次の**ア～エ**のうちから一つ選び、その符号を書きなさい。

ア　すばらしい「ひらめき」だと思っても、すでに誰かが同じことを考えている可能性があるから。
イ　少ないデータから解決策を「ひらめく」のは人間の「強み」だが、あくまでも現時点での話だから。
ウ　よいことをひらめいたとしても、その「ひらめき」が社会で評価されるとは限らないから。
エ　AIに負けるかもしれないという不安によって、「ひらめき」の楽しさを忘れてしまうから。

問三　——線②のように、AIが人間に負けることがある理由を述べた次の文の（　）に当てはまる言葉を、本文中から**二十九字**で抜き出して書きなさい。

お詫び

著作権上の都合により、文章は掲載しておりません。
ご不便をおかけし、誠に申し訳ございません。

教英出版

AIは（　　　　　　　　）から。

問四 ――線③の説明として最も適当なものを、次の**ア**～**エ**のうちから一つ選び、その符号を書きなさい。

ア 人間はAIと違い、奇妙な手を打ったり逆に不利を認めて投了したりできるということ。

イ 人間はAIと違い、予想外の良い一手を出したり反対に負けを認めたりできるということ。

ウ 人間はAIと違い、多くのデータを持っていないため総崩れになって負けてしまうということ。

エ 人間はAIと違い、絶妙な一手を出せるため必ずAIに勝つことができるということ。

問五 ――線④はどういうことか、最も適当なものを次の**ア**～**エ**のうちから一つ選び、その符号を書きなさい。

ア AIは十分なデータがあれば、適切な答えを導き出せるということ。

イ AIは正確さに確実性はないが、より速く答えを出せるということ。

ウ AIはデータの蓄積があれば、遅くても適切な答えを出せるということ。

エ AIはデータが不十分でも、より速く正確な答えを出せるということ。

問六 ［　　］に当てはまる言葉を本文中から**三字**で抜き出して書きなさい。

※投了…対局中に劣勢を挽回できないと悟り、みずから負けを宣言すること。
※凌駕…他を上回ること。

（中野信子「空気を読む脳」から）

生徒A――【資料Ⅰ】を見るとIoT※・AI等を「導入している」企業と「導入していないが導入予定がある」企業が合わせて（　①　）%であるのに対して「導入していない」企業は65・4%と高い割合を占めているね。
生徒B――AIはとても便利そうなのに、なぜ導入していないんだろう？
生徒C――それにはいろんな理由が考えられるよ。その一つとして本文で筆者も述べているようにAIは未知の要素がたくさんあるから、私たち自身がAIに対しての（　②　）や（　③　）を持ってしまうことがあるのかもしれないね。
生徒A――確かに…。AIの導入には【資料Ⅱ】を見てわかるように問題点もあるから、ためらう人も多いんだろうね。
生徒C――でも、【資料Ⅲ】からもわかるように、「効果があった」と感じている人が（　④　）%いるから、やっぱり導入していくべきだよね。
生徒B――そうだね。本文では、筆者も（　　⑤　　）といってたよ。これから私たちは、AIのよりよい導入の仕方を模索していかなければいけないな。

※IoT…Internet of Things（インターネット　オブ　シングス）の略で、「様々な物がインターネットにつながること」「インターネットにつながる様々な物」を指している。

問七　□は本文と【資料Ⅰ】・【資料Ⅱ】・【資料Ⅲ】について、生徒たちが話し合っている場面である。これを読んで後の(1)～(4)に答えなさい。

(1)　（　①　）・（　④　）に当てはまる数字を次の**例に従って**書きなさい。

例　25・4

(2)　（　②　）・（　③　）に当てはまる言葉を本文中からそれぞれ**三字以内**で抜き出して書きなさい。

(3)　――線とあるが、【資料Ⅱ】から読み取れる問題点の例として**適当でないもの**を次の**ア**～**エ**のうちから一つ選び、その符号を書きなさい。

ア　AIを使ったシステム管理の結果として不具合が生じたとき、それをどうやって直したら良いのかがわからない。

イ　AIを取り入れることで、現在人間が行っている業務も将来的にはAIが担う可能性があり、雇用が減ってしまうかもしれない。

ウ　AIを活用した自動運転の車で衝突事故が起きたとき、責任の所在がどこにあるのかについてのルールが明確ではない。

エ　AIのシステムを会社で取り入れるための初期費用や、メンテナンス時の費用が高く、一度に導入することが難しい。

【資料Ⅰ】

企業におけるIoT・AI等のシステム・サービスの導入状況

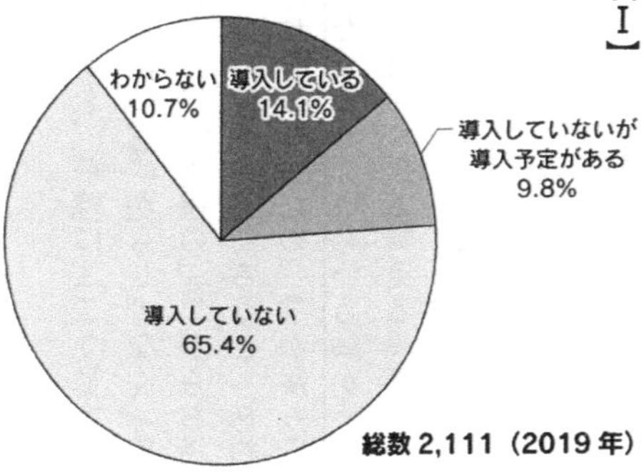

（出典）総務省『通信利用動向調査』

【資料Ⅱ】

企業におけるIoT・AI等のシステム・サービスを導入しない理由

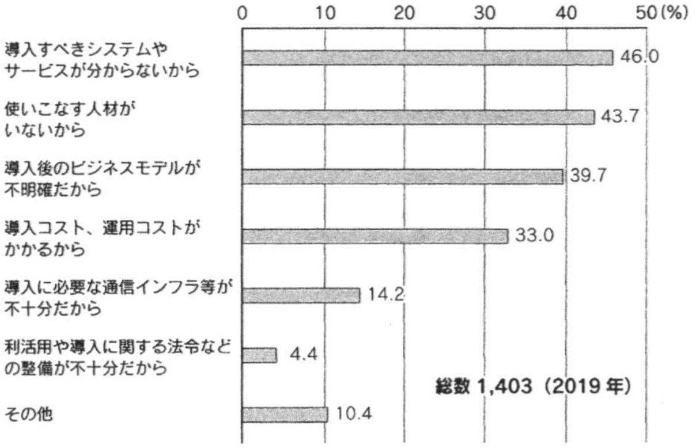

（出典）総務省『通信利用動向調査』

【資料Ⅲ】

企業におけるIoT・AI等のシステム・サービスの導入効果

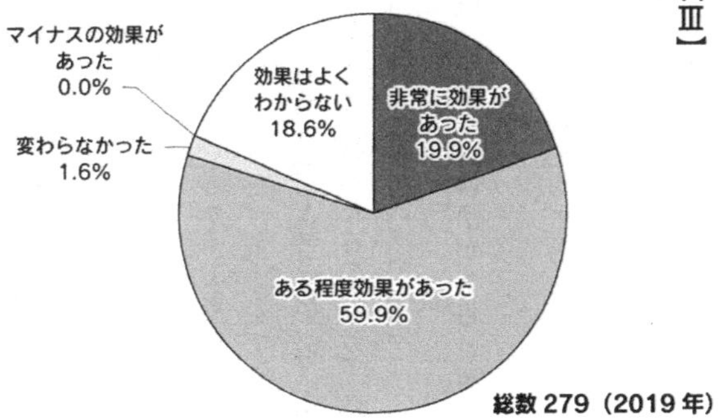

（出典）総務省『通信利用動向調査』

---

(4) （ ⑤ ）に当てはまる言葉として最も適当なものを、次の**ア**～**エ**のうちから一つ選び、その符号を書きなさい。

ア 人間はＡＩと協力することで、互いに補完し合うことができる

イ 人間はＡＩと競合することで、自分の能力を向上させることができる

ウ 人間はＡＩを活用することで、ＡＩの「強み」を引き出すことができる

エ 人間はＡＩと協働することで、人間の「弱み」を知ることができる

【三】 次の文章を読んで下の問一～問八に答えなさい。なお、解答に字数制限がある場合は、句読点や「」などの記号も一字と数えること。

> 二十歳の春、したいことが見つからず悩み続けていた典子は、何か一つ具体的なことを始めた方がいいのかもしれないと考え、近所に住む「武田のおばさん」にお茶を教えてもらうことにした。気さくで優しい「武田のおばさん」は、いわゆる「お金持ちのおばさん」とはちょっと違うゆとりや豊かさを感じさせる女性である。以下は、初めて典子がお稽古に行った日のことである。

お茶には、①うるさい作法があると噂《うわさ》に聞いてはいた。しかし、その細かさは想像を絶していた。

たとえば、釜から柄杓《ひしゃく》で湯を一杓くみ上げて、茶碗に注ぐという、たったそれだけのことにも、たくさんの注意があった。

「あっ、あなた、今、お湯の表面をすくったでしょ。お湯は、お釜の下の方からくみなさい。お茶ではね、『中水《なかみず》、底湯《そこゆ》』と言って、水は真ん中、お湯は底の方からくむのよ」

(同じ釜からくむんだから、上だって、底だって、同じお湯じゃないの)

と思いながらも、言われた通り、柄杓をドブンと釜の底深く沈めた。すると、

「ドブンと、音をさせないように」

「はい」

くみあげた湯を、茶碗に注ごうとすると、

「あー、お茶碗の『横』からじゃなく、『前』から注ぎなさい」

言われるままに、茶碗の「前」からお湯を注ぐ。空になった柄杓から雫《しずく》がポタッ、ポタッと落ちる。その雫を早く切ろうと、柄杓をちょんちょんと振った。

「あっ、それをしちゃだめ。雫が落ちるのをじっと待つの」

②やることなすこと、いちいち細かく注意され、イライラしてくる。どこもかしこも、がんじがらめ。自由に振る舞える場面など一つもない。

(「武田のおばさん」て、意地悪!)

私は、四方八方から剣が刺さってくる小さな箱の中で、小さく縮こまっている手品師の助手になったような心境だった。

「お茶はね、まず『　A　』なのよ。先に『　B　』を作っておいて、その入れ物に、後から

問一 ――線①の例として、「釜から柄杓で湯を一杓くみ上げて、茶碗に注ぐ」場面があげられているが、その中に、細かい注意がいくつあるか、**漢数字**で書きなさい。

問二 ――線②は、どのような様子にたとえられているか、「～様子」に続くように本文中から**十五字以内**で抜き出して書きなさい。

問三 『　A　』～『　E　』には、「形」か「心」のどちらかの語が入るが、「**形**」が入る『　』の符号を**全て**書きなさい。

問四 □ に当てはまる言葉として最も適当なものを、次の**ア**～**エ**のうちから一つ選び、その符号を書きなさい。

ア 客観　**イ** 可能　**ウ** 生産　**エ** 創造

問五 ……線a～dの慣用句の意味の組み合わせとして最も適当なものを、次の**ア**～**エ**のうちから一つ選び、その符号を書きなさい。

ア a 納得　b 強制　c 蔑視　d 無力
イ a 敬意　b 確認　c 軽視　d 無力
ウ a 納得　b 強制　c 軽視　d 困難
エ a 敬意　b 確認　c 蔑視　d 困難

『　C　』が入るものなの」

（でも、『　D　』の入ってないカラッポの『　E　』を作るなんて、ただの形式主義だわ。それって、人間を鋳型《いがた》にはめることでしょ？ それに、意味もわからないことを、一から十までなぞるだけなんて、［　　］性のカケラもないじゃないの）

私は日本の「悪《あ》しき伝統」の鋳型にはめられる気がして、反発で爆発しそうだった。

やっと、茶筅《ちゃせん》で茶をかき混ぜる時がきて、少しホッとした。

（いくらなんでも、茶筅でかき混ぜる時くらいは、自由にさせてくれるだろう）

私は張り切って、茶筅をシャカシャカシャカシャカ細かく振った。

「あ、あまり泡をたてないのよ」

「え？」

意外だった。だって、抹茶といえば、カプチーノのようにクリーミーに泡立っているではないか。

「細かい泡をこんもりたてる流派もあるんですけど、うちは、あまり泡はたてないの。泡がきれて、三日月形に水面《みなも》が見えるように点《た》てなさい、っていうのよ」

「三日月？」

先の広がった茶筅で、いったいどうやって、泡に覆われた水面に「三日月形」を残すというのだろう？ まるで、剣豪小説に出てくる達人の「技」ではないか。

「武田のおばさん」が十五分ほどでやったお点前《てまえ》に、私は一時間以上もかかった。もっとも、自分ではその倍に感じたほどだった。

水屋の床に、足を投げ出し、しびれきった指を折り曲げて、じんじん来るむず痒《がゆ》さにのたうっていると、

「これも慣れなのよ。いまに何時間でも平気で正座できるようになるわよ」

何時間もなんて、とても信じられなかった。

そのとき「武田のおばさん」が言った。

「典子ちゃん、どう？ 今やったこと、どのくらい覚えてるか、お点前もういっぺん、通してやってごらんなさいな」

「……」

足はまだじんじんしているけれど、「どのくらい覚えているか」と言われると、対抗心がむくむく頭をもたげた。学校の成績は、まあまあだった。記憶力は悪くないつもりだ。運動神経は鈍いけど、代わりに、手先は器用だとよく言われた。

（「お茶」なんて、たかが、カビくさい稽古事でしょ。そんなのチョロイわよ。結構デキる

問六　——線③の「私」の気持ちの説明として最も適当なものを、次の**ア**〜**エ**のうちから一つ選び、その符号を書きなさい。

ア　「武田のおばさん」は、今まで自分に意地悪をするご近所さんでしかなかったのに、この時から、自分を教え諭してくれる存在へと変化した。

イ　「武田のおばさん」は、今まで親しみやすいご近所さんでしかなかったのに、この時から目標とするべき高い所にいる存在へと変化した。

ウ　「武田のおばさん」は、今まで裕福なご近所さんでしかなかったのに、彼女のキリッとした着物姿を見て以来、「先生」と呼ぶのにふさわしい存在に変化した。

エ　「武田のおばさん」は、今まで堅物のご近所さんでしかなかったのに、お稽古での容赦のない厳しさとそのきちんとした生き方に接して以来、自分の目指すべき存在に変化した。

ところを見せて、『武田のおばさん』から『あら、あなた、結構スジがいいじゃない』って、a一目置かれよう）

そんな欲もちょっとあった。

「はい、もう一回、やってみます」

ところが……。

歩けない。どこに座ればいいのかわからない。どっちの手を出せばいいのかわからない。何を持つのか、どう持つのか……。手も足も出ないのだ。

できることなど、一つもなかった。ついさっきやったばかりのことなのに、何一つ残っていなかった。

（ほら、できないでしょ？　これもできないでしょ？）

一つ一つ、b念を押されているみたいだった。一から十まで指示されて、操り人形のように動くしかなかった。

「カビくさい稽古事」と、c高をくくっていたくせに……。なにが「スジがいい」だ……。

「チョロい」はずのものに、まるでd歯がたたなかった。学校の成績も、今までの知識も常識も、ここでは一切通用しなかった。

「そんなにすぐに覚えられたら大変よ」

慰めるような口調で微笑《ほほえ》んだ「武田のおばさん」の、キリッとした着物姿が、なんだか手の届かない遠くに見えた。

（いつかこの人のように、流れるようなお点前ができる日が、来るのだろうか？）

③その時から、「武田のおばさん」は、「武田先生」になった。

そして、私の目からウロコが一枚、ポロリと落ちた。

（高をくくってはいけない。ゼロになって、習わなければ……）

④ものを習うということは、相手の前に、何も知らない「ゼロ」の自分を開くことなのだ。

それなのに、私はなんて邪魔なものを持ってここにいるのだろう。心のどこかで、「こんなこと簡単よ」「私はデキるわ」と斜に構えていた。私はなんて慢心していたんだろう。

つまらないプライドなど、邪魔なお荷物でしかないのだ。荷物を捨て、からっぽになることだ。からっぽにならなければ、何も入ってこない。

心から思った。

（気持ちを入れかえて出直さなくてはいけない）

「私は、何も知らないのだ……」

（森下典子「日日是好日」新潮文庫刊から）

問七　――線④について話し合った次の会話を読んで、後の(1)・(2)に答えなさい。

Aさん――「相手の前に、何も知らない『ゼロ』の自分を開くことなのだ」という主人公の思いが私には分かりにくいのですが、誰か説明してくれませんか。

Bさん――この表現は、隠喩として使っているのだと思います。

Aさん――なるほど。でも、どういうことをたとえているのですか。

Cさん――次の行に「私はなんて邪魔なものを持ってここにいるのだろう」という表現があります。ここは「邪魔なもの」に対して「ゼロ」という表現を使っているのだと私は考えました。

Bさん――「邪魔なもの」とは、本文の別のところで、（　Ⅰ　）と表現されてますね。

Cさん――そう考えていくと「相手の前に、何も知らない『ゼロ』の自分を開くことなのだ」というのは（　Ⅱ　）ということになるんですね。

Aさん――そうして、最後の「（気持ちを入れかえて出直さなくてはいけない）」という思いに到達するわけなのですね。よく分かりました。

(1)　（　Ⅰ　）に当てはまる言葉を本文中から**十字以内**で抜き出して書きなさい。

(2) （ Ⅱ ）に当てはまる文として最も適当なものを、次の**ア**～**エ**のうちから一つ選び、その符号を書きなさい。

ア 「何も知らない」ということを素直に認めて、何事に対しても謙虚に取り組んでいく

イ 「何も知らない」ようなふりをして、からっぽの自分の存在を認めて生きていく

ウ 「何も知らない」ということを恥ずかしがることなく、開き直って前向きに生きていく

エ 「何も知らない」のに軽はずみに飛びつくのではなく、誠実な態度で取り組んでいく

問八 本文の特徴として**適当でないもの**を、次の**ア**～**エ**のうちから一つ選び、その符号を書きなさい。

ア 心の中の言葉を（　）書きで表現し、読者が主人公の心情に共感しやすくなっている。

イ 短文や擬態語を用いることで、生き生きとした軽快なリズムが生み出されている。

ウ 慣用句を多用することで、全体にお茶席にふさわしい格調高さが漂っている。

エ 「……」を多用して、予想していない展開に対する主人公の驚きやとまどいを表現している。

【四】 次の古文は、木こりたちが山の中で道に迷い、四・五人の尼に出会った話である。尼たちも道に迷っており、道端に生えていた茸《たけ》(きのこ)を食べたことを話している。これを読んで下の問一～問五に答えなさい。なお、解答に字数制限がある場合は、句読点や「　」などの記号も一字と数えること。

(尼たちが)「『a飢ゑて死なむよりは、いざこれ取りて食《く》はむ《食おう》』と思ひて、それを取りて焼きて食bひつるに、いみじく《たいへん》甘かりつれば、①『かしこき事なり《ありがたい幸せだ》』と思ひて食ひつるより、ただかく心ならず舞はるるなり。心にも、『いとあやしきことかな《本当に奇妙なことだな》』とは思へども、いとあやしくなむ《不思議だ》」といふに、木伐人《きこりびと》どもこれを聞きてあさまし《驚きあきれる》く思ふ事かぎりなし《この上ない》。さて、木伐人どももいみじくものの欲しかりければ《食べ物が欲しかったので》、尼ども食ひ残して取りて多く持ちけるその茸を、「死なむよりは、いざこの茸乞ひ《もらって》て食はむ」と思ひて、乞ひて食ひける後より、また木伐人どもも［ A ］舞はれけり。しかれば《そうすると》尼どもも木伐人どもも、互ひに舞ひつつなむ［ B ］。さて、しばらくありければ、酔ひのさめたるがごとくして道もおぼえて《どう歩いてきたか分からずに》、各々帰りにけり。それよりこの茸をば舞茸といふなりけり。

(「今昔物語集」から)

問一 〰〰線a・bを現代かなづかいに直し、全てひらがなで書きなさい。

問二 ――線①と思った理由として最も適当なものを、次のア～エのうちから一つ選び、その符号を書きなさい。

ア 毒があるといわれる茸を食べたが、なにも起こらなかったから。

イ 空腹を満たすために食べた茸が、とてもおいしかったから。

ウ 長い間探していた茸をようやく見つけ、食べることができたから。

エ 取った茸を焼くことで、更においしくすることができたから。

問三 ［ A ］に当てはまる言葉を、本文中から**五字以内**で抜き出して書きなさい。

問四 ［ B ］には「笑っていた」という意味の言葉が入る。その言葉として最も適当なものを、次の**ア～エ**のうちから一つ選び、その符号を書きなさい。

ア 笑ひけら　　**イ** 笑ひけり

ウ 笑ひける　　**エ** 笑ひけれ

問五　本文の内容について話し合った次の会話を読んで、後の(1)・(2)に答えなさい。

Aさん――木こりたちは尼たちの話を「あさましく」と思いながらも、どうして茸を食べたのかな？

Bさん――彼らもとても空腹だったので「（　Ⅰ　）」と思って食べたのだろうね。

Cさん――それにしても食べると（　Ⅱ　）しまうなんて本当に不思議な茸だね。

Dさん――そうだね。茸って今でもいろんな種類があるけれど、この話の舞茸って今私たちが食べている舞茸とは違うらしいよ。

(1)　（　Ⅰ　）に当てはまる言葉を、本文中から**五字程度**で抜き出して書きなさい。

(2)　（　Ⅱ　）に当てはまる言葉として最も適当なものを、次の**ア**～**エ**のうちから一つ選び、その符号を書きなさい。

ア　自然と踊りだして
イ　意味もなく笑って
ウ　空に跳び上がって
エ　陽気に酔っぱらって

2023年度

後期入学試験問題

数　　学

(50分)

注意事項

① 試験開始の合図があるまで、中を見てはいけません。
② 解答はすべて解答用紙の所定の欄に書きなさい。
③ 解答用紙は、この冊子の間にはさんであります。

大分高等学校

【1】 次の（1）～（8）の問いに答えなさい。

（1） 次の①～⑤の計算をしなさい。

① $8-15$　　　　　　　　② $-6^2 \div 4 \times 3$

③ $\sqrt{2}+\sqrt{18}-\frac{4}{\sqrt{2}}$　　　　　　　　④ $\frac{7x+y}{6}-\frac{x+y}{3}$

⑤ $12a^2b \div 3b \times (-2a)$

（2） 2次方程式 $(x-3)^2=x$ を解きなさい。

（3） $a=3+\sqrt{6}$，$b=3-\sqrt{6}$ のとき，a^2-b^2 を計算しなさい。

（4） 立方体の正しい展開図を次のア～エから1つ選び，記号で答えなさい。

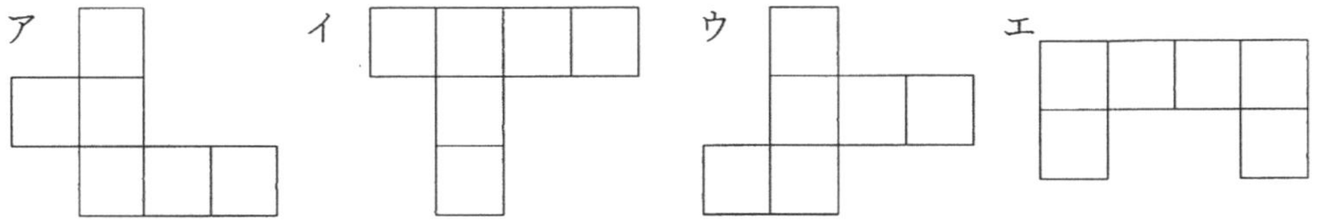

（5） 右の図のように3本の直線が交わっている。
このとき，∠x の大きさを求めなさい。

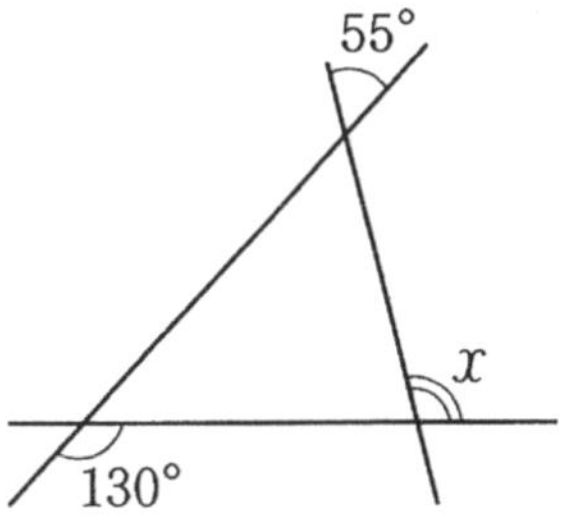

（6）　y は x に反比例し，x の値が 4 であるとき y の値は -12 である。x の値が16であるとき y の値を求めなさい。

（7）　下の図は，大分高校１年１組の生徒40人の通学時間を調べて，ＡさんとＢさんがそれぞれ作ったヒストグラムである。

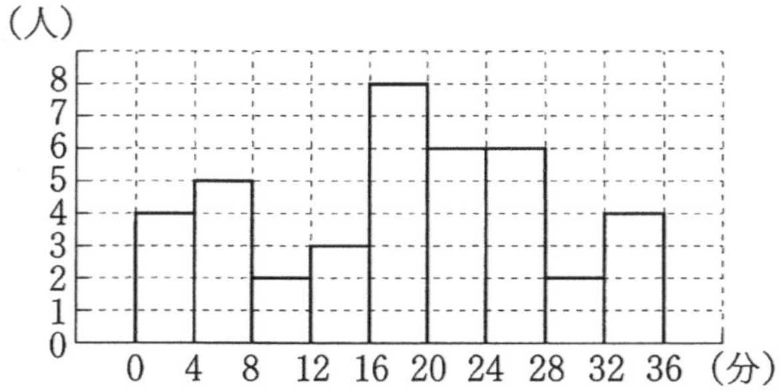

Ａさんが作ったヒストグラム

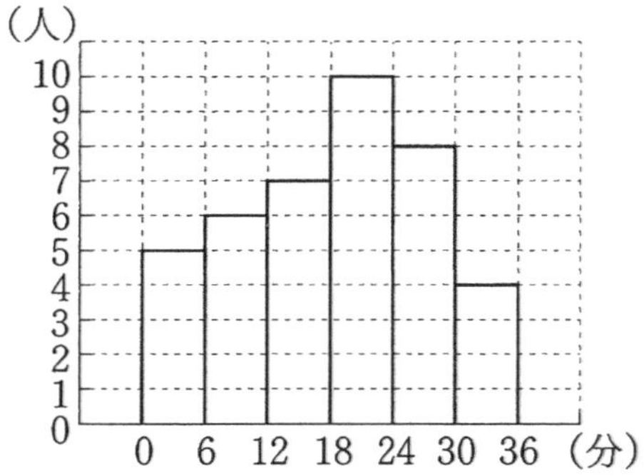

Ｂさんが作ったヒストグラム

上のヒストグラムを見てわかることについて，正しく述べたものを次のア～エから１つ選び，記号で答えなさい。

ア　Ａさんが作ったヒストグラムの最頻値は，Ｂさんが作ったヒストグラムの最頻値より大きい。

イ　通学時間が12分以上24分未満の階級の相対度数の合計は，Ａさんが作ったヒストグラムとＢさんが作ったヒストグラムで異なる。

ウ　通学時間が４分以上６分未満の生徒は，１人である。

エ　階級の幅を９分にして新たにヒストグラムを作ると，通学時間が９分以上18分未満の生徒は，ちょうど９人である。

（8）　おうぎ形OABについて，$3\overset{\frown}{AP}=\overset{\frown}{BP}$ となるような $\overset{\frown}{AB}$ 上にある点Ｐを作図しなさい。ただし，作図には定規とコンパスを用い，作図に用いた線は消さずに残しておくこと。

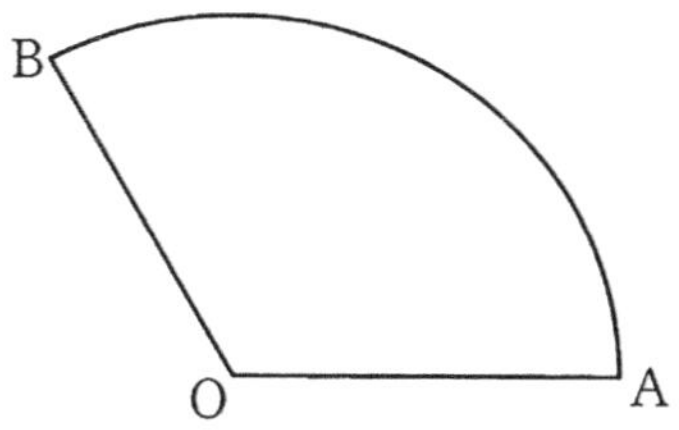

【2】 下の図のように，２つの関数 $y = x^2$，$y = \dfrac{a}{x}$ のグラフがある。
（ただし，$a > 0$ とする。）

関数 $y = x^2$ のグラフ上に２点A, Bがあり，その x 座標はそれぞれ-1，-2 である。

関数 $y = \dfrac{a}{x}$ のグラフ上に直線ACと直線BDが x 軸と平行になるように２点C, Dをとる。

△ACDの面積が $\dfrac{15}{2}$ のとき，次の（１）～（３）の問いに答えなさい。

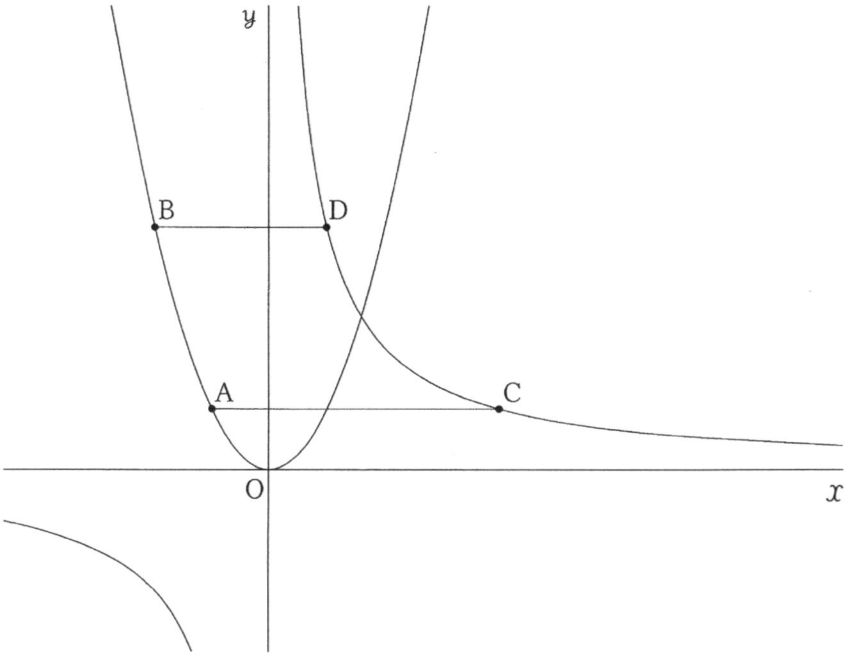

（1）　aの値を求めなさい。

（2）　直線CDの式を求めなさい。

（3）　点Aを通る直線が四角形ABDCの面積を2等分するとき，この直線と四角形ABDCの辺との交点のうち，点Aと異なる点の座標を求めなさい。

【3】 田中さんは鈴木さんに休んだ日の授業のノートを借りて，数学の勉強をしていた。鈴木さんのノートを見て，（1）～（3）の問いに答えなさい。

［鈴木さんのノートの一部］

1/17　めあて「$(a+1)^{\square}$を展開したときの係数の法則を考える」（← 1～10が入る）

↓ 例：$2a^3-a+5$ なら　2と−1が係数、+5は定数項

問題　次の式を展開しなさい。

(1) $(a+1)^2$　(2) $(a+1)^3$

(1) $(a+1)^2=a^2+2a+1$

(2) $(a+1)^3=(a+1)(a+1)^2$

$=(a+1)(a^2+2a+1)$

$=a^3+2a^2+a+a^2+2a+1$

$=a^3+3a^2+3a+1$

［先生の解き方］

(1) 一緒

(2) $(a+1)^3=(a+1)(a+1)^2$

$=(a+1)(a^2+2a+1)$

$= a^3 \mid +2a^2 \mid +a \mid$

$\quad\ \ \mid +a^2 \mid +2a \mid +1$

$=a^3+3a^2+3a+1$

2段で書くと同類項をまとめやすい

ここで11の1乗，2乗，3乗について考えると

$11^1=11$

$11^2=121$

$11^3=121\times11$

$=1331$

$$\begin{array}{r} 11\\ \times 11\\ \hline 11\\ 11\ \\ \hline 121 \end{array} \qquad \begin{array}{r} 121\\ \times 11\\ \hline 121\\ 121\ \\ \hline 1331 \end{array}$$

⇨

$(a+1)^1=a+1$

$(a+1)^2=a^2+2a+1$

$(a+1)^3=a^3+3a^2+3a+1$

↑ここは1が省略されている

○展開式と数字の並びが同じ!!

○ $a^{\square}$ ←この数は右にいくと1ずつ減る

なぜ同じになるのか？

└→「×11」をひっ算でかくと、同じ数字を1桁《けた》ずらして足すことになる。

(2)の先生の解き方では、同類項をまとめやすくするために2段で書いて、1つ分ずらして計算している。

ココが同じ！

宿題　① $(a+1)^4$ を展開しなさい

② $11^5\sim11^{10}$ は $(a+1)^5\sim(a+1)^{10}$ と数字の並びが違います。その理由を答えなさい

（1）　宿題①の$(a+1)^4$を展開しなさい。

（2）　下の（ア），（イ）の問いに答えなさい。

（ア）　11^5の百の位の数を答えなさい。

（イ）　$(a+1)^5$を展開したとき，a^2の係数を答えなさい。

（3）　$(a+1)^7$を展開したとき，係数および定数項の総和を求めなさい。

【4】　次の文章を読んで（1）～（4）の問いに答えなさい。

岡部さんと佐藤さんは次の問題について，それぞれ答案を作った。

〈問題〉
大分高校では，生徒会でペットボトルのキャップを集める活動をすることになった。1年生と2年生から合わせて80人が参加をした。生徒が集めたキャップの個数は，1年生が1人あたり平均14個，2年生が1人あたり平均16個であり，参加した生徒全体では1人あたり平均15.2個であった。参加した1年生と2年生の人数をそれぞれ求めなさい。

（1）　集めたペットボトルのキャップの総数を求めなさい。

（2）　岡部さんは連立方程式をつくって，この問題を解いた。下はその答案の一部である。［ア］には x と y を使った式が，［イ］には x と y についての方程式が入る。［ア］，［イ］にあてはまるものを入れなさい。

〈岡部さんの答案の一部〉
参加した1年生の人数を x 人，2年生の人数を y 人とする。
参加した人数についての方程式を考えると
［　　ア　　］＝80　　・・・・①
また，キャップの個数についての方程式を考えると
［　　　イ　　　］　・・・・②

（3）　佐藤さんは1次方程式をつくって，この問題を解いた。下はその答案の一部である。［ウ］にはxを使った式が，［エ］には値が入る。［ウ］，［エ］にあてはまるものを入れなさい。

〈佐藤さんの答案の一部〉
参加した1年生の人数をx人とする。
参加した生徒全員が16個ずつキャップを集めたとして考えると，1年生の集めたキャップの個数は全部で［ウ］個増えることになるが，2年生の集めたキャップの個数は変わらない。
また，生徒全員で集めたキャップの個数は全体で［エ］個増えることになる。このことから，方程式をつくると
［ウ］＝［エ］

（4）　参加した1年生と2年生の人数をそれぞれ求めなさい。

【5】 下の図1のような1辺の長さが6 cmの立方体がある。また，辺AB，BCの中点をそれぞれM，Nとする。このとき，（1）～（5）の問いに答えなさい。

図1

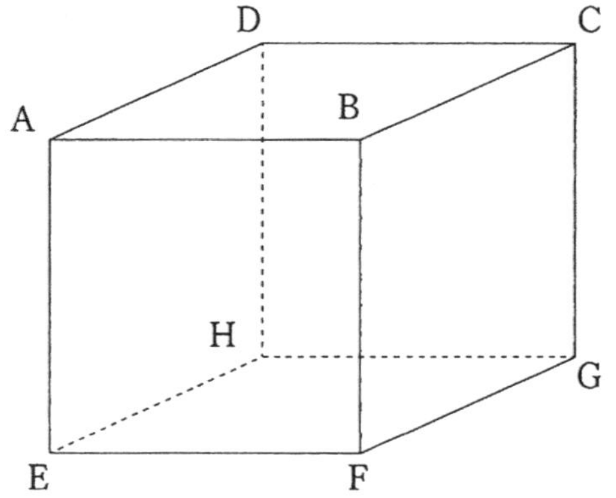

（1） この立方体を線分MNを通る面で切るとき，切り口の面が正三角形になるには，どのように切ればよいか，答えなさい。

（2） この立方体を線分MNを通る面で切るとき，切り口の面が正六角形になるには，どのように切ればよいか，答えなさい。

（3） （1）のときにできる立体のうち，小さい方の体積を求めなさい。

次に図１の立方体について，AO：OE＝１：５，BP：PF＝１：１，CQ：QG＝１：２となるように３点O，P，Qをとり，４点D，O，P，Qを通るように立方体を切断し，下の図２のように，２つの立体ア，イに分ける。

図２

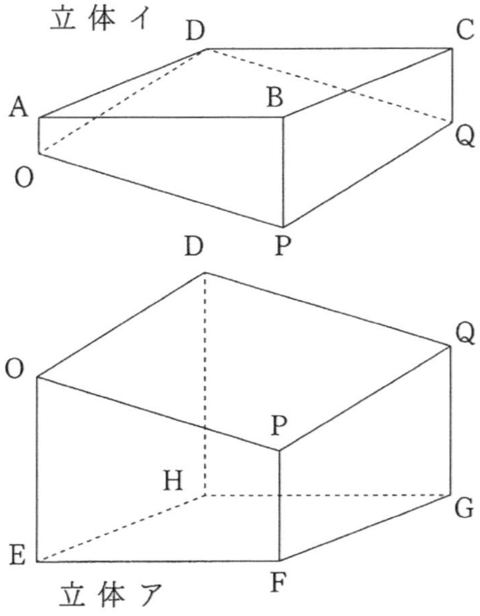

（４）　立体アと立体イの表面積の差を求めなさい。

（５）　立体アの体積を求めなさい。

【6】　AB＜BCである長方形ABCDがある。下の図のように点Bを点Dに重なるように折る。その折り目を線分EFとし，点Aが移る点をGとする。

このとき，次の（1），（2）の問いに答えなさい。

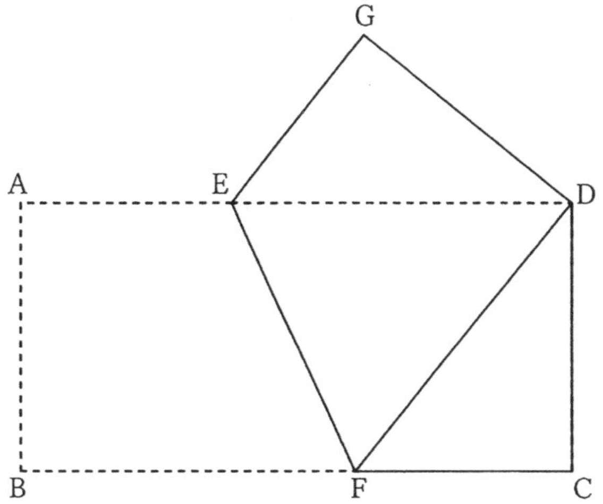

（1）　2点E，Fのとり方を次のように説明した。空欄にあてはまるものを入れ，説明を完成させなさい。

〈説明〉

点［ア］と点［イ］を結ぶ。

結んだ線分に対して，［ウ］を作図する。

その［ウ］と辺ADとの交点をE，辺BCとの交点をFとする。

（2）　△DEFが二等辺三角形であることを次のように証明した。空欄にあてはまるものを入れ，証明を完成させなさい。

証明　△DEGと△DFCについて，
長方形の対辺の長さは等しいので，
DG＝DC…①
長方形の一つの内角は90°より，
∠DGE＝∠DCF＝90°…②
また，
∠GDE＝［　エ　］
∠CDF＝［　エ　］
なので，
∠GDE＝∠CDF…③
①，②，③より，［　オ　］ので，
△DEG≡△DFC
合同な図形では，
［　カ　］は等しいので，
DE＝DF
したがって，△DEFは二等辺三角形である。　終

2023(R5) 大分高
K 教英出版

2023年度

後期入学試験問題

英　　　語

(50分)

注意事項

① 試験開始の合図があるまで、中を見てはいけません。
② 解答はすべて解答用紙の所定の欄に書きなさい。
③ 解答用紙は、この冊子の間にはさんであります。

大分高等学校

【1】　放送を聞いて答える問題　　　　　　　　※音声は収録しておりません

A　1番，2番の対話を聞いて，それぞれの質問の答えとして最も適当なものを，ア～エから1つずつ選び，記号を書きなさい。

1番

ア

イ

ウ

エ

2番

ア

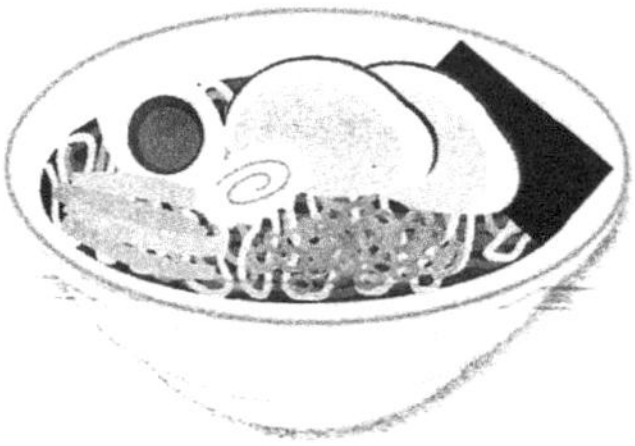

イ

ウ

エ

B　イギリスに住むPaulとイヌのBellaの物語です。問題文を聞いて，それに続く１番～３番の質問の答えとして最も適当なものを，ア～エから１つずつ選び，記号を書きなさい。

１番　ア　Seven years old.
　　　イ　Nine years old.
　　　ウ　Seventeen years old.
　　　エ　Seventy years old.

２番　ア　A rabbit.
　　　イ　A dog.
　　　ウ　A toy.
　　　エ　A bag.

３番　ア　In the yard.
　　　イ　In the bathroom.
　　　ウ　In the bedroom.
　　　エ　In Paul's room.

C　KenとLucyの対話を聞いて，それに続く１番～３番の質問の答えとして最も適当なものを，ア～エから１つずつ選び，記号を書きなさい。

１番　ア　He is holding a newspaper.
　　　イ　He is playing volleyball.
　　　ウ　He is folding paper cranes.
　　　エ　He is going to the hospital.

２番　ア　Ken is going to give him one hundred paper cranes.
　　　イ　Ken is going to give him two hundred paper cranes.
　　　ウ　Ken is going to give him four hundred paper cranes.
　　　エ　Ken is going to give him one thousand paper cranes.

３番　ア　They do it because they want to have beautiful things.
　　　イ　They do it because they want to make someone happy.
　　　ウ　They do it because they want to be better soon.
　　　エ　They do it because they want to see their friends.

【2】 次のＡ，Ｂの各問いに答えなさい。

Ａ　次の英文は，留学生のCarolとクラスメートのKanaが，職場体験プログラムの翌日に話をしている場面のものです。英文を読み，（１）～（４）の問いに答えなさい。

※お詫び：著作権上の都合により，イラストは掲載しておりません。
ご不便をおかけし，誠に申し訳ございません。　教英出版

SDGs（持続可能な開発目標）ロゴマークより抜粋

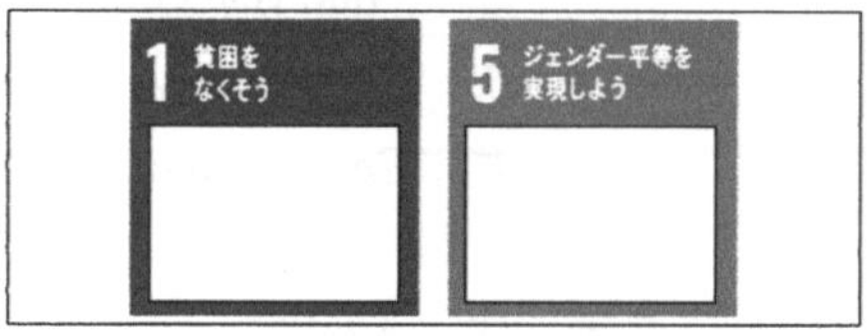

出典：国際連合広報センターのホームページより

Carol：Yesterday, I worked at a bus company.　I was surprised that a lot of women worked there as bus drivers.

Kana：Bus companies try to *employ women and *achieve the 5th goal of SDGs.

Carol：I learned many actions were taken globally to achieve the seventeen goals.　I'm interested in SDGs.　Do you know another example?

Kana：Yes.　I worked for *a clothing store yesterday and I learned about the actions for SDGs from a staff member.　The store takes action to achieve the 1st goal of SDGs.　They collect clothes (　①　) people don't need.

Carol：Do they recycle the clothes?　We can reduce (　②　) by doing so.　But I don't know why this action is for the 1st goal.

Kana：They collect clothes and send them to ③[ア need　イ who　ウ them　エ people].

Carol：I see.　I want to learn many things about SDGs.　I will find out about the actions taken to achieve the seventeen goals all over the world.

Kana：Sounds nice!　Can I join you?

Carol：Of course! ④Let's find them on the Internet after school.

（注）*employ　～を雇う　　*achieve　～を達成する　　*a clothing store　ある洋服店

（１）（　①　）に入る最も適当なものを，ア～エから１つ選び，記号を書きなさい。

ア　what　　イ　who　　ウ　which　　エ　where

（２）（　②　）に入る最も適当なものを，ア～エから１つ選び，記号を書きなさい。

ア　food　　イ　waste　　ウ　resources　　エ　accidents

（３）下線部③を意味の通るように正しく並べかえ，その記号を順番に書きなさい。

（４）下線部④が表す内容として最も適当なものを，ア～エから１つ選び，記号を書きなさい。

ア　Carol and Kana will bring their clothes to a shop.

イ　Carol and Kana will make a presentation about SDGs.

ウ　Carol and Kana will think about actions which they can take in Japan.

エ　Carol and Kana will check what is done for SDGs in the world.

B　次の英文は，White先生と中学生のRyota，Tomが，英語の授業で，「学生のアルバイト」について，話をしている場面のものです。英文を読み，［ ① ］～［ ④ ］に入る最も適当なものを，ア～オから１つずつ選び，記号を書きなさい。

Ms. White：Do you think it is good for students to *have a part-time job?

Ryota：Yes. We can learn a lot of things, for example, the fun of working and the importance of teamwork. So, ［ ① ］.

Tom：I don’t agree with Ryota. I think students should study hard. When we work after school and get tired, we may not be able to do our homework. We will work in the future. So, ［ ② ］.

Ms. White：Do you want to work while you are a student? What do you think, Tom?

Tom：No. I’m interested in working, but ［ ③ ］. For me, studying hard is more important than working now.

Ms. White：I see. How about you, Ryota?

Ryota：I want to have a part-time job because I need money to study abroad. I understand it is hard for students to both study and work in a day, but ［ ④ ］.

Ms. White：Thank you for sharing your ideas, Tom and Ryota. Students have to study hard, but you may have some good experiences through a part-time job. So, you should think about how to *spend time on studying and working.

（注） *have a part-time job　アルバイトをする
*spend time on ~ing　～することに時間を費やす

ア　both studying and working in a day is very hard
イ　working is helpful for our future
ウ　we must not have a part-time job from Monday to Friday
エ　we can work only on weekends
オ　we don’t need to work while we are students

【3】　次のA，Bの各問いに答えなさい。

A　あなたは英語の授業で「お金があったら今ほしいもの」について友人のSamとペアで発表することになりました。後の**条件**にしたがって，次の会話文の［　　　　］に入る英語を書きなさい。

a personal computer
パーソナルコンピューター

an electric bicycle
電動自転車

a flight ticket
航空券

Sam：Do you have anything you want?　I want a smartphone because I've not had one yet. If I had one, I could listen to my favorite songs or exchange messages with my friends.

You：That sounds good.　If I had a lot of money, I would buy this one.
［　　　　　　　　　　　　　　　　］

Sam：Oh, I see.

条件

① **解答用紙**に書かれている a personal computer / an electric bicycle / a flight ticket のうち，１つを選び，○で囲むこと。

② 解答用紙に書かれている語に続けて，あなたが①で選んだ理由を，**主語と動詞を使ってBecauseを含め全体で10語以上の英語**で書くこと。

③ 英文の数は２文以内とする。

④ 短縮形（I'mなど）は１語として数えることとし，ピリオド，コンマなどの符号は語数に含めないこと。

それでは，質問を１回ずつ読みます。

１番　How old was Paul?

２番　What did Paul get as a present?

３番　Where was Bella's toy box?

もう１度繰り返します。　　　　　（英文と質問の繰り返し）

次はＣの問題です。KenとLucyの対話を聞いて，それに続く１番～３番の質問の答えとして最も適当なものを，ア～エから１つずつ選び，記号を書きなさい。なお，対話と質問は通して２回繰り返します。

それでは，始めます。

Lucy : What are you doing, Ken?

Ken : I'm folding paper cranes.

Lucy : I haven't seen them before. They are very beautiful!

Ken : Thank you. I'm folding these paper cranes for my grandfather. He is in the hospital. I am going to give him *sembazuru*. It means a thousand paper cranes.

Lucy : Are you going to fold one thousand paper cranes?

Ken : Yes. Some Japanese people make *sembazuru* when they want someone to be happy.

Lucy : Oh, really?

Ken : Yes. Last year, I broke my leg when I was playing volleyball. I was very happy to get *sembazuru* from my friends then. I hope my grandfather will feel better after I give him *sembazuru*.

Lucy : That's wonderful. I want to fold paper cranes for your grandfather with you.

Ken : Thank you, Lucy.

それでは，質問を１回ずつ読みます。

１番　What is Ken doing?

２番　How many paper cranes is Ken going to give his grandfather?

３番　Why do some Japanese people make *sembazuru*?

もう１度繰り返します。

以上で，リスニングテストを終わります。引き続いてあとの問題に移りなさい。

［2023年度　英語リスニングテスト］
放 送 原 稿

※音声は収録しておりません

これからリスニングテストを行います。問題用紙にはさんである解答用紙を取り出しなさい。受験番号を記入しなさい。問題用紙の問題【１】を見なさい。問題はＡ，Ｂ，Ｃの３つあります。放送中にメモをとってもかまいません。

それでは，Ａの問題から始めます。

１番，２番の対話を聞いて，それぞれの質問の答えとして最も適当なものを，ア～エから１つずつ選び，記号を書きなさい。なお，対話と質問は通して２回繰り返します。それでは，始めます。

１番　Kenji：Do you have a watch, Ann?

Ann：Yes, I do.

Kenji：Can you tell me the time, please?

Ann：Oh.　It's two forty.

Question: What time is it now?

もう１度繰り返します。　　　（対話と質問の繰り返し）

２番　Yoko：I'm hungry.　Let's go to ABC hamburger shop.

Peter：That's a good idea.　Do you know where it is?

Yoko：Yes, of course.

Peter：Is it near here?

Yoko：Yes.　It is between the library and the station.

Question: What are they going to eat?

もう１度繰り返します。　　　（対話と質問の繰り返し）

次はＢの問題です。イギリスに住むPaulとイヌのBellaの物語です。問題文を聞いて，それに続く１番～３番の質問の答えとして最も適当なものを，ア～エから１つずつ選び，記号を書きなさい。なお，英文と質問は通して２回繰り返します。それでは，始めます。

On Paul's seventh birthday, his parents gave him a little dog as a present.　He called the dog Bella and took care of her like a sister.　She was cute but had a bad habit.　When she found Paul's nice toys, she stole and put them in her toy box in the yard.　Paul took those things back, but Bella always took them away again.

B　あなたが入学した高校で，生徒会と英語部が協力して，新入生に次のようなアンケート（questionnaire）をとり，その結果を学校の掲示板に貼りだすことになりました。あなたはそのアンケートに回答することにします。後の**条件**にしたがって，あなたの考えを英語で書きなさい。

> Welcome to our school!　How's your school life?
> We'll have a questionnaire to you all.
> What do you want to do the most in your school life?　Please answer it freely.

条件

① **解答用紙**に書かれている英語に続けて、あなたの考えとその理由を**主語と動詞を含めて全体で10語以上の英語**で書くこと。

② 英文の数は２文以内とする。

③ 短縮形（I'mなど）は１語として数えることとし，ピリオド，コンマなどの符号は語数に含めないこと。

【4】 次の英文は中学3年生のHiroshiさんが市役所でプレゼンテーションを行っている場面のものです。英文を読み，（1）～（5）の問いに答えなさい。

Thank you for gathering here today. Now I want to talk about how we can gather tourists to this town. In Kyoto, for example, they have a lot of famous temples to visit. In Hokkaido, there is a lot of delicious food. When we think about our town, we have nothing special like them but there is huge space in this town. So if we could use this space, we can hold some events to get a lot of tourists.

I'll tell you about my plan. Why don't we hold some festivals? I would like to hold four festivals. For the next month, I want to have one *called "the snow fall festival." I want to have three more festivals and one of them will be held next spring. It will be called "the cherry blossom festival." In August, we will hold one called "the big wave festival." Also, I am thinking of holding "the autumn festival." If all the festivals are successful, then we will have another one in July *say ... "the firework festival." Please think about it.

We have some problems about this plan. As you know, because of *the corona virus, we have things that we can do and can't do. Before people come to the town to *take part in the festivals, they have to check their body temperature. If it is *under 37.5 ℃, they can enjoy the festivals. If it is not, we have to say they (①). I think ②<u>there are more things that the tourists should do before and during the festivals</u>. But I really hope that the festivals will be held and the tourists will enjoy coming to the festivals.

How can we gather more people outside the town? What do you think? Please think about your own plans and if you have a good one, tell me. Thank you for listening.

（注）*called ～ ～と呼ばれる *say 例えば
*the corona virus 新型コロナウイルス感染症
*take part in ～ ～に参加する *under 37.5 ℃ 37.5度以下

（1）上記の英文の内容の計画に名前をつけるとすれば，以下のどれが最も適当なものと考えられるか。ア～エから1つ選び，記号を書きなさい。

ア Follow your heart! イ Save nature!
ウ Enjoy the music! エ Feel the four seasons!

（2）（ ① ）内に入る最も適当なものを，ア～エから1つ選び，記号を書きなさい。

ア may be true イ should stay home
ウ can come to our town エ must not go to the hospital

（3）この話はいつ頃行われていると考えられるか。カレンダーの中のア～エから１つ選び，記号を書きなさい。

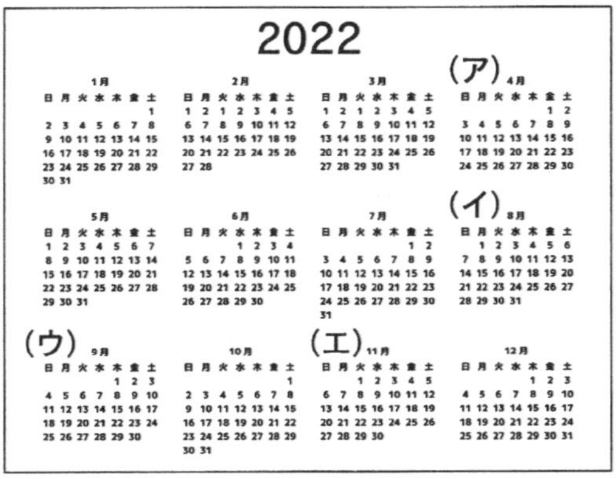

（4）もし計画した全てのお祭りがうまくいった場合，その次の春から実施される可能性のあるお祭りを，実施の順番に並べかえ，記号を書きなさい。

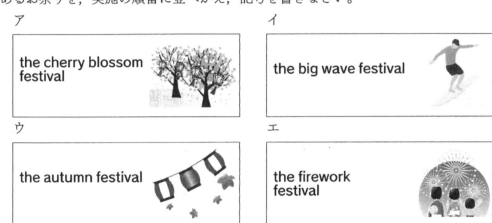

ア

the cherry blossom festival

イ

the big wave festival

ウ

the autumn festival

エ

the firework festival

（5）下線部②について，次の条件にしたがって，あなたの考えを書きなさい。

条件

① **主語と動詞を含む５語以上の英語**で書くこと。ただし，本文中で述べられていない内容を書くこと。

② 英文の数は１文とする。

③ 短縮形（I'mなど）は１語として数えることとし，ピリオド，コンマなどの符号は語数に含めないこと。

【5】 次の英文はKentoさんが夏休みの体験をもとに授業で行ったスピーチの原稿です。英文を読み，（1）～（4）の問いに答えなさい。なお，本文中の[1]～[7]は，段落の番号を表しています。

[1] Hello, everyone. Did you enjoy your summer vacation? I did! Let me talk about my summer vacation.

[2] During the summer vacation, I visited my grandparents' house *by myself. At first, I didn't want to go there, but my grandparents really wanted to see me. So, I decided to go.

[3] My grandparents live in a small village surrounded by mountains. They have to drive to go shopping. ①I didn't think it is convenient to live there and I didn't understand why they have lived there for such a long time then.

[4] On the first day, my grandparents welcomed me. I was a little nervous because I always stayed at their house with my family. After I arrived there, my grandfather and I picked some vegetables from the *field near their house. My grandmother made dinner with the fresh vegetables. It was delicious. When I asked them why their vegetables were delicious, they smiled and answered, "The water and air are clean here and they are *grown by us!" I thought it was interesting to grow and cook vegetables which we grew. That evening, my grandparents told me to go outside and lay down in the yard. At first, I couldn't understand that, but we went outside, and I understood why ②they did so. In the sky, we saw *the milky way! I didn't know the stars were beautiful before that day. My grandparents and I lay in the grass and watched the stars for a long time. I cannot forget the beautiful stars that night.

[5] On the second day, my grandparents introduced me to their neighbors. My grandparents chose some vegetables and gave them to the neighbors. They were happy to meet me and get some vegetables. They invited me to lunch, and I had a good time. They were very kind and treated me like one of their family members. I think my grandparents live *happily there with such kind people.

[6] On the third day, it was my last day. They grow many trees and **shiitake* mushrooms around their house. I helped them to collect mushrooms. While I was working, I saw wild *deer. I asked my grandmother, "How many wild animals do you usually see in the mountain?" They answered, "I don't remember, because we see wild animals every day." I was surprised to hear that because I don't see wild animals so often at home. After we collected many mushrooms, we came home. Soon, my parents came, and I said goodbye to my grandparents. While I was in my parents' car, I talked about my memories with them.

[7] I enjoyed my stay at my grandparents' house. Now, I understand why they live in such a place. They love nature. I respect their way of life and, in the future, I want to live like them. Thank you for listening.

（注）*by myself　一人で　　*field　畑　　*grown　grow（育てる）の過去分詞形
*the milky way　天の川　　*happily　幸せに　　**shiitake* mushrooms　しいたけ
*deer　シカ

（１）下線部①の理由として最も適当なものを，本文に即してア～エから１つ選び，記号を書きなさい。

ア　The village has no hospitals.

イ　Kento doesn't think his grandparents can grow vegetables there.

ウ　People in the village are not kind to Kento's grandparents.

エ　There is no store near Kento's grandparents' house.

（２）下線部②の理由として最も適当なものを，ア～エから１つ選び，記号を書きなさい。

ア　His grandparents wanted him to lie down and sleep there.

イ　His grandparents wanted him to see the beautiful stars.

ウ　His grandparents wanted him to see the river at night.

エ　His grandparents didn't have enough space for his bed.

（３）英文の内容と一致するものを，ア～エから１つ選び，記号を書きなさい。

ア　Kento felt happy to go to his grandparents' house, because he could play video games.

イ　Kento picked some vegetables with his grandfather, but he didn't like vegetables.

ウ　Kento met people who lived near his grandparents' house, but he didn't enjoy it.

エ　Kento didn't understand why his grandparents lived in the village, but finally he found the answer.

（４）次の表は，Kentoさんがスピーチをするために，自分の考えを整理したメモです。メモの中のIntroduction（導入），Body（展開），Ending（まとめ）内の（　①　）～（　④　）に入る最も適当な**英語１語**を，**それぞれの段落の範囲の中から**抜き出して書きなさい。なお，メモ内の［1］～［7］は，段落の番号を表している。

メモ

Introduction ［1］	・talk about my summer experience. ・ask my classmate a question and start my speech.
Body ［2］［3］［4］［5］［6］	**【Visit to My Grandparents' House】** ・explain why I（　①　）with my grandparents and talk about my grandparents' house. **【My Experiences】** ・talk about my（　②　）in the three days. ―I（　③　）their work. ―I enjoyed nature around my grandparents' house.
Ending ［7］	・I found my grandparents love nature and（　④　）happily there.

2023年度

後期入学試験問題

理　　　科

(50分)

注意事項

① 試験開始の合図があるまで、中を見てはいけません。
② 解答はすべて解答用紙の所定の欄に書きなさい。
③ 解答用紙は、この冊子の間にはさんであります。

大分高等学校

【1】　図１は，エネルギーの移り変わりを示したものである。次の各問いに答えなさい。

図１

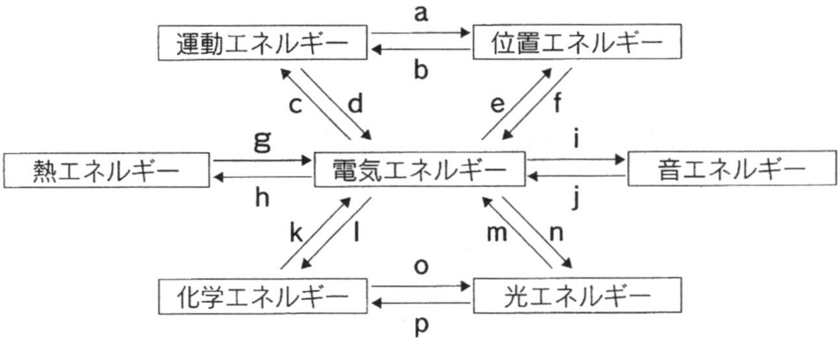

（１）　運動エネルギーと位置エネルギーの和を何というか，書きなさい。

（２）　振り子の運動について，エネルギーの移り変わりを示す矢印を図１のａ～ｐから２つ選び，符号で書きなさい。

（３）　図２のように，発光ダイオードに光を当てると，電子オルゴールが鳴った。このときのエネルギーの移り変わりを示す矢印①，②を図１のａ～ｐから選び，符号で書きなさい。なお，それぞれの（　）内には図１のいずれかのエネルギーが入るものとする。

図２

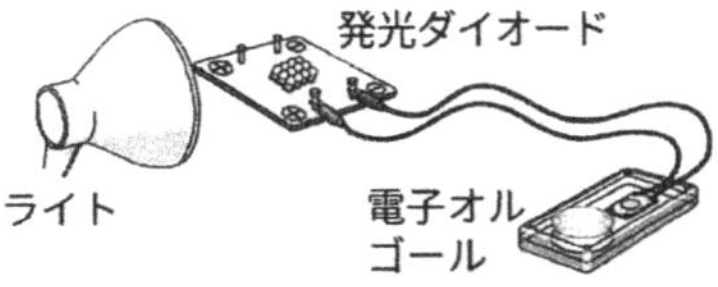

（　）エネルギー　―①→　（　）エネルギー　―②→　（　）エネルギー

（４）　発光ダイオード（ＬＥＤ）を照明器具として利用する場合，ＬＥＤ電球は白熱電球よりもエネルギー変換効率がよい。それはなぜか，簡潔に書きなさい。

（５）　図３のように，氷水と湯で，ペルチェ素子の両面の温度に差をつくり，モーターにつなぐとプロペラが回った。このときのエネルギーの移り変わりを示す矢印③，④を図１のａ～ｐから選び，符号で書きなさい。なお，それぞれの（　）内には図１のいずれかのエネルギーが入るものとする。

図３

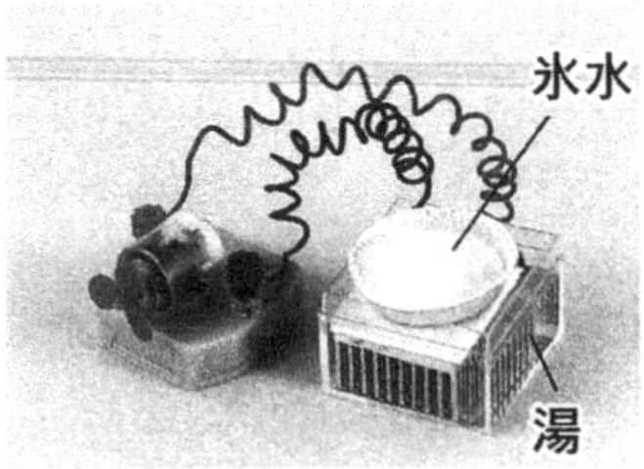

（　）エネルギー　―③→　（　）エネルギー　―④→　（　）エネルギー

【2】　図のように，硝酸カリウム水溶液をしみこませたろ紙の上に，pH試験紙を置き，図中の●の位置にうすい水酸化ナトリウム水溶液をつけた。その後，電源装置につないで電圧を加え，pH試験紙の色の変化を観察する実験を行った。次の各問いに答えなさい。なお，図中の●の位置はpH試験紙の中央である。

図

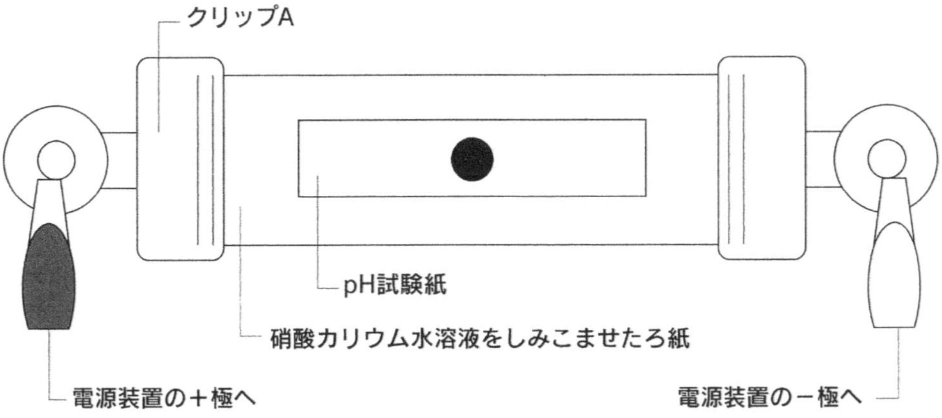

（1）　電源装置の＋極とつながっているクリップAはこの実験において何極というか，書きなさい。

（2）　水酸化ナトリウムの電離のようすを，化学式を使って書きなさい。

（3）　電圧を加える前，うすい水酸化ナトリウム水溶液をつけたpH試験紙の色の変化から水溶液のpHが13くらいであることがわかった。pH試験紙は何色へ変化したか，書きなさい。

（4）　電圧を加えると，どのような変化が観察できるか，書きなさい。

（5）　うすい水酸化ナトリウム水溶液のかわりに，次のア～オを用いたとき，（4）と同じ結果になるものをすべて選び，符号で書きなさい。

ア　海水
イ　塩酸
ウ　石灰水
エ　空気中に放置した純水
オ　水酸化バリウム水溶液

【3】 ヒトのからだについて，次の各問いに答えなさい。

（1） 表は血液の主な成分についてまとめたものである。表中の(　ア　)～(　ウ　)にあてはまる名称を書きなさい。また，（　A　）にあてはまる白血球のはたらきを簡潔に書きなさい。

表

成　分	はたらき	形や性質
赤血球	酸素を運ぶ	酸素の多いところでは酸素と結びつき，酸素の少ないところでは酸素を離す性質をもつ（　ア　）とよばれる物質が含まれている。
白血球	（　A　）	球形のものが多いが，いろいろな形がある。
（　イ　）	出血したとき血液を固める	赤血球や白血球よりも小さく不規則な形をしている。
血しょう	養分や不要な物質をとかしている	血しょうの一部は毛細血管からしみ出て，(　ウ　)として細胞のまわりを満たしている。

（2） 図はペットボトルの上半分を切ったものやゴム膜などでつくった，肺のしくみを調べるための模型である。

次の①，②の問いに答えなさい。

図

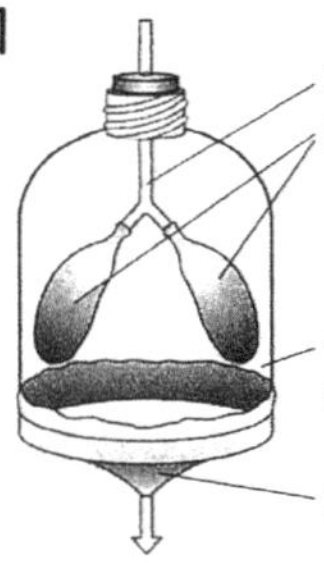

① 肺は胃や小腸などとは異なり，自らは運動することができない。その理由を簡潔に書きなさい。

② 図のペットボトルの下部につけたゴム膜を手で下に引くと，肺にみたてたゴム風船がふくらんだ。ペットボトルの下部につけたゴム膜はヒトのからだでいうと何に相当するか，書きなさい。

（3） 細胞に運ばれてきた酸素はどのようなはたらきに使われているか，「養分」という語句を用いて，簡潔に書きなさい。

【4】　日本の気象についてⅠ・Ⅱの各問いに答えなさい。

Ⅰ　次の表は，日本周辺の気団の特徴をまとめたものである。次の各問いに答えなさい。

表

気団名	高気圧	性質	発達する季節
A	大陸高気圧	寒冷・C	冬
B	太平洋高気圧	高温・D	夏
オホーツク海気団	オホーツク海高気圧	低温・湿潤	初夏・秋

（1）　表のAとBにあてはまる気団名は何か，それぞれ書きなさい。

（2）　表のCとDにあてはまる性質として，正しい組み合わせを次のア～エから選び，符号で書きなさい。

ア　C乾燥，D乾燥　　　　イ　C乾燥，D湿潤

ウ　C湿潤，D乾燥　　　　エ　C湿潤，D湿潤

Ⅱ　次の図は，ある季節でよく見られる天気図である。次の各問いに答えなさい。

図

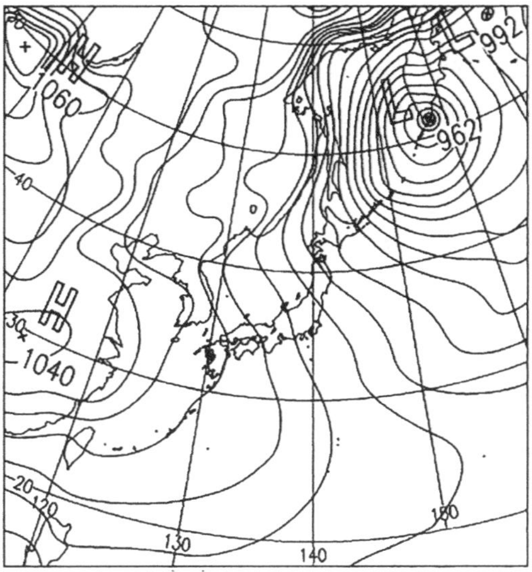

※H…高気圧，L…低気圧

（3）　このような気圧配置を何というか，書きなさい。

（4）　この天気図がみられる季節には，大陸と海洋の間でほぼ決まった向きの風が吹く。この風は主にどの方角から吹くか，風向を書きなさい。

（5）　季節によって特有の風向をもつ風を何というか，書きなさい。

（6）　このような気圧配置のとき，日本海側と太平洋側はどのような天気になっていることが多いか，それぞれ書きなさい。

【5】 ばねの伸びと力の関係について，次の実験を行った。次の各問いに答えなさい。ただし，100ｇの物体にはたらく重力の大きさを１Ｎとし，ばねばかりとばねと糸の質量は考えないものとする。

〔実験１〕
図１のように，ばねに糸のついた30ｇのおもりをつり下げたところ，ばねは自然の長さから1.5cm伸びた。次に糸のついた150ｇのおもりにとりかえてつり下げたところ，ばねの全長は22.5cmとなった。

〔実験２〕
図２のように，〔実験１〕で用いたばねと同じばねに別のおもりをつけ，それを台ばかりの上に置き，もう一方をばねばかりにつけた。ばねばかりを引き上げ，ばねの自然の長さからの伸びが８cmになったところで，台ばかりの目盛りは０となった。

〔実験３〕
〔実験２〕と同じばねばかりとおもりを用い，図３のように，水槽を台ばかりの上に置き，水の中におもりを沈めた。ばねが自然の長さの状態から，上に持ち上げていき，台ばかりの目盛りの変化を観察した。なお，台ばかりの目盛りは，水を入れた水槽を置いた状態で０になるように調節した。

図１

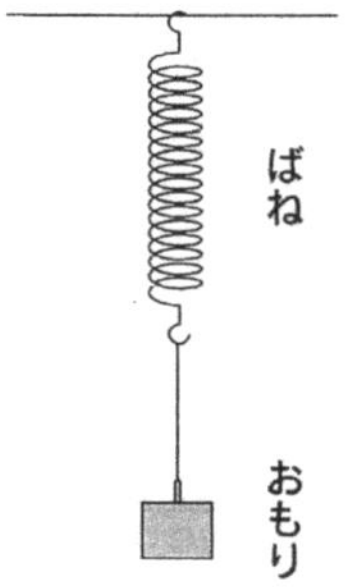

図２

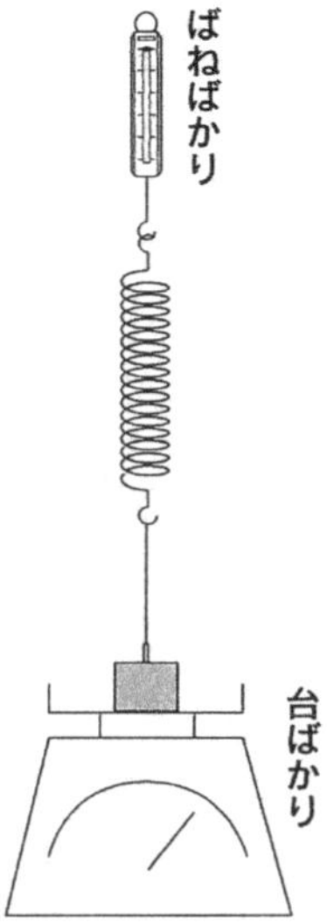

図３

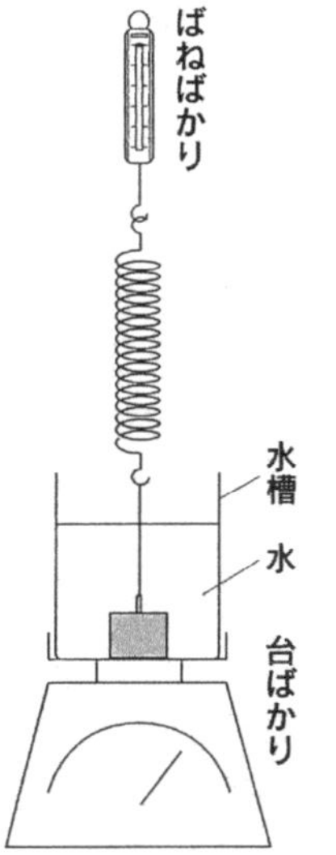

（1）　この実験で用いたばねの自然の長さは何cmか，求めなさい。

（2）　このばねに240ｇのおもりをつり下げると，ばねの全長は何cmになるか，求めなさい。

（3）〔実験2〕で用いたおもりは何ｇか，求めなさい。

（4）〔実験2〕でばねの伸びが6cmのとき，おもりが台ばかりを押す力は何Nか，求めなさい。

（5）〔実験3〕でばねばかりを持ち上げていったときの，台ばかりの目盛りの変化を正しく記述したものを，次のア～エから1つ選び，符号で書きなさい。ただし，ばねの体積は考えないものとする。

ア　台ばかりの目盛りは，ばねが伸びるにつれて減少していき，おもりが水面から出始めると0になった。

イ　台ばかりの目盛りは，ばねが伸びるにつれて減少していき，おもりが水槽の底面から離れると0になった。

ウ　台ばかりの目盛りは変化せず，おもりが水面からすべて出ると0になった。

エ　台ばかりの目盛りは，ばねが伸びるにつれて減少していき，おもりが水槽の底面から離れると変化しなくなった。さらにばねばかりを持ち上げていき，おもりが水面から出始めると，台ばかりの目盛りがさらに減少していった。おもりが水面からすべて出ると0になった。

【6】 **図に示した装置を用いて，三角フラスコ内で亜鉛にうすい塩酸を加えて気体を発生させ，その性質を調べる実験を行った。この実験で気体が発生し始めた後，しばらくして発生した気体を集気びんに集めた。次の各問いに答えなさい。**

図

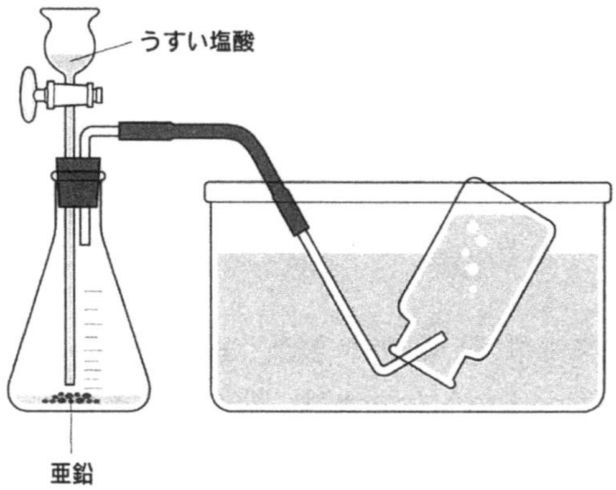

（１）　発生した気体は何か，化学式で書きなさい。

（２）　図に示す気体の集め方を何というか，書きなさい。

（３）　この集め方をするのは，この気体のどのような性質によるためか，簡潔に書きなさい。

（４）　発生した気体をすぐに集めなかったのはなぜか，その理由を簡潔に書きなさい。

（５）　この実験で発生した気体は，別の方法でも発生させることができる。その方法を次のア～エから１つ選び，符号で書きなさい。

ア　石灰石にうすい塩酸を加える。
イ　酸化銀を加熱する。
ウ　酸化銅と炭素を混合し，加熱する。
エ　マグネシウムにうすい塩酸を加える。

【7】　**骨格で示した次の５種類の動物について，次の各問いに答えなさい。**

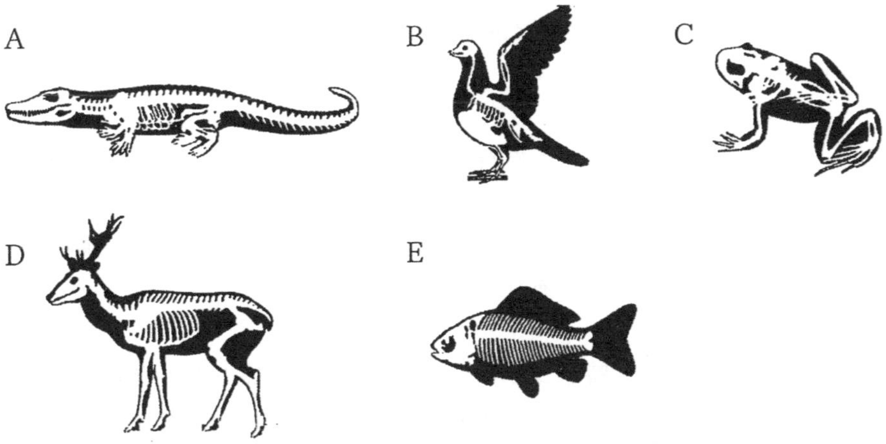

（1）　これらの動物のからだのつくりで共通していることは何か，図をもとに簡潔に書きなさい。

（2）　A～Eとは異なる，バッタやタコ，ミミズのような動物をまとめて何というか，書きなさい。

（3）　A，C，Eの動物について，分類上の名称を，それぞれ書きなさい。

（4）　A～Eの動物について，陸上に卵を産むものと，水中に卵を産むものを，それぞれすべて選び，符号で書きなさい。また，陸上に卵を産むものと水中に卵を産むものの，卵をくらべると，どのような点が違うか，簡潔に書きなさい。

（5）　イモリとクジラはどの動物の仲間か，A～Eから選び，それぞれ符号で書きなさい。

【8】　次の文は，さとみさんとたかしさんが，ある地層を観察した後で，地層をつくる岩石を調べたときの先生との会話である。図１は，この地層の模式図と，それぞれの地層に含まれる粒の特徴をまとめたものである。これを読んで次の各問いに答えなさい。

先生　：この地層に見られる岩石の種類を調べてみましょう。この地層をつくる岩石は，れき岩，砂岩，泥岩，凝灰岩，石灰岩，チャートのいずれかの堆積岩だと考えられますね。さとみさんとたかしさんが調べた岩石にはどのような特徴がありましたか。

さとみ：それぞれの地層をつくる岩石をルーペで観察したときの特徴を，図１にまとめてみました。b層をつくる岩石は角ばった粒が含まれていました。

たかし：a層，c層，d層，e層，f層をつくる岩石の粒はいずれも丸みをおびています。
これらの粒の大きさを調べたところ，d層の岩石の粒が最も大きく，肉眼でも見ることができました。a層とc層とe層をつくる岩石の粒の大きさは同じくらいで，最も粒が小さいのはf層の岩石でした。

さとみ：①d層の岩石に含まれる黒っぽいれきを，双眼実体顕微鏡で見ると石基の中に斑晶が含まれていたので，このれきは火成岩が流水によって侵食され，運搬されてきたものだと思います。

たかし：g層の岩石は，ルーペで見ても粒は見られませんでしたが，この②g層に含まれていた化石を調べると，サンゴの一種でした。また，g層の岩石の成分を調べるために，うすい塩酸をかけてみたところ，泡が出てきました。

先生　：それでは，これまで調べたことをもとにして，それぞれの地層をつくる岩石の種類を考えてみましょう。

図１
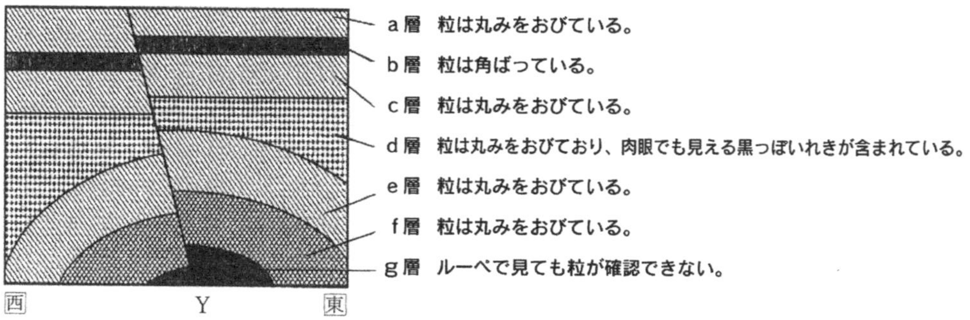
X
a層　粒は丸みをおびている。
b層　粒は角ばっている。
c層　粒は丸みをおびている。
d層　粒は丸みをおびており、肉眼でも見える黒っぽいれきが含まれている。
e層　粒は丸みをおびている。
f層　粒は丸みをおびている。
g層　ルーペで見ても粒が確認できない。
西
Y
東

（1）　図1の地層のb層とg層をつくる岩石として最も適当なものを，次のア～カからそれぞれ1つずつ選び，符号で書きなさい。

ア　れき岩　　イ　砂岩　　ウ　泥岩　　エ　凝灰岩　　オ　石灰岩　　カ　チャート

（2）　下線部①について，d層の岩石に含まれる黒っぽいれきは，この地層が堆積した地域の上流に分布していた火成岩であると考えられる。この火成岩について説明した文として最も適当なものを，次のア～エから選び，符号で書きなさい。

ア　マグマが急速に冷やされてできた岩石で，長石や石英を多く含む。

イ　マグマが急速に冷やされてできた岩石で，輝石やカンラン石を多く含む。

ウ　マグマがゆっくりと冷やされてできた岩石で，長石や石英を多く含む。

エ　マグマがゆっくりと冷やされてできた岩石で，輝石やカンラン石を多く含む。

（3）　下線部②について，g層に含まれていたサンゴの化石から，g層がどのような環境で堆積したのかがわかる。このように，当時の環境を推定できる化石を何というか，書きなさい。また，この地域はかつてどのような環境であったと考えられるか，最も適当なものを，次のア～エから選び，符号で書きなさい。

ア　温かくて深い海　　イ　温かくて浅い海　　ウ　冷たくて深い海　　エ　冷たくて浅い海

（4）　次の図2は，図1のような地層ができる過程で起こったと考えられる，いくつかの代表的なできごとを順番に示したものである。図2のⅠ～Ⅲにあてはまる文として最も適当なものを，それぞれ次のア～カから選び，符号で書きなさい。

ア　地層が東西に引かれて，e層，f層，g層が波打つように曲がる。

イ　地層が東西から押されて，e層，f層，g層が波打つように曲がる。

ウ　地層が東西から引かれて，X－Y面のずれができる。

エ　地層が東西から押されて，X－Y面のずれができる。

オ　この地層が堆積した地点から河口までの距離が長くなりながら，f層，e層の順に堆積する。

カ　この地層が堆積した地点から河口までの距離が短くなりながら，f層，e層の順に堆積する。

図2

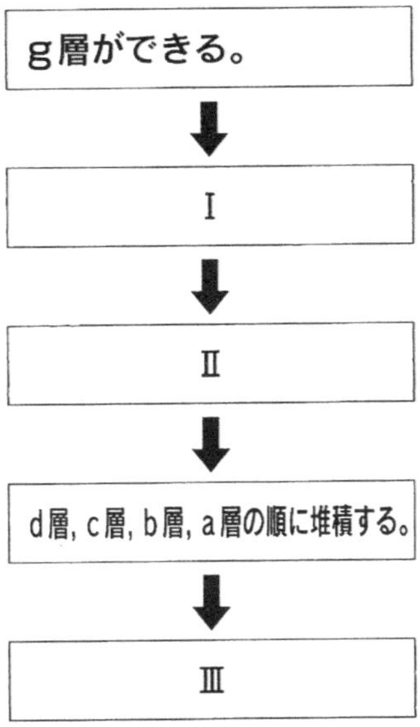

2023(R5) 大分高
K 教英出版

2023年度

後期入学試験問題

社　　　会

（50分）

注意事項

① 試験開始の合図があるまで、中を見てはいけません。

② 解答はすべて解答用紙の所定の欄に書きなさい。

③ 解答用紙は、この冊子の間にはさんであります。

大分高等学校

【1】　地図を見て，（1）～（5）の問いに答えなさい。

地図

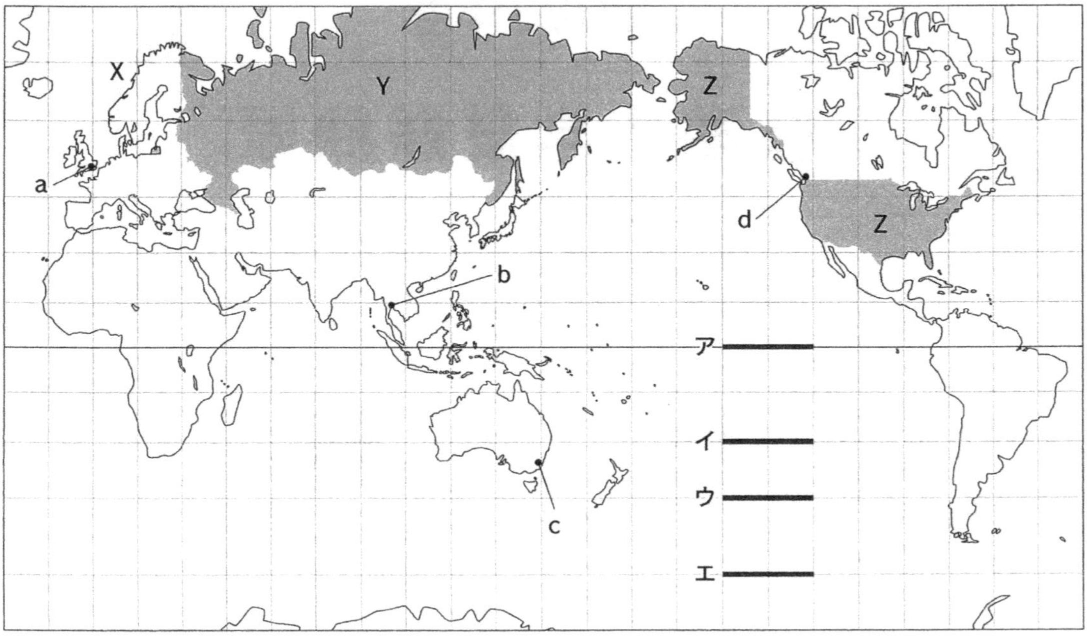

（1）　地球上での実際の距離がもっとも長いものはどれか，正しいものを**ア～エ**から１つ選び，記号を書きなさい。なお，地図は**メルカトル図法**で描かれたものとする。

（2）　**X**の海岸地形を説明した次の文の（　　）にあてはまる語句を書きなさい。

> （　　）が侵食した大きな谷に海水が入り込んだ両側に断崖がそびえ，細長く奥深い海岸線である。

（3）　次の文章は，修学旅行で生徒が作成した日誌の一部である。これを読み，修学旅行先として正しいものを，**a～d**から１つ選び，記号を書きなさい。（直行便があるものとする）

> 飛行機は，予定から１時間遅れて12月８日午前11時に羽田空港を飛び立ち，12月８日午前３時（日本時間12月８日午後８時）に現地空港に到着した。ここはこの国第二の都市で治安が非常に良く，日本人留学生も多い。緯度が高い割にそれほど寒さは厳しくなく，東京と変わらないと感じた。

（4）　Y国はBRICSの１国である。次の文章は，他のBRICS４ヵ国についてそれぞれ述べたものである。**誤っているもの**を，ア～エから１つ選び，記号を書きなさい。

ア．かつてイギリスの植民地であったため英語を話す人が多い。おもに信仰されている宗教では牛を神聖な生き物として考えるため，信徒は牛肉を食べない。

イ．経済特区を設けたことで外国企業が多く進出したことにより，「世界の工場」と呼ばれるようになったが，近年では，「世界の市場」とも呼ばれている。

ウ．金やダイヤモンドなどの鉱産資源が豊富であり，1990年代の初めから白豪主義という人種隔離政策がとられている。

エ．コーヒーやサトウキビなどの生産がさかんで，近年ではバイオエタノールや自動車の生産にも力を入れている。

（5）　Z国に関連して，①・②の問いに答えなさい。

①　**資料１**は，Z国・日本・EU間の輸出入の関係と貿易額をあらわしている。Ⅰ～Ⅲに適する国・地域の組み合わせとして正しいものを，ア～カから１つ選び，記号を書きなさい。

資料１

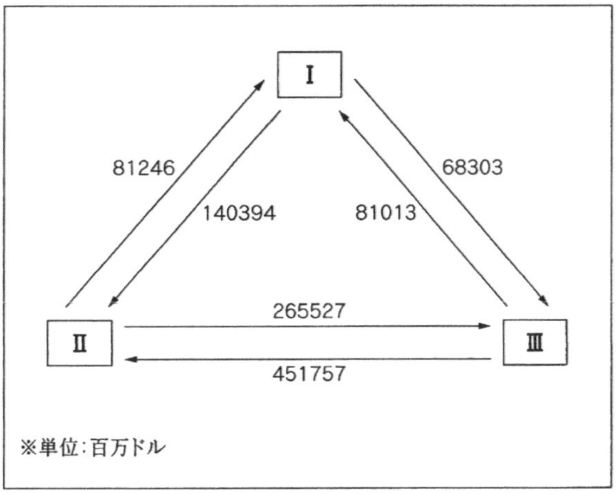

（『世界国勢図会　2022／23』より作成）

	ア	イ	ウ	エ	オ	カ
Ⅰ	EU	Z国	日本	日本	EU	Z国
Ⅱ	Z国	EU	Z国	EU	日本	日本
Ⅲ	日本	日本	EU	Z国	Z国	EU

② この国では，西経100度をおよその境にして降水量に違いがある。**資料2**の ■ で示した地域の農業について述べた文章として正しいものを，ア～エから１つ選び，記号を書きなさい。

資料2

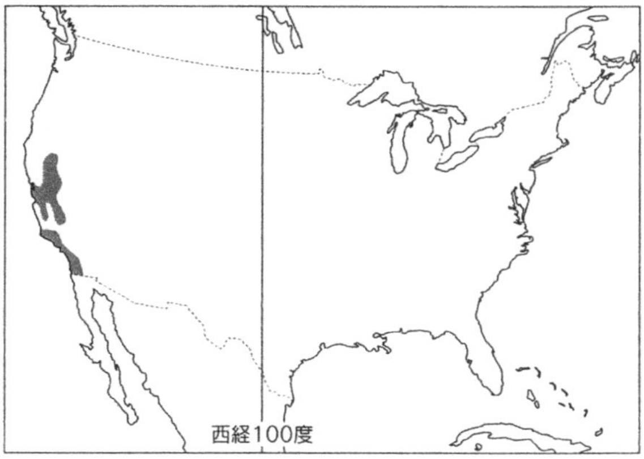

（『社会の新研究』より作成）

ア．この地域は冷涼なため，酪農がさかんである。また，南部にはコーンベルトが広がっており，飼料作物などを栽培している。

イ．この地域は，降水量が少なく乾燥しているため，小麦の栽培がさかんである。地下水をくみ上げ散水するかんがい施設が多い。

ウ．この地域は，温暖で比較的降水量が多いため綿花の栽培がさかんであり，コットンベルトと呼ばれている。

エ．この地域は，夏に高温乾燥となるためオレンジやぶどうなどの果樹栽培がさかんである。低賃金の作業の多くをヒスパニックがになっている。

【2】　仁さんは，夏休みに中国・四国地方について調べた。地図（出雲の２万５千分の１地形図）や資料は，その一部である。（１）～（６）の問いに答えなさい。

地図

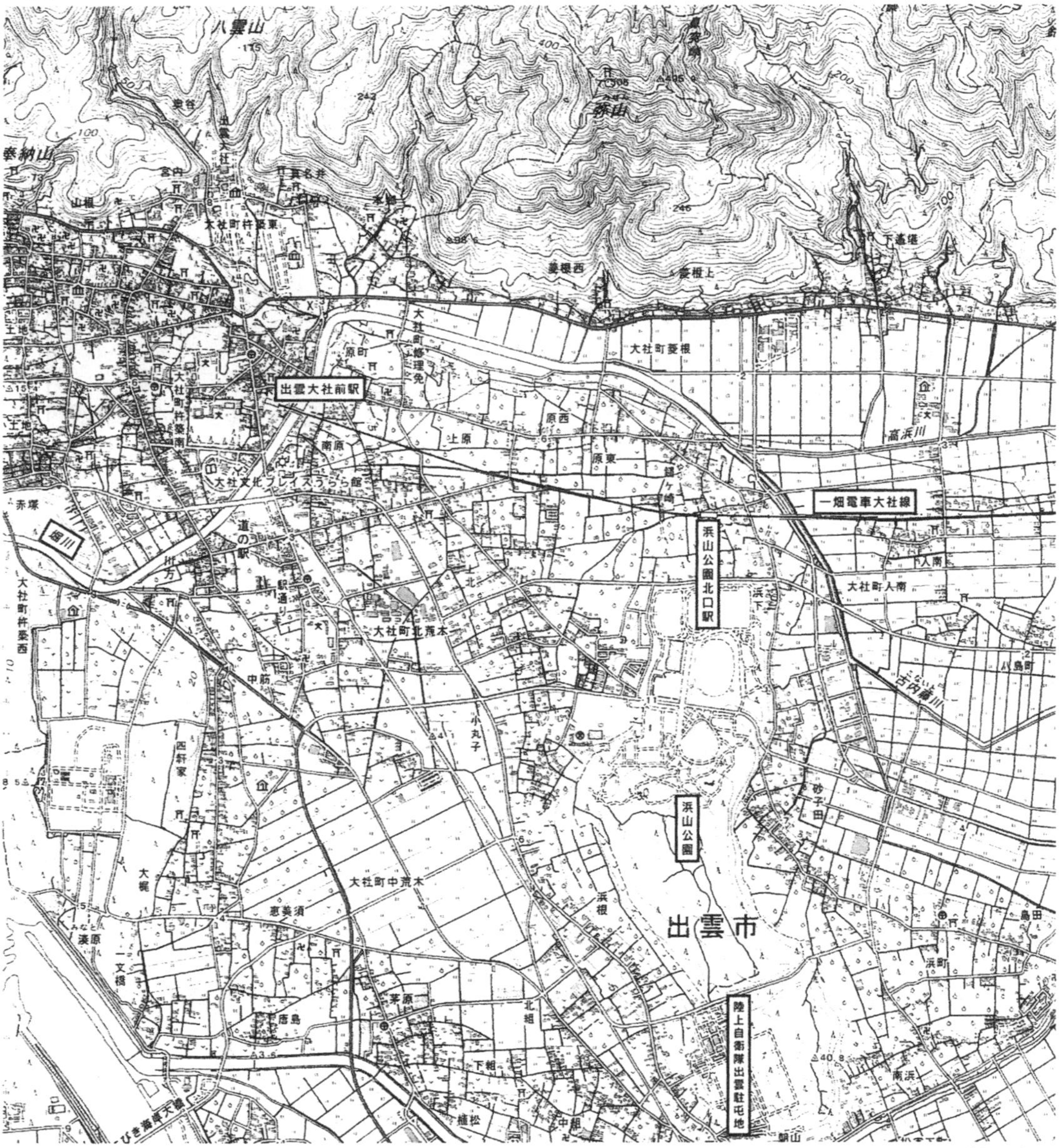

（国土地理院　平成29年発行２万５千分の１地形図「大社」）

（1）　**地図**を見て，①・②の問いに答えなさい。

①　**地図**の「出雲大社前駅」から「浜山公園北口駅」の長さは，地図上で約８cmである。実際の距離は約何ｍか書きなさい。

② **地図**から読み取れることとして正しいものを，ア～エから１つ選び，記号を書きなさい。

ア．「浜山公園」の周辺には，針葉樹林や果樹園が広がっている。

イ．「陸上自衛隊出雲駐屯地」は，この地図の中で最も高い場所に位置している。

ウ．「堀川」の川沿いには，消防署・図書館・病院がある。

エ．「一畑電車大社線」の線路は，北から南へとのびている。

（2） **資料１**は，島根県出雲市にある風力発電所のようすである。日本の各発電についての説明として正しいものを，ア～エから１つ選び，記号を書きなさい。

資料１

（『新編新しい社会　地理』より）

ア．火力発電は，燃えやすい資源を確保できるため，山間部に位置する施設が多い。

イ．太陽光発電は，二酸化炭素を多く排出することから近年ではあまりおこなわれていない。

ウ．原子力発電は，天気の変化によって電力の供給量が異なるため，現在はおこなわれていない。

エ．水力発電は，再生可能エネルギーであり，温室効果ガスをほとんど排出しない。

（3） 広島市の中心部は交通渋滞の解消が課題であるが，大規模な地下鉄の建設が難しい理由の１つに地形上の問題がある。それについて説明した次の文の（　　　）にあてはまる**地形名**を，**漢字３字**で書きなさい。

川が運んできた細かい土砂が積もってできた（　　　）は地盤が軟弱なため。

（4） **資料２**の**Ｘ**～**Ｚ**は，岡山・鳥取・高知のいずれかの都市であり，**資料３**は岡山・鳥取・高知を含む都市の雨温図を示している。**資料２**の都市名と**資料３**の雨温図の組み合わせとして正しいものを，ア～カから１つ選び，記号を書きなさい。

資料２

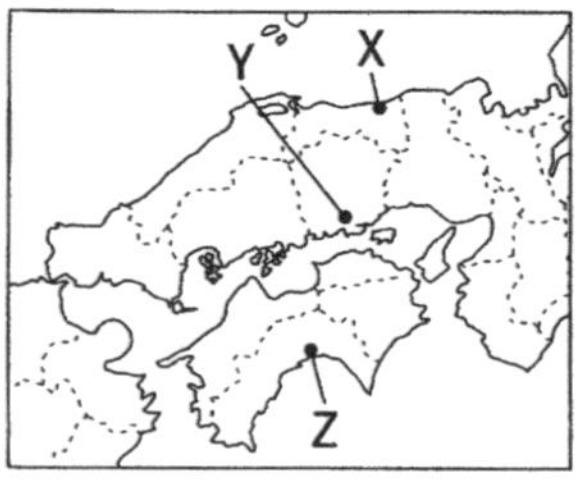

資料３

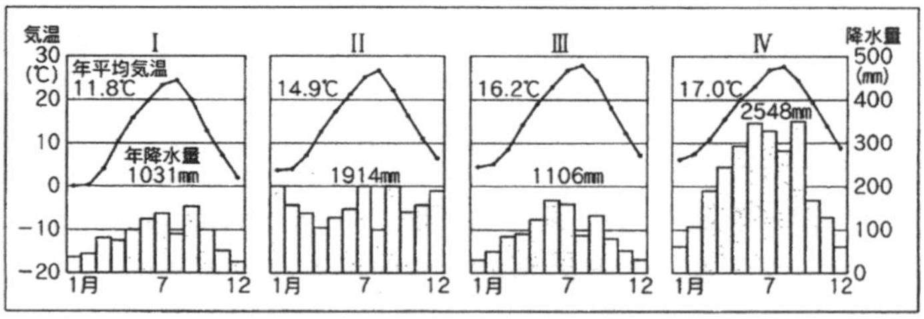

（『理科年表』より）

	ア		イ		ウ		エ		オ		カ	
X	鳥取	Ⅱ	岡山	Ⅲ	高知	Ⅳ	鳥取	Ⅱ	岡山	Ⅲ	高知	Ⅲ
Y	岡山	Ⅰ	高知	Ⅳ	鳥取	Ⅲ	岡山	Ⅲ	高知	Ⅳ	鳥取	Ⅰ
Z	高知	Ⅲ	鳥取	Ⅰ	岡山	Ⅰ	高知	Ⅳ	鳥取	Ⅱ	岡山	Ⅳ

（5）　**資料4**は，山口県と北海道・新潟県・愛知県・沖縄県のいずれかのものである。新潟県にあたるものを，ア～エから１つ選び，記号を書きなさい。

資料4

	山口県	ア	イ	ウ	エ
人口密度（人／㎢）	219.7	643.3	175.0	1458.7	66.7
耕地面積（ha）	44900	37000	169000	73700	1143000
水田率（%）	83	2	89	57	19
製造品出荷額等（億円）	65735	4990	50113	481864	61336

（『データでみる県勢2022年版』より作成）

（6）　**資料5**は，高松市の平野のようすである。この地域では，気候の特徴に合わせて農業用水に関してどのような工夫をしてきたか。次の語句を**すべて使って**簡潔に書きなさい。

語句「 降水量・農業用水 」

資料5

（『新編新しい社会　地理』より）

【3】　宗隆さんは，日本の書物の歴史について調べ学習をおこない，パネルにまとめた。パネル1～4は，その一部である。（1）～（4）の問いに答えなさい。

パネル1

『（　a　）』は，712年に完成した歴史書である。これは7世紀後半の天武天皇の命を受けて，稗田阿礼が暗記していた神代からb推古天皇までの皇室を中心とした神話や歴史を，太安万侶が筆録したものである。日本の歴史を叙述したものとしては現存最古であり，日本の古代史を語る際には欠かすことのできない根本史料である。

パネル2

『源氏物語』は，紫式部によって書かれたc平安時代中期の長編物語である。

主人公光源氏をめぐる恋愛・人生を中心として，物語は展開していく。そのモデルは藤原道長ではないかと言われている。

さまざまな恋物語・多彩な登場人物，平安王朝の宮廷の様子，貴族たちの日常生活のほか，平安時代当時の信仰・社会・文化などが描かれている。

パネル3

『徒然草』は，1331年ごろに成立した兼好法師の随筆である。d鎌倉時代末期の混乱した時代を，鋭い洞察力で，優れた文章で記している。『枕草子』・『方丈記』とならび日本三大随筆の一つと評価されている。

『徒然草』が伝える説話のなかには，同時代の事件や人物について知る手がかりとなる記述が散見され，歴史史料としても広く利用されている。

パネル4

『国性爺合戦』は，e江戸時代を代表する近松門左衛門の浄瑠璃脚本，またこれにもとづいた歌舞伎脚本である。1715年に大阪の竹本座で初演され，翌々年まで17か月の長期公演を記録した。

f明の遺臣鄭成功が日本に援軍をもとめて明国の勢力復興につとめた史実をもとに脚色したものである。

（1）　**パネル1**に関連して，①・②の問いに答えなさい。

①　（　a　）にあてはまる書物を，**漢字**で書きなさい。

②　**下線部b**に関連して，この天皇の摂政となった聖徳太子がおこなった冠位十二階の制度についての説明として**誤っているもの**を，**資料1**を参考にして，ア～エから1つ選び，記号を書きなさい。

ア．この制度の制定前は，共通の先祖でつながる集団が重視されていた。

イ．この制度の制定前は，臣や連などの姓で地位を区別していた。

ウ．この制度では，身分の高さを示す位を個人にではなく氏に与え，冠の色で区別した。

エ．この制度の目的は，家柄にとらわれず，才能や能力のある人物を，役人に取り立てることである。

資料1　冠位十二階の制度

制定前

●共通の先祖でつながる集団（氏）を構成。
　例）蘇我氏・物部氏など

●氏ごとに大和政権（ヤマト王権）の仕事を担当。
　例）蘇我氏は財政など

●大王から大和政権での地位を表す称号（姓）があたえられた。
　例）蘇我氏は臣，物部氏は連など

↓

制定後

（『学び考える歴史』より作成）

（2）　**パネル2**の**下線部c**に関連して，この時代について述べた文として正しいものを，ア～エから1つ選び，記号を書きなさい。

ア．894年の遣隋使に選ばれた菅原道真は，遣隋使の廃止を訴えた。

イ．藤原氏は，天皇が幼いときには関白，成長すると摂政として政治の実権を握った。

ウ．浄土信仰がさかんとなり，宇治の中尊寺金色堂は，代表的な阿弥陀堂として知られる。

エ．白河天皇は，位を譲って上皇となった後も院政と呼ばれる政治をおこなった。

（3）　**パネル3**の**下線部d**に関連して，A～Cのできごとを**年代の古い順**に並び替えなさい。

A．御家人が失った土地を，ただで取りもどさせるための法令を出した。

B．元が日本に服属を求めたが，幕府がこれを拒絶したため，元・高麗軍が北九州に襲来した。

C．政治の実権を朝廷に取りもどすため，後鳥羽上皇が挙兵した。

（4）　**パネル4**に関連して，①・②の問いに答えなさい。

①　**下線部e**に関連して，この時代の貿易について述べた文として正しいものを，ア～エから1つ選び，記号を書きなさい。

ア．朱印船貿易がさかんになると，多くの日本人が朝鮮に移住し，各地に日本町ができた。

イ．鎖国下においても，薩摩藩は幕府の許可のもと朝鮮との連絡や貿易をおこなった。

ウ．開国後，外国との自由な貿易が開始され，相手国はイギリスが中心であった。

エ．欧米に派遣された岩倉使節団の活躍により，関税自主権が撤廃された。

②　**下線部f**に関連して，明の次の王朝は清である。清とイギリスとの貿易において，イギリスはある理由のために，**資料2**のように貿易の形態を変える必要があった。その理由を，変化した後の**貿易の名称**を入れて簡潔に書きなさい。なお，解答は□の文に合う形で答えること。

イギリスは（　　　　）を防ぐため，（**貿易の名称**）をおこなった。

資料2

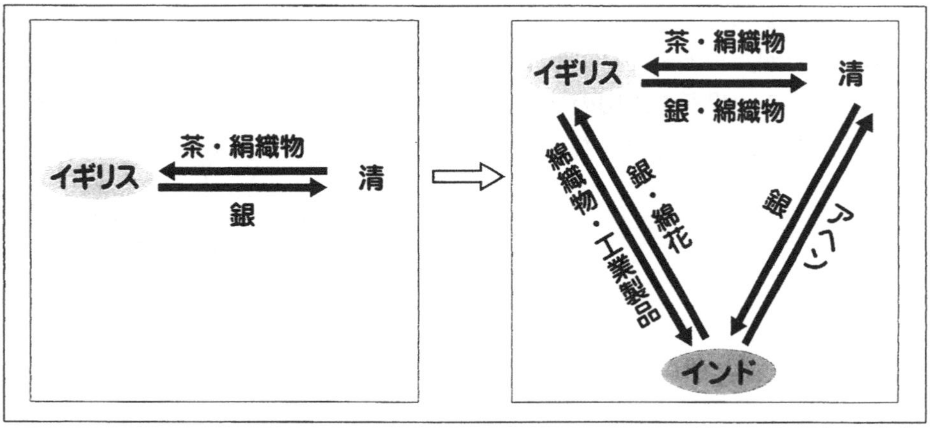

（『よみとき総合歴史』より作成）

【4】　榛花さんは，大分高校の制服をデザインした森英恵とフランスのファッションデザイナーのココ・シャネルについて調べ学習をおこない，年表にまとめた。（1）～（7）の問いに答えなさい。

年表

ココ・シャネルの生涯	森英恵の生涯
a 1883 フランスのソーミュールで誕生	1926 e 島根県で誕生
b 1895 母の死で孤児院に預けられる	1947 東京女子大学卒業
1901 c カトリック女子寄宿舎に移る	1954 銀座にブティック&サロン「HANAE MORI」オープン
1910 婦人用帽子職人のライセンスを取得し，ブティックを開業する	1961 f ニューヨークで見た光景にショックを受け世界進出を決意
1939 d 第二次世界大戦により，作業場を閉鎖する	1965 ニューヨークコレクションに初参加
1954 ファッション界に復帰する	1988 紫綬褒章受章
1971 ホテル・リッツで死去	g 2022 東京の自宅で死去

（1）　**下線部a**に関連して，この年の10年前に明治維新の三大改革の一つとされるある法令が，**資料1**にもとづいて出された。その法令名を書きなさい。

資料1

> およそ天地の間にあるもので税のかからないものはない。その税を国の費用にあてる。だから人は心と力を尽くして国に報いなければならない。西洋人は，これを血税という。自らの血を持って国に報いるという意味である。
> 陸海二軍を備えて，全国の男子で20歳になった者はすべて兵籍に入れ，緊急時にそなえる。

（『学び考える歴史』より）

（2）　**下線部b**に関連して，この年結ばれた下関条約で，日本はある場所を獲得したが，三国干渉により清に返還した。その場所を**地図**のア～エから1つ選び，記号を書きなさい。

地図

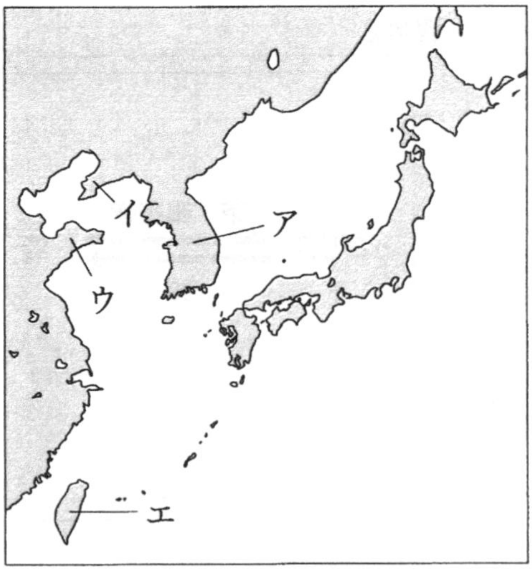

2023年度　国語　後期解答用紙

大分高等学校

※解答は楷書で正しく書くこと

【一】

問一
1（れる）
2
3
4（る）
5
6

問二

問三
(1)
(2)

問四

1点×10

（　　）点

【二】

問一
a
b

問二

問三
29

問四

問五

問六

問七
(1) ①　④
(2) ②　③
(3)
(4)

問一．２点×２
問二．２点
問三．２点
問四．２点
問五．２点
問六．２点
問七．１点×６

（　　）点

得点	点

※60点満点

【4】 ２点×４（(2)(3)は完答）

(1)		個			
(2)	ア		イ		
(3)	ウ		エ		
(4)	１年生	人，２年生		人	点

【5】 ２点×５

(1)				
(2)				
(3)	cm³	(4)	cm²	
(5)	cm³			点

【6】 (1)完答２点　(2)エ．１点　オ．２点　カ．１点

(1)	ア		イ		ウ		
(2)	エ						
	オ						
	カ						点

受験番号		得点	点	

※60点満点

【4】 (1)３点　(2)２点　(3)３点　(4)３点　(5)３点

(1)		(2)		点
(3)				
(4)	→	→	→	
(5)				

【5】 (1)２点　(2)２点　(3)３点　(4)２点×４

(1)		(2)		(3)		点
(4)	①		②			
	③		④			

受験番号		得点	点	

※60点満点

【5】　(1)１点　(2)１点　(3)２点　(4)２点　(5)１点

(1)		(2)		
(3)		(4)		
(5)				点

【6】　(1)１点　(2)１点　(3)２点　(4)２点　(5)１点

(1)		(2)		
(3)		(4)		
(5)				点

【7】　１点×８（(4)の陸上と水中，(5)は完答）

(1)		(2)		
(3)	A	C	E	
(4)	陸上	水中		
	違い			
(5)	イモリ	クジラ		点

【8】　(1)１点×２　(2)１点　(3)１点×２　(4)完答２点

(1)	b	g	(2)	
(3)	化石を何というか	符号		
(4)	I	II	III	点

受験番号		得点	点	

※60点満点

【4】　⑴１点　⑵１点　⑶１点　⑷１点　⑸２点　⑹２点　⑺２点

(1)	(2)		
(3)	(4)		
		点	
(5)	(6)		
(7)			
		点	点

【5】　⑴１点　⑵１点　⑶２点　⑷２点　⑸２点　⑹２点

(1)		(2)		
			点	
(3)	(4)	(5)		
(6)				
			点	点

【6】　⑴１点　⑵１点　⑶１点　⑷１点　⑸２点　⑹２点　⑺２点

(1)	(2)		
(3)	(4)		
		点	
(5)アルファベット３字	(6)		
(7)			
		点	点

受験番号		得点	点	

※60点満点

2023年度　社会　後期解答用紙　大分高等学校

【1】 ⑴１点　⑵１点　⑶２点　⑷２点　⑸２点×２

(1)	(2)	
		点
(3)	(4)	
(5) ①	(5) ②	
		点

点

【2】 ⑴１点×２　⑵１点　⑶１点　⑷２点　⑸２点　⑹２点

(1) ①	(1) ②	
約　m		
(2)	(3) 漢字３字	
		点
(4)	(5)	
(6)		
		点

点

【3】 ⑴１点×２　⑵２点　⑶２点　⑷２点×２

(1) ① 漢字	(1) ②	
		点

(2)	(3)	(4) ①	
	→ →		
(4) ②			
イギリスは（　）を防ぐため，（　）をおこなった。			点

点

2023年度　理科　後期解答用紙　大分高等学校

【1】　(1) 1点　(2) 1点　(3) 1点×2　(4) 2点　(5) 1点×2

(1)		(2)		
(3)	①	②		
(4)				
(5)	③	④		点

【2】　(1) 1点　(2) 2点　(3) 1点　(4) 2点　(5) 2点

(1)		(2)		
(3)		(4)		
(5)				点

【3】　1点×7

(1)	ア	イ	ウ	
	A			
(2)	①	②		
(3)				点

【4】　1点×8

(1)	A	B		
(2)		(3)		
(4)		(5)		
(6)	日本海側	太平洋側		点

英語　後期解答用紙

大分高等学校

【1】 [A] 1点×2　[B] 1点×3　[C] 2点×3

[A]	1番		2番				
[B]	1番		2番		3番		
[C]	1番		2番		3番		

【2】 A. (1) 1点　(2) 1点　(3)完答2点　(4) 2点　B. 1点×4

A	(1)		(2)					
	(3)						(4)	
B	①		②		③		④	

【3】 5点×2

A	a personal computer　/　an electric bicycle　/　a flight ticket
	Because
B	I want to

【1】２点×12

(1)	①		②		③	
	④		⑤			

(2)	$x=$	(3)	
(4)		(5)	$\angle x=$
(6)	$y=$	(7)	
(8)	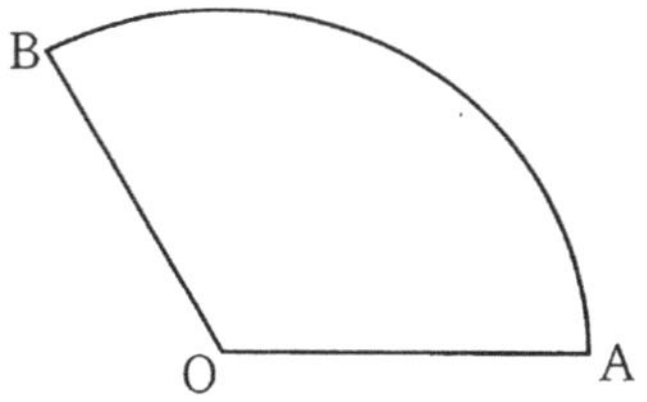		

点

【2】２点×３

(1)	$a=$	(2)	
(3)	(　　　　,　　　　)		

点

【3】(1)２点　(2)１点×２　(3)２点

(1)						
(2)	(ア)		(イ)		(3)	

点

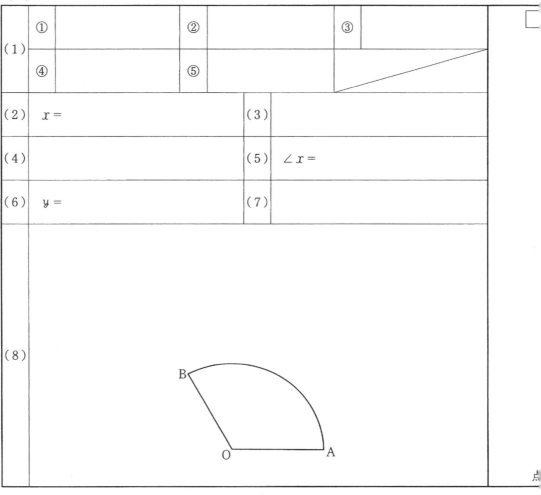

【三

問一

問二

様子

問三

問四

問五

問六

問七

(1)

(2)

問八

2点×9

(　　)点

【四】

問一

a

b

問二

問三

問四

問五

(1)

(2)

2点×6
(問一は完答)

(　　)点

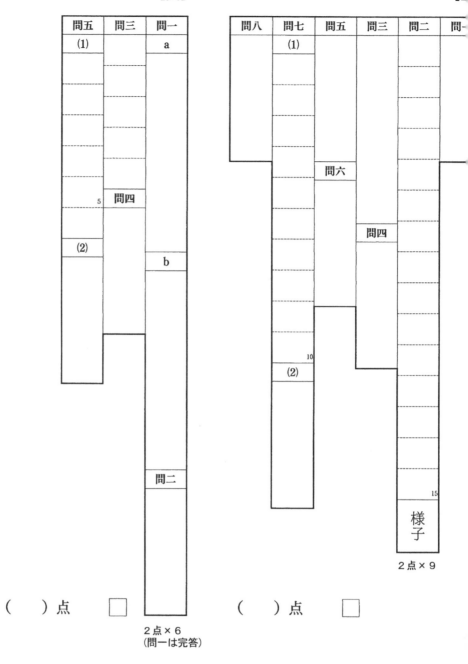

（3）　**下線部c**に関連して，キリスト教について述べた文として**誤っているもの**を，ア～エから１つ選び，記号を書きなさい。

ア．イエスの教えは，のちに「新約聖書」にまとめられ，キリスト教と呼ばれた。

イ．教皇の呼びかけに応じた王や貴族は十字軍を組織し，聖地ローマをめざした。

ウ．教皇が免罪符を売り出すと，これを批判してルターやカルバンが宗教改革を始めた。

エ．イエズス会は，ザビエルなどの宣教師を派遣してアジアへの布教をおこなった。

（4）　**下線部d**に関連して，日本とアメリカは1941年に太平洋戦争が起こる前に交渉をおこなっている。**資料２**を見て，東条英機陸軍大臣は，日米交渉のなかで「ハル＝ノート」のどの点は受け入れられないとしているか，ア～エから１つ選び，記号を書きなさい。

資料２

「ハル＝ノート」

ア．日本国政府は支那および印度支那より一切の陸・海・空軍兵力および警察力を撤収すべし

イ．合衆国政府および日本国政府は臨時に首都を重慶における中華民国国民政府以外の支那におけるいかなる政府もしくは政権をも軍事的・経済的に支持せざるべし

ウ．合衆国政府および日本国政府は（中略）合衆国および日本国間に通商協定締結のため協議を開始すべし

エ．合衆国政府および日本国政府はそれぞれ合衆国にある日本資金および日本にある米国資金に対する凍結措置を撤廃すべし

（歴史学研究会編『日本史史料(5)』より作成）

近衛内閣の閣議における東条英機陸軍大臣の発言

撤兵問題は心臓だ。(中略）米国の主張にそのまま服したら支那事変の成果を壊滅するものだ。満州国をも危うくする。さらに朝鮮統治も危うくなる。(中略）駐兵により事変の成果を結果つけることは当然であって世界に対し何等遠慮する必要はない。(中略）満州事変前の小日本に還元するならまた何をか言わんやであります。

（「杉山メモ」1941年10月14日より作成）

（5）　**下線部e**に関連して，この県出身の内閣総理大臣に竹下登がいる。彼を含む歴代総理大臣についての説明として**誤っているもの**を，ア～エから１つ選び，記号を書きなさい。

ア．初代内閣総理大臣であった伊藤博文は，安重根に暗殺された。

イ．「平民宰相」とよばれた原敬は，日本初の本格的政党内閣を組織した。

ウ．護憲運動で活躍した犬養毅は，二・二六事件で暗殺された。

エ．竹下登は，日本初の付加価値税である消費税を導入した。

（6） **下線部 f** に関連して，この都市の株式市場で株価が大暴落したことにより，1929年に世界恐慌がおこった。**資料3**から読み取れることとして**誤っているもの**を，ア～エから1つ選び，記号を書きなさい。

資料3

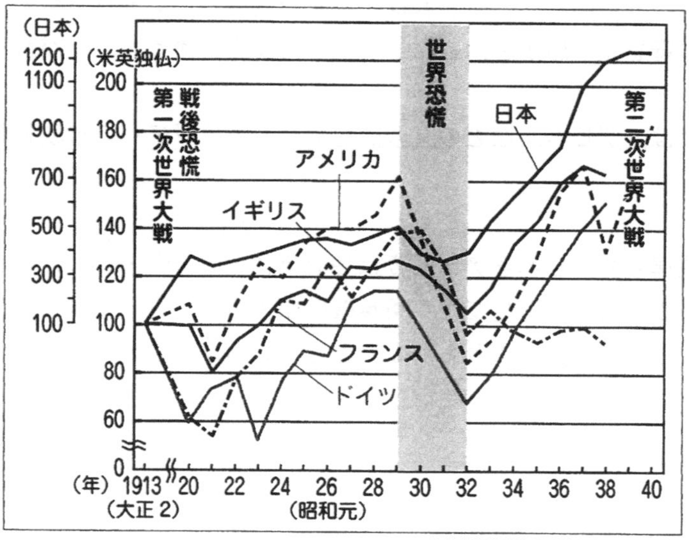

（『岩波講座世界歴史27』より作成）

注）1913年を100とする。
日・英・仏は工業生産。米・独は鉱工業生産。

ア．日本とアメリカは，第一次世界大戦で経済的に成長した。
イ．日本は他の国より早く世界恐慌から回復している。
ウ．1932～33年の間にはすべての国で生産が上向いている。
エ．アメリカの生産は，1932年以降上昇し続けている。

（7） **下線部 g** に関連して，この年ロシアはウクライナに侵攻した。この時のロシア連邦の大統領名を書きなさい。

【5】　こうたさんは，2022年が沖縄県の施政権がアメリカから日本に返還されて50周年という節目の年であることを知り，沖縄県のことについて調べた。パネルは，その一部である。（1）～（6）の問いに答えなさい。

パネル

沖縄県

日本の九州・沖縄地方に位置する県。a県庁所在地は那覇市で，沖縄本島・宮古島・石垣島など多くの島々から構成される。

○面積：2,281㎢　○b人口：146.8万人（2022年）

○c経済：沖縄県は日本屈指の観光立県であり，サービス業が発達していて県経済の中心になっている。一方で，d在日米軍基地が生み出す経済（軍雇用者所得，軍用賃借料，米兵向け商店・飲食店など）に依存している側面もある。

○主な出来事

- 1879年　琉球藩を廃止し，沖縄県を設置。
- e1945年　沖縄戦勃発。戦闘終結後，沖縄県全土がアメリカ軍の占領下に置かれる。
- 1972年　日本に復帰し，沖縄県再設置（沖縄返還）。
- 2000年　九州・沖縄サミットが開催され，それを記念して二千円f紙幣を発行。

○人気観光スポット

首里城公園

沖縄美ら海水族館

（写真：沖縄観光情報WEBサイト「おきなわ物語」）

（1）　**下線部a**に関連して，県政や市政など，住民の身近な生活に深く関わる地方自治では，住民による直接請求権が認められている。請求に必要な署名数と請求先の組み合わせとして**誤っているもの**を，ア～エから1つ選び，記号を書きなさい。

	請求の種類	必要な署名数	請求先
ア	条例の制定・改廃の請求	有権者の50分の1以上	首長
イ	事務の監査の請求	有権者の50分の1以上	監査委員
ウ	議会の解散の請求	有権者の3分の1以上※	選挙管理委員会
エ	首長・議員の解職の請求	有権者の3分の1以上※	議会

※有権者総数40万人以下の地方公共団体の場合

（2）　**下線部ｂ**に関連して，日本では，人口構成の変化とともに，家族の形にも変化が見られるようになった。**資料１**は，家族類型別世帯数の推移を表したグラフである。**資料１**から読み取れることとして**誤っているもの**を，ア～エから１つ選び，記号を書きなさい。

資料１

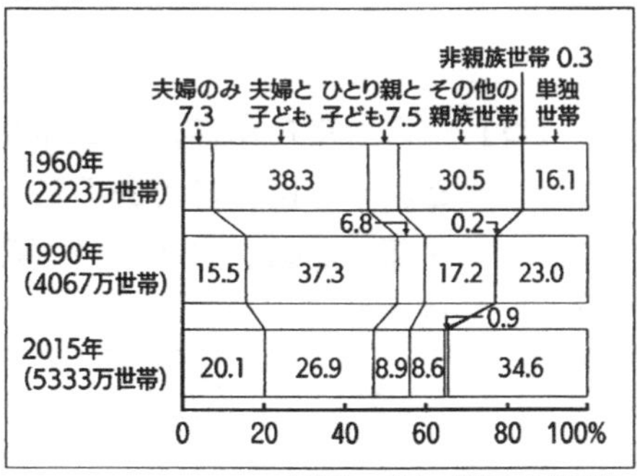

（『新しい社会　公民』より作成）

注）1960年は統計の基準が異なる。

ア．世帯数は増え続けている。

イ．核家族世帯の割合は低くなり続けている。

ウ．一人暮らしの世帯数は増え続けている。

エ．三世代世帯は「その他の親族世帯」に含まれる。

（3）　**下線部ｃ**に関連して，現代の市場経済においては，商品の価格は消費者の需要量と生産者の供給量との関係によって決まり，それは**資料２**のように需要曲線と供給曲線でグラフに表すことができる。観光地のホテルや旅館の宿泊代は，正月やゴールデンウィークにはどのように変化するか。その説明としてもっとも適当なものを，ア～エから１つ選び，記号を書きなさい。

資料２

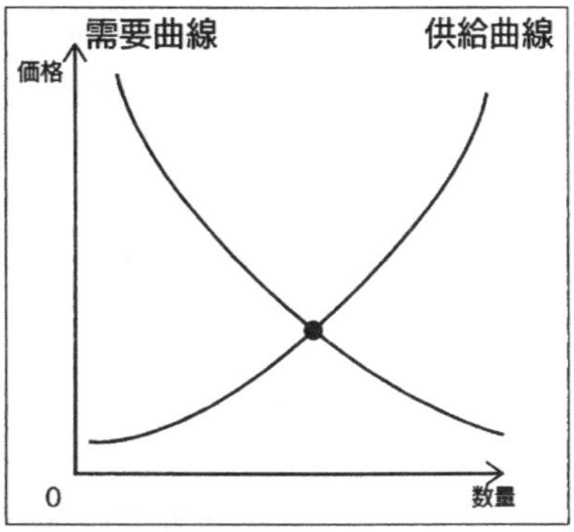

ア．需要曲線が左に動き，宿泊代は下がる。

イ．需要曲線が右に動き，宿泊代は上がる。

ウ．供給曲線が左に動き，宿泊代は上がる。

エ．供給曲線が右に動き，宿泊代は下がる。

（4）　**下線部ｄ**に関連して，日本は防衛のために，アメリカと日米安全保障条約を結び，アメリカ軍が日本の領域に駐留することを認めている。沖縄県にも，**資料３**のようにアメリカ軍の施設がおかれているが，その面積は日本全国にあるアメリカ軍施設の面積の約何％を占めるか。もっとも適当なものを，ア～エから１つ選び，記号を書きなさい。

資料３

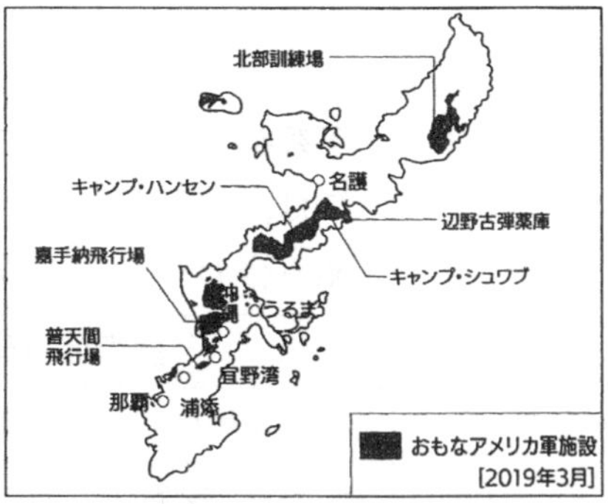

（『新しい社会　公民』より作成）

ア．約10％

イ．約30％

ウ．約50％

エ．約70％

（５）　**下線部ｅ**に関連して，1945年に太平洋戦争が終わると，連合国軍最高司令官総司令部（ＧＨＱ）は日本に民主化を求め，翌1946年に新たな憲法として日本国憲法が公布された。日本国憲法を改正する際の手続きについてまとめた次の文章の中で**誤っているもの**を，**ア**～**エ**から１つ選び，記号を書きなさい。

> 憲法改正原案が国会に提出されると，衆議院と参議院で審議される。各議院の**ア**総議員の**イ**３分の２以上の賛成で可決されると，国会は国民に対して改正案をしめす憲法改正の発議をおこなう。
>
> その後，改正案について，**ウ**満20歳以上の国民による国民投票をおこない，有効投票の**エ**過半数が賛成の場合は，憲法が改正される。

（６）　**下線部ｆ**に関連して，唯一の発券銀行である日本銀行は，「銀行の銀行」という役割もになっている。なぜ「銀行の銀行」と呼ばれるのか，その理由を簡潔に書きなさい。

【6】　たけるさんは，授業の振り返りをノートにまとめた。（1）～（7）の問いに答えなさい。

・2023年には，全国の住宅の３戸に１戸が空き家になると予想されている。
・空き家が増えるということは，その地域の活力が低下するだけではなく，a道路や水道，電気といったインフラを維持することが難しくなっている。また，住民が減るということは，１家族あたりの負担が増え，b子どもの人口も減少することも考えられる。
・2020年６月「コロナ禍」でアルバイトがなくなり学費や家賃を支払えない学生に対して，大阪府枚方市がc企業と連携し「空き家」対策のアルバイトを募集した。
　内容は市内のすべての公道を自転車，徒歩などで回りdスマートフォンなどを使用して，「空き家」「空き地」「交通安全の看板」などの写真を撮って専用アプリで投稿してもらうアルバイトである。人件費など100万円はe企業が負担する。
　学生は学費が払えないことも含め生活がたいへんな状況である。枚方市も空き家が多く困っている。調査結果は，「空き家活用」など，今後の市政に有効に活用する。また，若者が街を歩くことで街の“よさ”や“課題”を発見する効果やボランティア活動への積極的参加で，f若者の離職率の低下も期待され，g生活意識の向上にもつながると考えられる。

（1）　**下線部a**に関連して，**資料１**の国の歳出とイラストⒶ～Ⓓの組み合わせとしてもっとも適当なものを，ア～エから１つ選び，記号を書きなさい。

資料１　国の一般会計予算

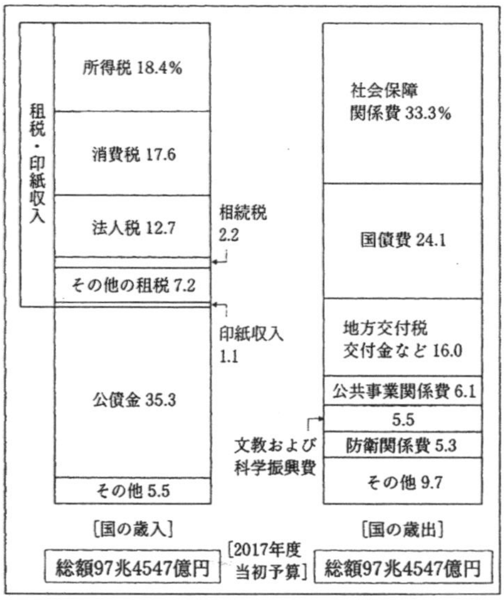

（財務省資料より作成）

（『新しい社会　公民』より作成）

ア．国債費－Ⓐ　　イ．防衛関係費－Ⓑ　　ウ．公共事業関係費－Ⓒ
エ．文教および科学振興費－Ⓓ

（2） **下線部b**に関連して，1989年に国際連合で採択された条約の内容として**適当でないもの**を，ア～エから１つ選び，記号を書きなさい。

ア．教育を受けることや，休んだり遊んだりする権利

イ．自由に意見を表明したり，自由な活動をおこなったりする権利

ウ．防ぐことができる病気などで命を奪われない権利

エ．国民の代表者を選ぶため，選挙で投票できる権利

（3） **下線部c**に関連して，株式会社について述べた次の文章の（　　）に共通してあてはまる語句を書きなさい。

株式会社は，株式を発行することで多くの資本金を集めることができる。株式を購入した人は，（　　）に出席する権利や，株式会社の利益の一部を配当として受け取ったりする権利をもっている。（　　）では，会社の基本方針の決定や役員の選任などの議決がおこなわれる。

（4） **下線部d**に関連して，次の文章は総務省がスマートフォン等のモバイルサービスの価格についてまとめた報告書の一部である。（ ① ）・（ ② ）にあてはまることばの組み合わせとしてもっとも適当なものを，ア～エから１つ選び，記号を書きなさい。

スマートフォン等のモバイルサービスは，あらゆる社会・経済活動を支えるインフラとして，また国民生活に不可欠なライフラインとして重要な役割を果たしている。大手携帯電話事業者３グループの寡占的な状況となっているモバイル市場において，多様なモバイルサービスが低価格で提供され，（ ① ）を向上させるためには，(中略) 事業者間の（ ② ）を促進する必要がある。

（総務省『平成30年版　情報通信白書』より作成）

	①	②
ア	メディアリテラシー	公正な競争
イ	利用者利益	公正な競争
ウ	メディアリテラシー	経済統合
エ	利用者利益	経済統合

（5） **下線部e**に関連して，企業は利潤を追求するだけでなく，教育や文化，環境保全など積極的に社会貢献をおこなうことも期待されている。このように企業が果たすべき役割や責任を「企業の社会的責任」という。これを**アルファベットの略称３字**で書きなさい。

（6） **下線部 f** に関連して，**資料２・３**のグラフから読み取れることとしてもっとも適当なものを，ア～エから１つ選び，記号を書きなさい。

資料２　若者（16～29歳）の初職の就職から離職までの継続期間

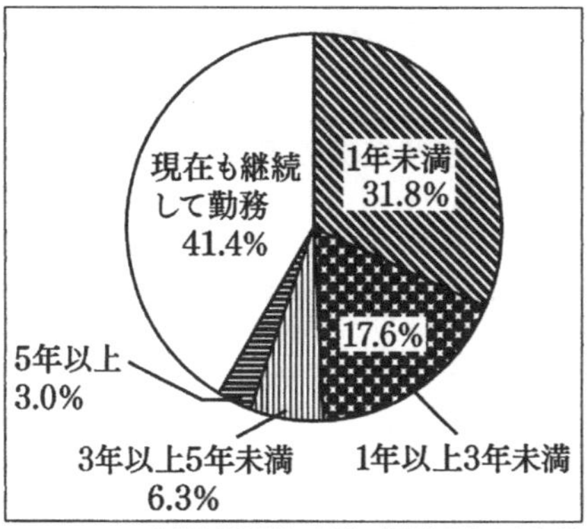

（『平成30年版　子供・若者白書』より作成）

注）「初職」とは学校等を卒業または中途退学した後の最初の就職先を示している。四捨五入の関係で，合計しても100%にならない。

資料３　使用者(企業)と労働者(正社員)が重要だと考える能力に関して生じている意識の差

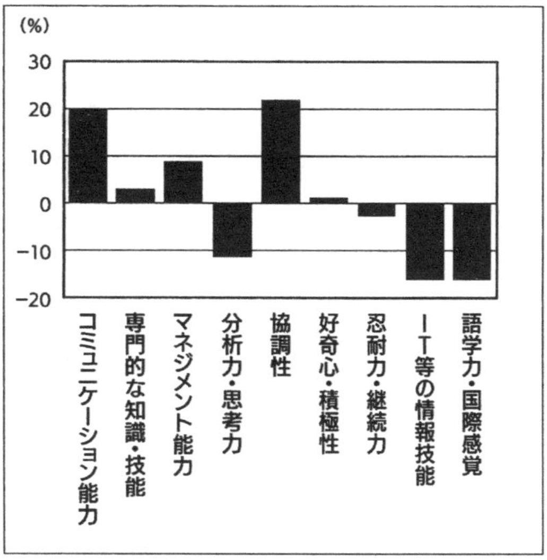

（『平成30年版　労働経済白書』より作成）

注）それぞれの項目について，使用者が「正社員に向上を求める能力」として回答した割合から労働者が「重要と考える能力」として回答した割合を差し引いた数値を示している。

ア．半数近くの若者が初職を１年未満で離職していることがわかり，協調性やコミュニケーション能力については，使用者は労働者よりも仕事の上で重要だと考えている。

イ．半数近くの若者が初職を３年未満で離職していることがわかり，協調性やコミュニケーション能力については，使用者は労働者よりも仕事の上で重要だと考えている。

ウ．半数近くの若者が初職を１年未満で離職していることがわかり，協調性やコミュニケーション能力については，労働者は使用者よりも仕事の上で重要だと考えている。

エ．半数近くの若者が初職を３年未満で離職していることがわかり，協調性やコミュニケーション能力については，労働者は使用者よりも仕事の上で重要だと考えている。

（7）　**下線部g**に関連して，**資料4**は国民生活に関する世論調査の結果である。資料から読み取れることとしてもっとも適当なものを，ア～エから1つ選び，記号を書きなさい。

資料4

政府に対して要望したい項目＼年代	18～29歳	30～39歳	40～49歳	50～59歳	60～69歳	70歳以上
医療・年金等の社会保障の整備	51.8	61.9	64.7	67.0	70.3	63.8
高齢社会対策	43.2	46.5	49.0	57.3	56.3	54.0
景気対策	55.3	62.4	57.1	57.2	48.1	37.6
少子化対策	41.3	45.8	38.8	40.0	37.9	25.4
防災	24.4	29.5	28.2	31.7	30.5	25.1
教育の振興・青少年の育成	29.8	40.3	35.8	29.7	24.1	16.8

（内閣府「政府世論調査（平成30年実施）」より作成）（%）

注）複数の項目が選択できる形式での調査のため，合計しても100%にならない。

ア．「景気対策」と「少子化対策」について，その割合がもっとも高い年代はいずれも「30～39歳」であり，その割合がもっとも低い年代はいずれも「18～29歳」である。

イ．40歳以上のいずれの年代においても，もっとも割合が高いのは「医療・年金等の社会保障の整備」であり，もっとも割合が低いのは「教育の振興・青少年の育成」である。

ウ．「高齢社会対策」について，その割合がもっとも高い年代は「70歳以上」であり，その割合がもっとも低いのは「18～29歳」である。

エ．39歳以下のいずれの年代においても，もっとも割合が高いのは「景気対策」であり，もっとも割合が低いのは「防災」である。

2022年度

後期入学試験問題

国　　語

（50分）

注意事項

① 試験開始の合図があるまで、中を見てはいけません。
② 解答はすべて解答用紙の所定の欄に書きなさい。
③ 解答用紙は、この冊子の間にはさんであります。

大分高等学校

【一】 次の問一～問三に答えなさい。

問一 次の――線のカタカナを**漢字**に直し、漢字の読みを**ひらがな**で書きなさい。

1 気分転換に、公園をサンサクした。

2 世界を旅してケンブンを広める。

3 積雪の多いチイキに住む。

4 夕食の支度をする。

5 緩やかな坂をくだる。

6 神社でお札をもらう。

問二 次の文について、後の(1)・(2)に答えなさい。

「先生、後ほど職員室に行こうと思います。」

(1) ――線を敬語表現に改める場合、最も適当なものを次の**ア**～**エ**のうちから一つ選び、その符号を書きなさい。

ア おいきになろう　**イ** いらっしゃろう

ウ うかがおう　**エ** おいでになろう

(2) (1)で改めた敬語の種類として、最も適当なものを次の**ア**～**ウ**のうちから一つ選び、その符号を書きなさい。

ア 尊敬語　**イ** 謙譲語　**ウ** 丁寧語

問三 次の詩を読んで、後の(1)・(2)に答えなさい。

「夢みたものは」　立原道造

夢みたものは　ひとつの幸福
ねがったものは　ひとつの愛
山なみのあちらにも　しずかな村がある
明るい日曜日の　青い空がある

日傘をさした　田舎の娘らが
着かざって　唄をうたっている
大きなまるい輪をかいて
田舎の娘らが　踊りをおどっている

告げて　うたっているのは
青い翼の一羽の　小鳥
低い枝で　うたっている

夢みたものは　ひとつの愛
ねがったものは　ひとつの幸福
それらはすべてここに　ある　と

(1) この詩の種類を次の**ア**～**エ**のうちから一つ選び、その符号を書きなさい。

ア 文語定型詩　**イ** 口語定型詩　**ウ** 文語自由詩　**エ** 口語自由詩

(2) ――線に使われている表現技法を書きなさい。

2022(R4) 大分高
教英出版

【二】 **次の文章を読んで下の問一～問七に答えなさい。なお、解答に字数制限がある場合は、句読点や「　」などの記号も一字と数えること。**

スマホへの漠とした不安の正体は何なのか。この問いについて考える前に、まず、皆さんに質問をしたいと思います。

❶日常的におしゃべりをする友だちは何人くらいいますか？

❷年賀状やSNS、メールで年始の挨拶を発信しようと思うとき、リストに頼らず、頭に浮かぶ人は何人くらいいますか？

いかがでしょう。ぼくが今まで学生などに聞いた限り、❶は10人くらい、❷は100人くらいまで、というのが標準的な答えです。これは、おそらく全国どこでも同じだと思います。

ぼくが、なぜこのような質問をしたかというと、今、「自分がつながっていると思っている人」の数と、「実際に信頼関係でつながることができている人」や「信頼をもってつながることができている人」の数の間にギャップが生まれているのではないか、そして、このギャップの大きさが、現代に生きる人たち、特に生まれたときからデジタルに囲まれた世界に生きる若者たちの不安につながっているのではないか、そう思うからです。

①人間は、進化の歴史を通じ、一貫して付き合う仲間の数を増やしてきました。これは、人間の祖先が熱帯雨林からサバンナという危険な場所に進出したことが関係しています。長い歴史のある時点において、おそらく地球規模の寒冷・乾燥化が起こり、それによって熱帯雨林が分断され、そこで暮らしていた動物たちはサバンナに出て行くか、森が残る山に登るか、低地に散在する熱帯雨林に残るかの選択を迫られたのでしょう。結果的に人間は熱帯雨林を出ました。

そこで、いくつかの特徴を発達させたのです。その一つが集団の大きさです。危険な場所では、集団の規模は大きいほうが有利です。数が多ければ、一人が狙われる確率は低くなるし、防衛力も増します。危険を察知する目がたくさんあれば、敵の発見効率も高まります。実際、森林ゾウとサバンナゾウでは、サバンナゾウのほうが、身体も大きく、集団規模も大きい。人間も、危機から自分の命、そして仲間の命を守るために、集団の規模を大きくしなければなりませんでした。

問一 ――線①の理由が分かる部分を本文中から**二十一字**で抜き出し、**初めの五字**を書きなさい。

問二 ――線②とあるが、人間は何のために脳を大きくする必要があったのか、次の文の（　）に当てはまるように本文中の言葉を用いて**十字以内**で書きなさい。

集団生活の中で起こる（　　　　　）ため。

問三 次の表は人間の脳の大きさと集団規模の関係についてまとめたものである。後の(1)～(3)に答えなさい。

年代	約700万年前	約 Ⅲ 万年前	約60～40万年前
脳の大きさ	小さいまま	大きくなり始める	急速に発達
集団の大きさ	・Ⅰ人程度 ・Ⅱだけで動ける集団のサイズ。	・30～50人程度 ・提案に対して分裂せず動ける集団のサイズ。	・100～150人程度 ・人間が安定的な関係を築ける最大数。

ただし、集団を大きくすると、食物や安全な休息場所をめぐってトラブルが増えます。仲間の性質や、自分との関係をきちんと頭に入れておかないとうまく対処できなくなります。そのためには②脳を大きくする必要がありました。皆さんの中には、人間の脳は、言葉を使い始めたことで大きくなったと思っている人がいるかもしれませんが、人間が言葉を話し始めたのは7万年ほど前にすぎません。一方で、脳が大きくなり始めたのは、それよりずっと以前の約200万年前に遡《さかのぼ》ります。言葉を使ったから脳が大きくなったのではないのです。

人間の脳の大きさには、実は集団規模が関係しています。チンパンジーとの共通祖先から分かれた約700万年前から長らくの間、人間の脳は小さいままでした。この頃の集団サイズは10～20人くらいと推定されています。これは、ゴリラの平均的な集団サイズと同じ。言葉ではなく、身体の同調だけで、まるで一つの生き物のように動ける集団の大きさといえます。サッカーが11人、ラグビーが15人など、スポーツのチームを考えるとわかりやすいでしょう。これは、皆さんが、互いに信頼し合っておしゃべりをする友だちの数❶に当たります。200万年前、脳が大きくなり始めた頃の集団サイズの推定値は30～50人程度。ちょうど先生一人でまとめられる一クラスの人数ですね。日常的に顔を合わせて暮らす仲間の数、誰かが何かを提案したら分裂せずにまとまって動ける集団の数です。

その後、人間の脳は急速に発達します。今から約60万～40万年前には、ゴリラの3倍程度の1400㏄に達し、現代人の脳の大きさになりました。そして、この大きさの脳に見合った集団のサイズが、100～150人。これが❷に当たる数です。

これは、ロビン・ダンバーというイギリスの人類学者が、人間以外の霊長類の脳の大きさと、その種の平均的な集団サイズの相関関係から導き出した仮説に基づく数字です。

（中略）

そして、現代人の脳の大きさに見合った集団の人数を示す、③この「150」という数字は、実に面白い数字であることがわかりました。文化人類学者の間で「マジックナンバー」といわれているのはそのためです。

食料生産、つまり農耕牧畜を始める前まで、人間は、この150人くらいの規模の集団で狩猟採集生活を送っていました。天の恵みである自然の食物を探しながら移動生活をする人々には、土地に執着したり、多くの物を個人で所有したりといったことがありませんでした。限られた食料をみんなで分け合い、平等な関係を保って協力し合いながら移動生活を送るためには、150人が限度なのでしょう。そして、現代でも、このような食料生産

---

(1) Ⅰ・Ⅲに当てはまる数字を、次の**ア～エ**のうちから一つずつ選び、その符号を書きなさい。

Ⅰ　ア 11～15　イ 10～20　ウ 30～50　エ 40～60

Ⅲ　ア 100　イ 120　ウ 150　エ 200

(2) Ⅱに当てはまる言葉を、本文中から**五字**で抜き出して書きなさい。

(3) 現代の私たちの生活の中で～～～線に**当てはまらないもの**を次の**ア～エ**のうちから一つ選び、その符号を書きなさい。

ア 一緒に何かを経験した記憶でつながっている人の数。
イ 情報革命によってつながれるようになった人の数。
ウ 実際に信頼関係でつながることができる人の数。
エ 問題解決の力になってくれると自分が思う人の数。

問四 ――線③について説明した次の文の（ Ⅰ ）・（ Ⅱ ）に当てはまる言葉を、（ Ⅰ ）は**九字**、（ Ⅱ ）は**六字**でそれぞれ本文中から抜き出して書きなさい。

ダンバーは、人間以外の霊長類について立てた仮説に基づいて（ Ⅰ ）から「150」という数字を導き出した。すると、実際に（ Ⅱ ）を送る村の平均サイズも150人程度であり、今も昔も変わらないという点でおもしろい数字である。

をしない狩猟採集民の暮らしをしている村の平均サイズが、実に150人程度なのです。

言い換えれば、150人というのは、昔も今も、人間が安定的な関係を保てる人数の上限だということです。皆さんの生活でいえば、一緒に何かを経験し、④□怒□楽を共にした記憶でつながっている人ということになるでしょうか。ぼくにとっては、年賀状を出そうと思ったとき、リストを見ずに思いつく人の数がちょうどこのくらいです。互いに顔がわかって、自分がトラブルを抱えたときに、疑いもなく力になってくれると自分が思っている人の数ともいえます。

今、ぼくたちを取り巻く環境はものすごいスピードで変化しています。人類はこれまで、農耕牧畜を始めた約1万2000年前の農業革命、18世紀の産業革命、そして現代の情報革命と、大きな文明の転換点を経験してきました。そして、その間隔はどんどん短くなっています。農業革命から産業革命までは1万年以上の年月があったのに、次の情報革命まではわずか数百年。この四半世紀の変化の激しさを考えれば、次の革命まではほんの数十年かもしれません。その中心にあるのがICT(Information and Communication Technology＝情報通信技術)です。インターネットでつながるようになった人間の数は、狩猟採集民だった時代からは想像もできないくらい膨大になりました。

一方で、人間の脳は大きくなっていません。［A］、インターネットを通じてつながれる人数は劇的に増えたのに、人間が安定的な信頼関係を保てる集団のサイズ、信頼できる仲間の数は150人規模のままだということです。テクノロジーが発達して、見知らぬ大勢の人たちとつながれるようになった人間は、そのことに気づかず、AIを駆使すればどんどん集団規模は拡大できるという幻想に取り憑《つ》かれている。こうした誤解や幻想が、意識の［B］や不安を生んでいるのではないか。ぼくはそう考えています。そして、子どもたちの漠とした不安も、この［B］からきているのではないでしょうか。

（山極寿一「スマホを捨てたい子どもたち」から）

問五 ――線④の□に当てはまる漢字を一字ずつ入れ、四字熟語を完成させなさい。

問六 ［A］について、後の(1)・(2)に答えなさい。

(1) ［A］に入る言葉を、次の**ア**～**エ**のうちから一つ選び、その符号を書きなさい。

ア たとえば　**イ** だから

ウ つまり　**エ** または

(2) ［A］の前後にある内容の関係として最も適当なものを、次の**ア**～**エ**のうちから一つ選び、その符号を書きなさい。

ア 前の内容の説明、言い換えがあとにある。

イ 前の内容の順当な結果があとにある。

ウ 前の内容と逆の内容をあとに示す。

エ 前の内容の具体例をあとに示す。

問七 ［B］に共通して入る言葉はなにか、本文中から抜き出して書きなさい。

【三】次の文章を読んで下の問一～問九に答えなさい。なお、解答に字数制限がある場合は、句読点や「　」などの記号も一字と数えること。

「紗英《さえ》」は、三人姉妹の末っ子で華道を習っている高校生である。友だちからは、親しみを込めて「さえこ」と呼ばれることもある。

「あたしの花ってどんな花なんだろう」

濡れた髪を拭き、ほうじ茶を飲みながら漏らした言葉を、祖母も母も姉も聞き逃さなかった。

「紗英の花？」

私らしい、といういい方は避けようと思う。自分でも何が私らしいのか、今はよくわからないから。

「あたしが活ける花」

「紗英が活ければぜんぶ紗英の花じゃないの」

母がいう。私は首を振る。

「①型ばかり教わってるでしょう、誰が活けても同じ型。あたしはもっとあたしの好きなように」

といいかけて、私の「好き」なんて曖昧《あいまい》で、形がなくて、天気や気分にも左右される、実体のないものだと思う。そのときそのときの「好き」をどうやって表せばいいんだろう。

②母は察したように穏やかな声になる。

「そうねえ、決まりきったことをきちんきちんとこなすっていうのは紗英に向いてないかもしれないわねえ」

そうかな、と返しながら、そうだった、と思っている。すぐにa面倒になってしまう。みんながやることなら自分がやらなくてもいいと思ってしまう。

「でもね、そこであきらめちゃだめなのよ。③そこはすごくb大事なところなの。しっかり身につけておかなきゃならない基礎って、あるのよ」

「根気がないからね、紗英は」

即座に姉が指摘する。

問一 〰〰線a～dから品詞の**異なる**ものを一つ選び、その符号を書きなさい。

問二 ――線①を直喩を用いて説明している部分を、**二十～二十五字以内**で本文中から抜き出して書きなさい。

問三 ――線②の説明として最も適当なものを、次の**ア**～**エ**のうちから一つ選び、その符号を書きなさい。

ア 紗英が何に悩んでいるのかに気づき、その気持ちを受け止めて助言しようとしている。

イ 紗英が悩んでいらだっていることに気づき、その気持ちをなだめ落ち着かせようとしている。

ウ 紗英が自覚していなかった悩みに気づき、その悩みが間違いだと教え諭そうとしている。

エ 誰にも言えなかった紗英の悩みに気づき、母親としてその気持ちに寄り添い慰めようとしている。

問四 ――線③の指す内容を、「こと」につながるように**二十字以内**で本文中から抜き出して書きなさい。

問五 ――線④の理由として最も適当なものを、次の**ア**～**エ**のうちから一つ選び、その符号を書きなさい。

ア 将棋は意識を一点に集中するので息が苦しくなるのに対して、囲碁は楽しさだけを追求していけるから。

イ 将棋は一つの玉を目指す集中力が必要なのに対し、囲碁は盤上のあちこちに気を配る力が必要だから。

ウ 将棋はたった一つの玉を目指していくのに対して、囲碁は盤上のあちこちで陣地の取り合いがあるから。

エ 将棋はたった一つの玉を目指すので集中力のある姉たちに勝てないのに対し、囲碁は自分に有利だから。

「ラジオ体操、ｃいまだにぜんぶは覚えてないし」
「将棋だってぜんぜん※定跡《じょうせき》通りに指さないし」
祖母がぴしゃりといい放つ。
「だから勝てないんだよ」
「いいもん、将棋なんか、勝てなくてもいいもん」
姉たちは将棋も強かった。たったひとつの※玉《ぎょく》を目指して一手ずつ詰めてゆく。ふたりが盤の上でｄきれいな額をつきあわせ、意識を一点に集中させてゆくと、傍にいるだけで息が苦しくなった。その点、囲碁はいい。盤上のあちこちで陣地の取り合いがある。右辺を取られても左辺が残っている。石ひとつでも形勢が変わる。④将棋よりずっと気持ちが楽だ。
「囲碁でもおんなじ。※定石《じょうせき》無視してるから強くなれないのよ。いっつもあっという間に負かされてるじゃない。長い歴史の中で［Ａ］してきてるわけだからね、定石を覚えるのがいちばん早いの」
「早くなくてもいい」
ただ楽しく打てればいい。そう思って、棋譜を覚えてこなかった。数え切れないほどの先人たちの間で考え尽くされた定石がある。それを無視して［Ｂ］に上手になれるはずもなかった。
「それがいちばん近いの」
「近くなくてもいい」
姉は根気よく言葉を探す。
「いちばん美しいの」
美しくなくてもいい、とはいえなかった。美しくない囲碁なら打たないほうがいい。美しくないなら花を活ける意味がない。
「紗英はなんにもわかってないね」
祖母が呆《あき》れたようにため息をつく。
「型があるから自由になれるんだ」
⑤自分の言葉に一度自分でうなずいて、もう一度繰り返した。
「型があんたを助けてくれるんだよ」
はっとした。型が助けてくれる。そうか、と思う。そうだったのか。毎朝毎朝、判で押したように祖母がラジオ体操から一日を始めることに、飽きることはないのかと不思議に

問六　［Ａ］・［Ｂ］に当てはまる言葉を次の**ア～エ**のうちから一つずつ選び、その符号を書きなさい。

Ａ　**ア**　紆余曲折　**イ**　針小棒大　**ウ**　七転八倒　**エ**　切磋琢磨

Ｂ　**ア**　枝葉末節　**イ**　一朝一夕　**ウ**　一日千秋　**エ**　自由自在

問七　――線⑤とは誰のことか、本文中の言葉を抜き出して書きなさい。

問八　――線⑥の説明として最も適当なものを、次の**ア～エ**のうちから一つ選び、その符号を書きなさい。

ア　祖母の言ったことは、以前から周囲の人に教えられてきたことだったが、紗英は誰も気づかなかったその言葉の別の価値を見つけたということ。

イ　祖母の言ったことは、以前から周囲の人に教えられてきたことだったが、それを祖母の口から聞いたことが紗英には意外だったということ。

ウ　祖母の言ったことは、おそらく昔から大切にされてきたことだっただろうが、紗英にとっては一度も聞いたことのない予想外のものであったということ。

エ　祖母の言ったことは、おそらく昔から大切にされてきたことだっただろうが、今も通じる真理として紗英の心に新鮮に響いたということ。

思っていた。そうじゃなかったんだ。毎朝のラジオ体操が祖母を助ける。つらい朝も、苦しい朝も、決まった体操から型通りに始めることで、一日をなんとかまわしていくことができたのかもしれない。楽しいことばかりじゃなかった祖母の人生が型によって救われる。そういうことだろうか。

「いちばんを突き詰めていくと、これしかない、というところに行きあたる。それが型というものだと私は思ってるよ」

今、何か、ぞくぞくした。⑥新しくて、古い、とても大事なことを聞いた気がした。それはしばらく耳朶《じだ》の辺りをぐるぐるまわり、ようやく私の中に滑り込んでくる。

型って、もしかするとすごいものなんじゃないか。たくさんの知恵に育まれてきた果実みたいなもの。囓《かじ》ってもみないなんて、あまりにももったいないもの。今は型を身につけるときなのかもしれない。いつか、私自身の花を活けるために。

今は修業のときだ。そう思ったら楽しくなった。型を意識して、集中して活ける。型を身体に叩《たた》き込むよう、何度も練習する。さえこも紗英も今はいらない。型を自分のものにしたい。［　C　］。

（宮下奈都「まだまだ、」『つぼみ』所収　光文社から）

※定跡……将棋で昔から研究されてきて最善とされる決まった指し方。

※玉……将棋の「玉将」「王将」のこと。これを相手に取られると負けである。

※定石……囲碁で昔から研究されてきて最善とされる決まった打ち方。

問九　後の会話は、A・B二人の生徒が［　］の問題を解くために話し合ったものである。「　Ⅰ　」に当てはまる言葉を**十字以内**で本文中から抜き出して書きなさい。また、「　Ⅱ　」に当てはまる［　］の問題の解答を**ア**～**エ**のうちから一つ選び、その符号を書きなさい。

＜問題＞

［　C　］に当てはまる言葉を一つ選び、その符号を書きなさい。

ア　いつか、型に助けてもらえるように。

イ　いつか、型の価値を伝えられるように。

ウ　いつか、最高の型を手に入れるために。

エ　いつか、その型を破るときのために。

A　紗英は、初めのうち「型」はあまりいいものだと思っていなかったようですね。

B　確かに、紗英は、会話のなかで「　Ⅰ　」と言っているように、「型」を守ると個性が発揮できないと思っていました。でも母や姉、祖母の言葉を聞いて考えが変わりましたね。

A　そうですね。この文章の最後の部分で「さえこも紗英も今はいらない」と言っていることから、今は、まず「型」をしっかり身に付けて、それを土台として「紗英の花」、つまり「型」にはまらない自分らしい個性の表現へ飛躍したいと思っていることがわかります。

B　なるほど、ということは［　C　］の答えは「　Ⅱ　」ですね。

【四】 次の古文と和歌を読んで下の問一～問六に答えなさい。なお、解答に字数制限がある場合は、句読点や「　」などの記号も一字と数えること。

Ⅰ

「夜に入りて、物の映えなし」といふ人、□口惜し。よろづのものの
（万事、物の）
綺羅《きら》・飾り・色ふしも、夜のみこそ①めでたけれ。昼は、ことそぎ、
（輝かしさ・装飾・色合いも、　簡略にし、）
およすけたる姿にてもありなん。夜は、きららかに、はなやかなる装束、
（地味な姿をしていてもすむだろう。　華麗な服装が、）
□よし。人の気色も、夜の火影ぞ、よきはよく、物言ひたる声も、
（様子も、夜の灯火の光で見るのが、）
暗くて聞きたる、用意ある、心にくし。にほひも、ものの音も、ただ、
（暗いなかで聞いたのが、　それも心づかいのあるのは、）
夜ぞひときは②めでたき。
さして殊《こと》なる事なき夜、うち更けて参れる人の、清げなるさましたる、
（夜更けてから参上している人で、さっぱりした様子をしているのは、）
□よし。

Ⅱ

春の夜は軒端《のきば》の梅をもる月のひかりもかをる心地こそすれ

問一 Ⅰの三つの□には、共通して「非常に、とても」という意味の同じ古語が入る。その**古語**を**ひらがな二字**で書きなさい。

問二 ——線①・②の語の基本形は「めでたし」である。①・②はともに文末にあるが、①は已然形、②は連体形で終わっている。このようになる法則名を書きなさい。

問三 Ⅰの内容と**一致しないもの**を、次の**ア～エ**のうちから一つ選び、その符号を書きなさい。

ア 夜は物の見映えがしない、と言う人がいることを残念に思う。
イ 昼間は質素な格好で、夜はきらびやかな服装がとてもよい。
ウ 暗くなって、辺りを気にしながら陰口を言う人は憎らしい。
エ 特別でない夜に、さっぱりした格好で参上するのがよい。

問四 Ⅱの解釈として最も適当なものを、次の**ア～エ**のうちから一つ選び、その符号を書きなさい。

ア 軒先近くの梅の枝のために、月の光がさえぎられてしまうようだ。
イ 軒先に咲く梅の花の香りが、月の光のように辺り一面に漂っている。
ウ 春の夜は、軒先の梅の木になっている実がまるで月のように見える。
エ 春の夜は、軒先に咲く梅の枝から漏れる月の光さえも香るようだ。

問五　Ⅰと Ⅱについて説明した次の文の〔　　〕に当てはまる言葉を、本文中から抜き出して書きなさい。

Ⅰと Ⅱは共通して〔　　〕のすばらしさについて述べている。

問六　Ⅰは、鎌倉時代に兼好法師が書いた随筆である。作品名を**漢字**で正しく書きなさい。

2022年度

後期入学試験問題

数　　学

（50分）

注意事項

① 試験開始の合図があるまで、中を見てはいけません。

② 解答はすべて解答用紙の所定の欄に書きなさい。

③ 解答用紙は、この冊子の間にはさんであります。

大分高等学校

【1】　次の（1）～（6）の問いに答えなさい。

（1）　次の①～⑤の計算をしなさい。

①　$5-(-4)$　　　　　　　　②　$3^2-(-4)^2\div 2$

③　$-3(4a+3b)+2(5a-4b)$　　　④　$\dfrac{3x-7y}{2}-x+3y$

⑤　$(\sqrt{3}+2)^2-\sqrt{12}$

（2）　2次方程式$x(x-3)=9$を解きなさい。

（3）　等式$\ell=2(a+b)$をaについて解きなさい。

（4）　右の図で，正五角形と2本の平行な直線ℓ，mがある。このとき，$\angle x$の大きさを求めなさい。

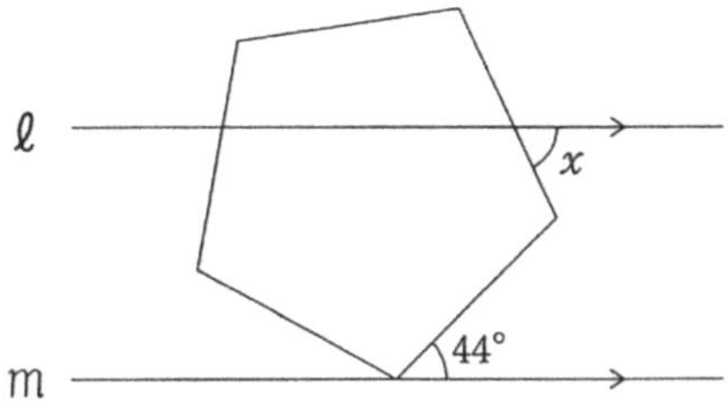

（5）　ある店で靴を定価の20％引きの価格で買ったところ，定価よりも480円安くなった。このとき，靴の定価は何円か求めなさい。ただし，消費税は考えないものとする。

（6）　次の円の中心Oを作図しなさい。
ただし，作図には定規とコンパスを用い，作図に使った線は消さないこと。

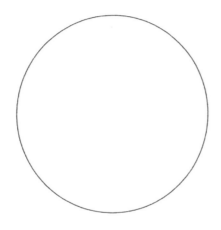

【2】　右の図のように，放物線 $y=ax^2$ 上に座標（－３，３）の点Aをとる。放物線 $y=ax^2$ 上を動く点Pがあり，点Pの x 座標は正である。直線APと y 軸との交点をQとするとき，次の（１）～（４）の問いに答えなさい。

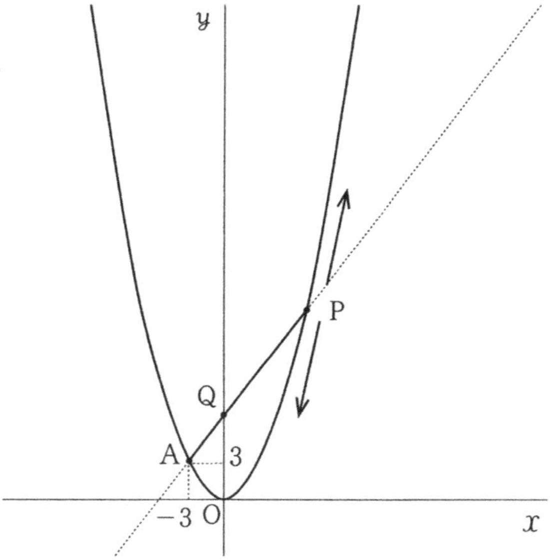

（１）　a の値を求めなさい。

（２）　△AOQと△QOPの面積の比が２：３になるとき，点Pの座標を求めなさい。

（３）　点Pの x 座標が６であるとき，△AOPの面積を求めなさい。

（４）　（３）のとき，△QOPを y 軸の周りに１回転させてできる立体の体積を求めなさい。ただし，円周率は π とする。

【3】 次の（1），（2）の問いに答えなさい。

（1） 大小2つのさいころを同時に1回投げる。異なる目が出た場合は，目の数が大きい方を得点とし，同じ目が出た場合は，出た目の数の和を得点とする。また，どの目が出ることも同様に確からしいものとする。

① 得点は何通りあるか求めなさい。

② 得点が4点である確率を求めなさい。

（2） 右の度数分布表は，あるクラスの36人が受けた小テストの得点をまとめたものである。

① 得点の平均値が3.5点となるとき，x と y の値を求めなさい。

② 得点の中央値が3点となるとき，得点が2点であった生徒の人数が何人以上何人以下のときであるか求めなさい。

得点(点)	人数(人)
1	4
2	x
3	9
4	y
5	9
計	36

【4】　次の文章を読んで，（1）～（4）の問いに答えなさい。

けいさんは小学1年生である。

水曜日は14：00，それ以外の平日（月・火・木・金）は15：00に学校から帰宅する。その後，学校の宿題（連続で1時間かかる）と食事（30分），お風呂（30分）を済ませて，21：00には布団に入る。

お母さんは，ゲームに関して以下のルール（Ⅰ）を考えた。

> ルール（Ⅰ）
> ・ゲームは30分単位でしかできない。
> ・宿題が終わったらゲームができる。
> ・食事とお風呂は18時以降であれば好きな時間に食べたり，入ったりすることができる。順序は問わない。
> ・ゲームは20時50分までに終えなければいけない。
> ・ゲームを30分したら次もゲームをする場合は10分の休憩を取ること。

（1）　月曜日はゲームを最大で何時間することができるか答えなさい。

（2）　平日5日間の合計でゲームを最大で何時間することができるか答えなさい。

	14	15	16	17	18	19	20	21
月								
火								
水								
木								
金								

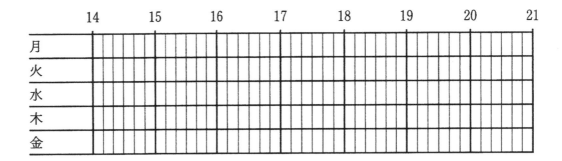

けいさんは月曜日16：00からテニスを，水曜日には17：00から英語を1時間ずつ習うことにした。(移動時間も1時間に含まれる。)また，お母さんは，以下のルール（Ⅱ）を追加した。

> ルール（Ⅱ）
> ・全ての行動の前後には切り替えの時間として10分あける必要がある。
> 学校から帰ってからの10分間や，布団に入る前の10分間もあけなければいけない。

また，習い事の次の行動が宿題の場合，疲れているので，宿題は1時間半かかってしまう。

（3）　月曜日はゲームを最大で何時間することができるか答えなさい。

（4）　平日5日間の合計でゲームを最大で何時間することができるか答えなさい。

	14	15	16	17	18	19	20	21
月								
火								
水								
木								
金								

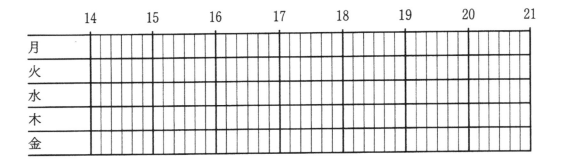

【5】 右の図のような，ＡＤ＜２ＡＢである長方形ＡＢＣＤがある。辺ＡＤの中点をＭとするとき，線分ＢＭ，ＣＭを折り目として，２点Ａ，Ｄがぴったり重なるようにおり，容器を作る。また，２点Ａ，Ｄが重なった点をＯとする。

このとき，次の（１）～（４）の問いに答えなさい。

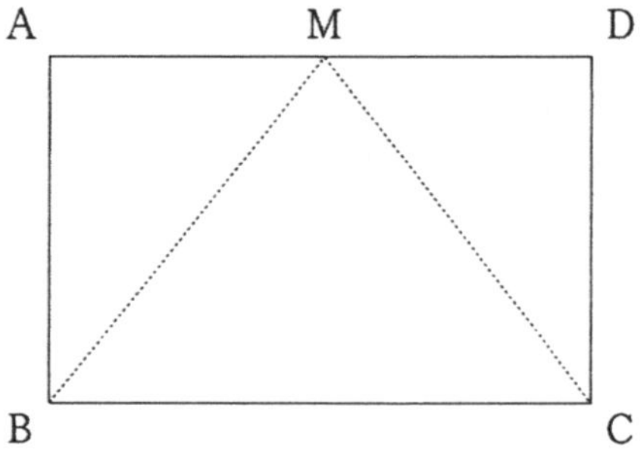

（１） 長方形を折った後の容器の形を答えなさい。

（２） 三角形ＯＢＣと辺ＯＭが垂直であることを説明するために必要な事柄が３つある。

① 平面Ｐと直線ℓが点Ｏで交わっているとき，点Ｏを通る平面Ｐ上の２直線と直線ℓがそれぞれ垂直であれば，平面Ｐと直線ℓは垂直である。

② $\angle$ＢＡＭ＝90°

残り１つの事柄を書きなさい。

（３） 長方形ＡＢＣＤについて，ＡＢ＝10，ＡＤ＝16であった。さらに，作った容器について，辺ＢＣの中点をＮとすると，ＯＮ＝６であった。

このとき，この容器の体積を求めなさい。

（４） （３）において，点Ｏと面ＢＣＭとの距離を求めなさい。

【6】　右の図のような四角形ＡＢＣＤがあり，対角線の交点をＥとする。

下の答案のように∠xの大きさを求めるとき，空欄（１）～（４）を埋め，答案を完成させなさい。

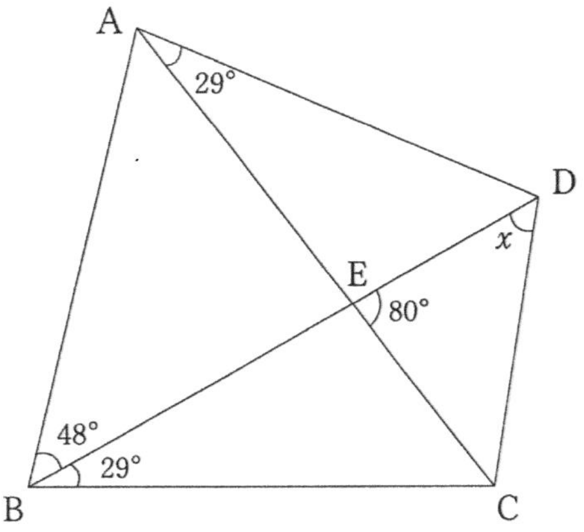

【答案】四角形ＡＢＣＤにおいて，
∠ＣＡＤ＝∠ＣＢＤより，
辺ＣＤに対して同じ側の角が等しいので，
（１）が成り立つ。
よって，４点Ａ，Ｂ，Ｃ，Ｄは（２）にあるので，
円周角の定理より，
∠ＡＢＤ＝∠（３）＝48°
三角形の内角は180° であるから，
∠x＝（４）°

2022(R4) 大分高
K 教英出版

2022年度

後期入学試験問題

英　　語

（50分）

注意事項

① 試験開始の合図があるまで、中を見てはいけません。
② 解答はすべて解答用紙の所定の欄に書きなさい。
③ 解答用紙は、この冊子の間にはさんであります。

大分高等学校

※音声は収録しておりません

【1】　放送を聞いて答える問題

A　1番，2番の対話を聞いて，それぞれの質問の答えとして最も適当なものを，ア～エから1つずつ選び，その記号を書きなさい。

1番

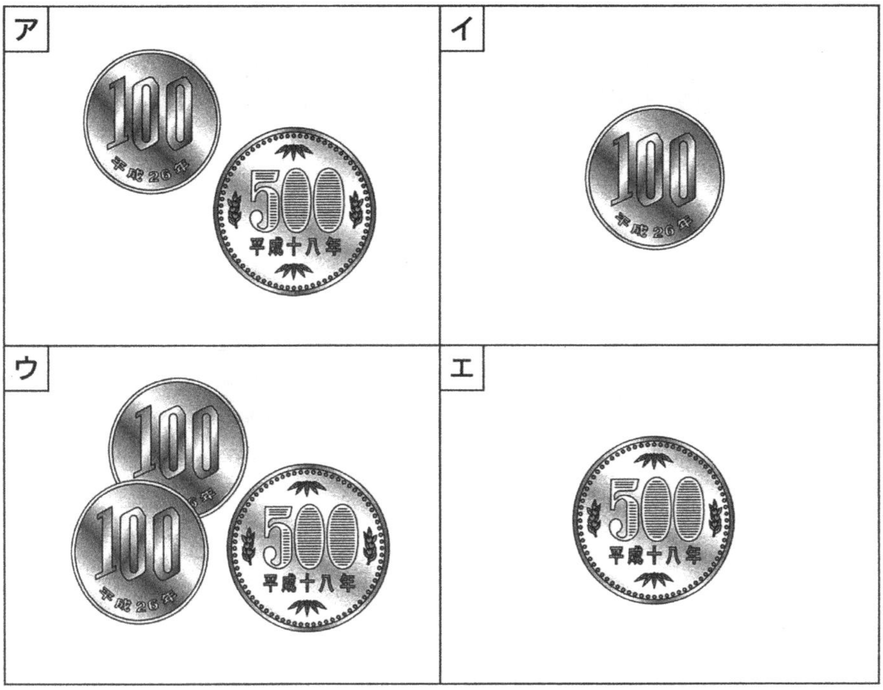

2番

B　次の英文を聞いて，それに続く１番～３番の質問の答えとして最も適当なものを，ア～エから１つずつ選び，その記号を書きなさい。

１番　ア　Because she was interested in volunteer work.
　　　イ　Because she had a lot of time during her vacation.
　　　ウ　Because her friends asked her to help them.
　　　エ　Because her brother asked her to work together.

２番　ア　Talking with an elderly man.
　　　イ　Carrying many things.
　　　ウ　Bringing water and foods.
　　　エ　Cleaning the rooms in the man's house.

３番　ア　Water is very important.
　　　イ　It is important to learn the thing which we can do.
　　　ウ　She has to be strong to carry heavy things.
　　　エ　We can do anything if we try to do.

C　次の対話を聞いて，それに続く１番～３番の答えとして最も適当なものを，ア～エから１つずつ選び，その記号を書きなさい。

１番　ア　On the Internet.
　　　イ　On the TV program.
　　　ウ　On the radio.
　　　エ　On the telephone.

２番　ア　Every Monday.
　　　イ　Only Friday.
　　　ウ　Monday and Friday.
　　　エ　From Monday to Friday.

３番　ア　At six twenty.
　　　イ　At six thirty.
　　　ウ　At six fourteen.
　　　エ　At six forty-five.

【2】 次のA，Bの各問いに答えなさい。

A 次の英文は，中学生のHanakoさんとIchiroさんが留学生のTomさんと話をしている場面のものです。英文を読み，（1）～（3）の各問いに答えなさい。

Tom：Hey. Did you see the Olympic games on TV?

Hanako：Yes. There are some new games in this Olympic. *Skateboarding was very exciting. I heard it was one of the new sports in the Olympic games. I didn't understand the rules, but I was really (①) to see the beautiful performances.

Tom：I see. I enjoyed *fencing. Many players have won *medals. They moved very fast, so I couldn't see what they were doing, but I think they're cool. How about you, Ichiro?

Ichiro：I think basketball was the best. I'm a member of a basketball team and everyone in my team was talking about it. I'd like to play in the Olympic games someday. I have to practice (②) to become a good player.

Tom：That's true. I hope you'll be a good player.

Hanako：I know *Karate* is new. It has two types: *Kata* and *Kumite*. It's a (③) Japanese sport.

Tom：Sounds interesting. Well, what other sports are there?

Ichiro：Surfing is also new. *The key to winning is to catch a good wave.

Hanako：Exactly. I guess we also need good luck.

Tom：That's true. It's important to practice every day to win a gold medal.

Ichiro：*Bouldering is another sport that was chosen this year. Did Tom know about this sport?

Tom：Yes, of course. Bouldering has recently become (④) because children and young people are doing it as a hobby. I would like to try it.

Ichiro：It's very interesting because it looks like climbing mountains.

（注）*skateboarding スケートボード　*fencing フェンシング　*medal(s) メダル
*The key to～ ～の鍵は，～に重要なのは　*Bouldering ボルダリング

（1） （ ① ）～（ ④ ）に入れるのに最も適当なものを，ア～オから１つずつ選び，記号を書きなさい。

ア interesting　イ excited　ウ popular　エ traditional　オ hard

（2）次の問いに対する答えとして最も適当なものを，ア～エから１つ選び，記号を書きなさい。

Which sport does Tom want to play ?

ア fencing　イ bouldering　ウ basketball　エ surfing

（3）次の問いに対する答えとして最も適当なものを，ア～エから１つ選び，その記号を書きなさい。

In the passage, how many new sports did they say?

ア Two　イ Three　ウ Four　エ Five

B　次の英文は，あるテーマについて４人の中学生が話し合っている場面のものです。（　①　）～（　④　）に入れるのに最も適当なものを，ア～オから１つずつ選び，その記号を書きなさい。ただし，文頭にくる語も小文字にしてあります。

テーマ　Should we have a pet or not?

Hazuki：I agree. My grandparents have a dog and told me that（　①　）. Dogs are very useful because they can let us know when they see a person they don't know.

Ayana：I'm against Hazuki. Today we can get pets easily, but we have to spend a lot of time and money to take care of them. Also, we have to teach them good *manners. So, if you are not *responsible for taking care of pets, I think（　②　）. If we can limit the *buying and selling of pets, people may think more carefully about having pets. Then, that will make pets healthier and happier.

Kazumi：I agree with Ayana. Some people *give up taking care of their pets. That's a problem. Some of us don't have enough *room to have them in our houses and sometimes put them in small cages. I feel sorry to hear such stories. They also have the *right to live well.（　③　）.

Mina：I know some people treat them in such ways, but I agree with Hazuki. I think that pets can be our good *partners. Nowadays, pets are welcomed as one of our family members or our friends. My grandmother lives with a dog, and she says that spending time with her dog makes her life better. I've also heard that keeping a pet can *relieve you. So,（　④　）.

（注）*manner(s)　マナー　　*responsible for～　～に責任がある
*buying and selling　売買　　*give up～ing　～するのをあきらめる
*room　余地，スペース　　*right　権利　　*partner(s)　パートナー
*relieve　いやす，和らげる

ア　we should protect their rights and freedom
イ　we don't have to take care of pets
ウ　they keep a dog in his yard to protect the house
エ　the power of pets is great
オ　it is not a good idea to get a pet

【3】 次のA，Bの各問いに答えなさい。

A　中学生のAyanoさんとTomさんが話をしています。グラフ（Graph）を参考にして（1），（2）の問いに答えなさい。

Graph

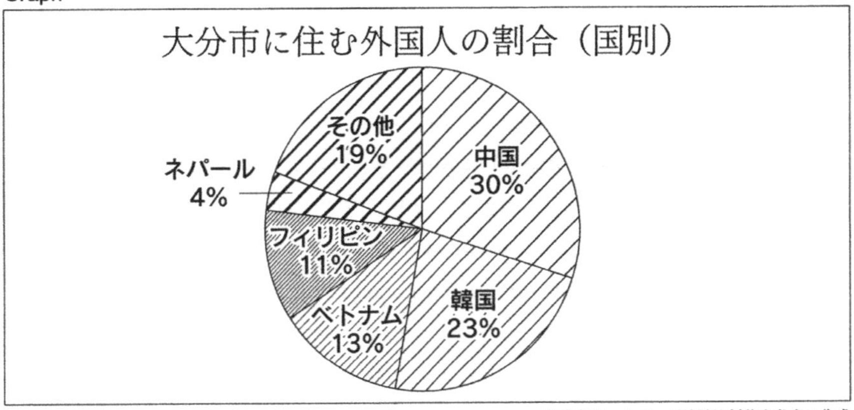

大分市ホームページ統計資料集を参考に作成

Tom：What are you doing, Ayano?

Ayano：I'm doing my homework. I have to check ① in Oita City, but I cannot find the data.

Tom：I have the data which shows the *percentage, not the number. Look at this graph. It shows the percentage of foreign people living in Oita City in 2020.

Ayano：Wow, Chinese and Korean people *account for about ② of the whole percentage.

Tom：That's right.

Ayano：I was surprised to find a lot of people from these Asian countries have come to Oita.

Tom：③ ?

Ayano：OK. I'd like to do that.

（注）*percentage　割合　　*account for　～を占めている

（1）①は5語以内，②は1語でそれぞれ適切な英語を書きなさい。

（2）③ が「なぜ彼らが大分に来たのかを一緒に調べませんか。」という意味になるように英語で書きなさい。

house. I worked very hard and the man said to me, “Thank you for your help.”

This experience taught me one thing. It is very important to help each other. However, we have to think about the thing which we can do and can’t do. If I know that, I can help many people.

それでは，質問を１回ずつ読みます。

１番　Why did Tomomi do volunteer work?

２番　What did Tomomi work very hard on?

３番　What did Tomomi learn through her experience?

もう一度繰り返します。　　　（英文と質問の繰り返し）

次は問題Cです。JudyさんとKaitoさんの対話を聞いて，それに続く１番～３番の質問の答えとして最も適当なものを，ア～エから１つずつ選び，記号を書きなさい。なお，対話と質問は通して２回繰り返します。それでは，始めます。

Judy：Hi, Kaito. You’ve started listening to an English lesson on the radio, right?

Kaito：Yes, Judy. Every morning from Monday to Friday, I listen to the English lesson for fifteen minutes.

Judy：Wow, what time do you usually get up?

Kaito：I usually get up at six twenty, because it starts at six thirty.

Judy：Really? It’s hard to do it every morning. I hope your English skills will become better.

Kaito：I hope so, too. Thank you.

それでは，質問を１回ずつ読みます。

１番　How does Kaito join an English lesson?

２番　When does Kaito join the lesson?

３番　What time does the lesson finish?

もう１度繰り返します。　（対話と質問の繰り返し）

以上で，リスニングテストを終わります。引き続いてあとの問題に移りなさい。

［2022年度　英語リスニングテスト］

放 送 原 稿

※音声は収録しておりません

これからリスニングテストを行います。問題用紙にはさんである解答用紙を取り出しなさい。受験番号を記入しなさい。問題用紙の問題【１】を見なさい。問題はA，B，Cの３つあります。放送中にメモをとってもかまいません。

それでは，Aの問題から始めます。

これから，１番と２番の対話を聞いて、それぞれの質問の答えとして最も適当なものを，アからエから１つずつ選び，記号を書きなさい。なお，対話と質問は通して２回繰り返します。それでは，始めます。

１番　A：May I help you?

B：I want to eat three sandwiches. How much?

A：600 yen. Anything else?

B：Can I have a cup of coffee, too?

A：Sure. Then 700 yen, all together.

Question：How much is one cup of coffee?

もう一度繰り返します。　　　（対話と質問の繰り返し）

２番　A：Excuse me, I lost my cap somewhere yesterday. Have you seen it?

B：Sorry, I haven't. Which desk did you use?

A：Over there. I read a book with my friend yesterday.

B：I see. I'll check it.

Question：Where are they now?

もう一度繰り返します。　　　（対話と質問の繰り返し）

次は問題Bです。Tomomiさんが行った英語のスピーチを聞いて，それに続く１番～３番の質問の答えとして最も適当なものを，ア～エから１つずつ選び，記号を書きなさい。なお，英文と質問は通して２回繰り返します。それでは，始めます。

My father often works as a volunteer with his friends. I was interested in volunteer activities when I heard about his experiences for the first time. So I decided to join them during my summer vacation.

We went to a town. I found some houses and buildings were broken there, and I tried to carry pieces of them. But it was hard for me. Also, it was very hot outside. One elderly man gave me water and I got rest then. I felt good again, and the man asked me to clean some rooms in his

B　あなたは，留学先で日本の観光地について英語で紹介することになりました。あなたは，どのように紹介しますか。次の**条件**にしたがって，書きなさい。

条件

○　次の**２つの内容（ア・イ）**を含む**10語以上の英語**を解答欄に書かれている英語のあとに続けて書くこと。

ア　紹介したい観光地

イ　アの具体的な説明や良い点

○　日本固有のものはローマ字で書いてもよい。　例：「着物」→kimono

○　２文以上の英文になってもよい。短縮形（I'mなど）は１語として数えることとし，ピリオド，コンマなどの符号は語数に含めないこと。

【4】 次の英文は，中学生のRumiさんとTomさんが話している場面です。グラフ（Graph）およ び英文をもとにして（1）～（5）の問いに答えなさい。

Graph 世界のCO_2排出量の割合

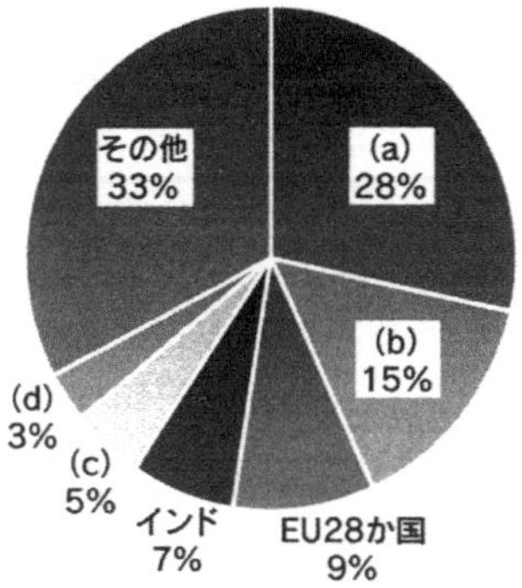

2018年 環境省「世界のエネルギー起源CO2排出量」を元に作成

Rumi：It was very hot this summer! I think it's getting warmer every year.

Tom：（ ① ）Even Hokkaido is sometimes hotter than Kyushu. The hot days have lasted for a long time. There was much *damage around Japan because of high temperature or heavy rain this summer. I have a friend who lives in Shizuoka. He was affected a lot by the heavy rain there.

Rumi：That's terrible. I watched a lot of news about it on TV.

Tom：I've heard that such disasters happen because of global warming, especially "climate change".

Rumi：I've also heard about it. It's a serious problem.

Tom：Yes. Global warming *is caused by greenhouse gases.

Rumi：Greenhouse gases? What are they?

Tom：They are different kinds of gases and CO_2 is a kind of greenhouse gases. When we use a car, CO_2 *is given off. We must try to reduce the amount of CO_2. I wanted to know which country gives off a large amount of CO_2, so I *looked it up on the Internet. Then I found a graph. It shows the *percentage of the amount of CO_2 in the world. According to this graph, China is the first, and America is the second.

Rumi：I thought Russia is the first because it's the biggest country in the world. But in fact it's fifth place in this graph.

Tom：I'm very surprised that Japan is the next after Russia. Japan is smaller than Russia.
So we have to think about *saving energy. We must turn off lights and TVs when we are not in the room. Also, we don't have to get *plastic bags when we bring our own shopping bags. Plastic bags are made from fossil fuels.

Rumi：I see. I've also heard about another problem. It's the *rising sea levels. The sea levels have risen since the 20th century started. If the sea levels rise, some islands will go under water. The temperature of the sea has kept rising, too. We have a lot of typhoons in the area of high temperature of sea water. As a result, they often hit Japan and bring a variety of disasters. We cannot escape from ②these problems.

Tom：We have to keep thinking about global warming. We are using fossil fuels to live, but they are limited. So people are now paying more attention to renewable energy such as solar power, wind power and so on. They aren't limited, and don't give off greenhouse gases. They are safe and clean.

Rumi：I want to know more about renewable energy. It's important for us to learn about it. We need to protect the environment at the same time. ③What can we do to protect it?

（注）*damage　被害　　*is caused　引き起こされる
*is given off　give off～　(～を排出する)の受け身形
*looked～up　～を調べた　　*percentage　割合　　*saving energy　省エネ
*plastic bag(s)　レジ袋　　*rising sea levels　海面上昇

（1）（　①　）に入れるのに最も適当なものを，ア～エから１つ選び，その記号を書きなさい。

ア　It's difficult for me to speak Japanese.
イ　That's a good idea.
ウ　I think so too.
エ　I'll take it.

（2）グラフの（c），(d）に入れるのに最も適当なものを，それぞれア～エから１つ選び，その記号を書きなさい。

ア　日本　　イ　アメリカ　　ウ　中国　　エ　ロシア

（3）下線部②が表す内容として最も適当なものを，ア～エから１つ選び，その記号を書きなさい。

ア　We have to think of saving energy.
イ　Many typhoons come to Japan and bring various disasters.
ウ　Renewable energy such as solar power isn't limited.
エ　Fossil fuels produce both high temperature and CO_2.

（4）グラフおよび英文の内容と一致するものを，ア～エから１つ選び，その記号を書きなさい。

ア　Tom has a friend who lives in Shizuoka and he watched news about hot days in Japan.
イ　Tom thought that Russia is the country that gives off the most CO_2 .
ウ　The sea levels have kept rising for about one hundred years.
エ　Solar power and wind power are safe energy but they give off greenhouse gases.

（5）下線部③の発言に対して，あなたの考えを主語と動詞を含む５語以上の英語で書きなさい。

【5】 以下のAtsushiさんの書いた英文を読み，（1）～（3）の問いに答えなさい。

When I was twenty-five, I started to teach at a school. There, I worked with a man. His name was Bob. Bob was older than me and he took care of me at the school. I felt very happy because he was a great teacher, and I knew I could learn a lot from him. When I did wrong things, he explained why some of my students *complained. I always *appreciated his opinions and worked hard to become a better teacher. It was nice to have a friend like him. However I had to improve a lot as a teacher and I was glad to have someone who supported me.

Eight years later, we had a new teacher, Tim, from another school. From the first day of his work, he was very popular among the students. I wanted to know what his magic thing was. Because we were teaching the same subject, we quickly became friends. Also I quickly understood why Tim was liked. He had a special talent. He often showed the good points of other people. When his students made mistakes, he didn't *emphasize their mistakes, but he emphasized another way of thinking. In his classes, he did three things: he said hello to the students when they came to the room, he let them know their *achievements, and he tried to make their lives better by encouraging his students.

But it affected me, too. Tim always had something positive to say to me, too. He told me that I was doing well. He often told me how much my students liked me and how much they were learning from my lessons. *As we began to spend time together outside of school, he found other good points about me. Through the effect of all this, I learned that the things I was doing were not wrong not only as a teacher but also as a person.

What did these two friendships become? Well... the first one ended after many years. It is really sad because he was a really good teacher not only for me but also for the students. I understood the thing he told me and I learned a lot from him. Then, why did the friendship end? Because he always told me about the thing I couldn't do and never told me about my good points. So, I became tired. The other friendship continues even after thirty years. In fact, it has become richer as we became older. When I see him, he always tells me about the good things about the world and about me. He is one of the most important people in my life. His special talent helps people feel better. Of course, as you know, it affects me too, even now.

（注）*complain(ed)　不満を言う　　*appreciate(d)　感謝する
*emphasize　強調する　　*achievement(s)　偉業　　*as～　～するにつれて

（1）次の問いに対する答えとして，最も適当なものを，ア～エから1つ選び，記号を書きなさい。

Why did Atsushi accept Bob's opinions?

ア　Because he thought Bob was a good teacher.

イ　Because he thought Bob was liked by the students.

ウ　Because he thought Bob worked hard to be a good teacher.

エ　Because he thought Bob gave Tim a chance to work with Atsushi.

（2）英文の内容と一致するものを，ア～オから**2つ**選び，記号を書きなさい。

ア　At first, Atsushi liked Bob.

イ　Atsushi liked Tim because Tim's words were always positive.

ウ　Tim was nice to the students but not to Atsushi.

エ　Atsushi and Bob still communicate because he still has respect to Bob.

オ　Tim and Bob were friends because Tim always told Bob positive things.

（3）次は，Atsushiさんの考えを図にしたものです。（ ① ）～（ ④ ）に入れるのに最も適当な英語1語を，それぞれ英文中から抜き出して書きなさい。

I understood the things Bob told me but he never made me（ ① ）. As a result, they made me（ ② ）.	I finally understood that one of Tim's magic things was（ ③ ）people, not only to the students but also to me.

Through these two experiences, I learned positive things make the（ ④ ）better.

2022(R4) 大分高
K 教英出版

2022年度

後期入学試験問題

理　　　科

（50分）

注 意 事 項

① 試験開始の合図があるまで、中を見てはいけません。
② 解答はすべて解答用紙の所定の欄に書きなさい。
③ 解答用紙は、この冊子の間にはさんであります。

大 分 高 等 学 校

2022(R4) 大分高
K 教英出版

【1】　つるしたおもりの質量とばねの伸びとの関係が，図１のようになる異なる３種類のばねＡ～Ｃがある。おもりをつるさないときのばねの長さはそれぞれ20㎝である。次の各問いに答えなさい。ただし，ばねの質量は考えないものとする。

図1

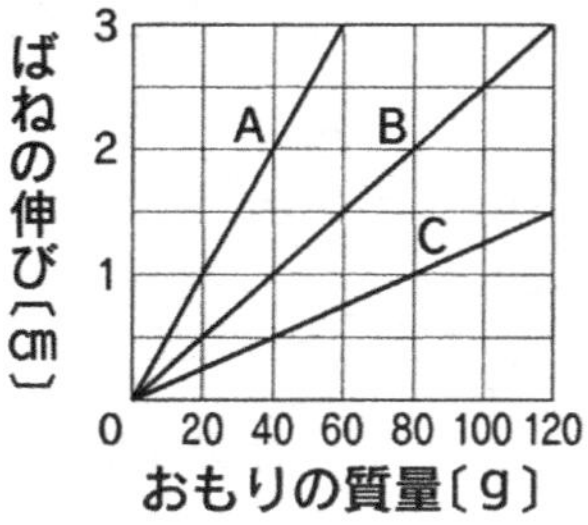

図2

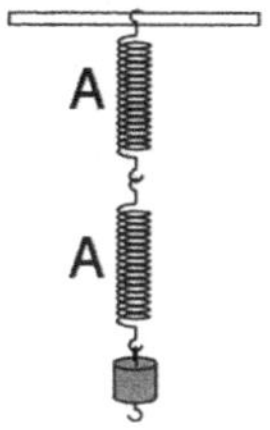

図3

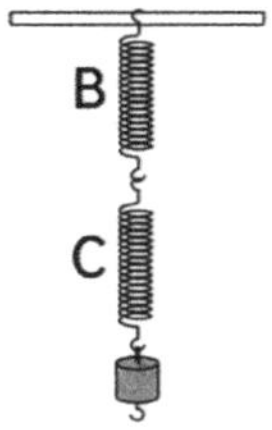

図4

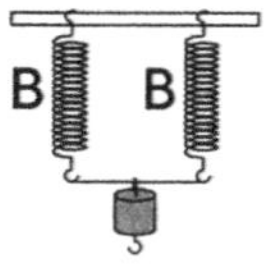

（1）　同じ質量のおもりをつるしたとき，伸びが最も小さいばねはどれか，A～Cから１つ選び，符号で書きなさい。

（2）　図２のように，ばねAを２本縦につないだ。質量40ｇのおもりをつるしたとき，ばね全体の伸びは何㎝か，求めなさい。

（3）　図３のように，ばねBとばねCを縦につないだ。質量40ｇのおもりをつるしたとき，ばね全体の伸びは何㎝になるか，求めなさい。

（4）　図４のように，ばねBを２本用意して横に並べ，棒でつないだ。棒が水平になるように質量80ｇのおもりをつるしたとき，ばね１本の伸びは何㎝になるか，求めなさい。ただし，おもりをつるす時に用いた棒の質量は考えないものとする。

【2】　右の図は，4種類の物質A～Dについて，100gの水に溶ける物質の質量の最大値と温度との関係を示したグラフである。次の各問いに答えなさい。

図

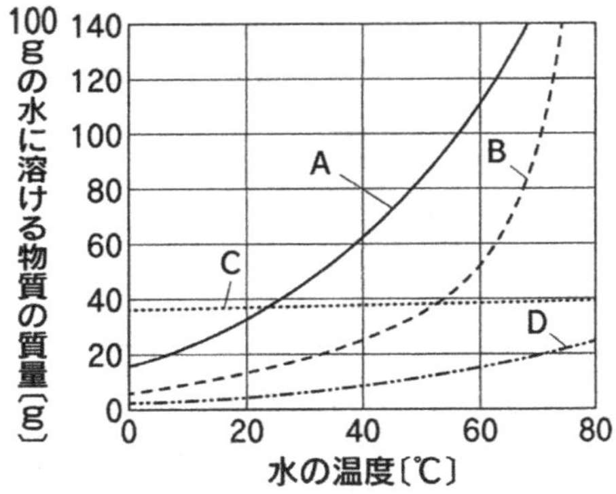

（1）　100ｇの水に溶ける物質の質量の最大値のことを何というか，書きなさい。

（2）　A～Dの物質をそれぞれ15ｇずつ，60℃の水50ｇに溶かした。そのとき，全部溶けずに残るものはどれか，A～Dからあてはまるものをすべて選び，符号で書きなさい。

（3）　A～Dの物質をそれぞれ60℃の水100ｇに溶かし，飽和水溶液をつくった。その中で最も濃度の高い溶液となるのはどれか，A～Dから１つ選び，符号で書きなさい。

（4）　A～Dの物質をそれぞれ60℃の水100ｇに溶かし，飽和水溶液をつくった。これを20℃まで冷却したときに，出てくる結晶の質量が最も大きいものはどれか，A～Dから１つ選び，符号で書きなさい。

（5）　（4）のように，固体の物質を一度液体に溶かして再び結晶として取り出すことを何というか，書きなさい。

【3】 光学顕微鏡に関する次の各問いに答えなさい。

図

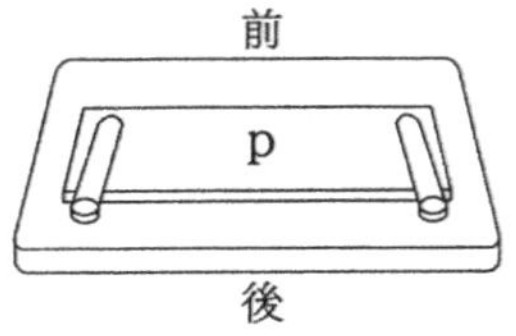

（1） 「p」と書かれたスライドガラスがある。このスライドガラスを目で直接見たときに，「p」と見える向きに光学顕微鏡のステージにのせた（右図）。この文字を顕微鏡で観察したときどのように見えるか。次のア～エから1つ選び，符号で書きなさい。

ア　b　　イ　d　　ウ　p　　エ　q

（2） 次の各文は，顕微鏡の操作に関しての説明文である，次の問いに答えなさい。

(i) 顕微鏡を，直接日光の当たらない，明るい水平なところに置く。ア10倍の接眼レンズ，10倍の対物レンズの順に取り付ける。

(ii) 反射鏡の角度を調節して，視野全体を明るくする。しぼりで明るさを調節する。

(iii) プレパラートをステージの上にのせ，イ横から見ながら対物レンズとプレパラートの間をできるだけ近づける。

(iv) 接眼レンズをのぞきながら対物レンズをプレパラートから遠ざけてピントを合わせる。

① 下線部ア，イの操作を行う理由をそれぞれ簡潔に書きなさい。

② このとき，顕微鏡の倍率は何倍か，求めなさい。

（3） 次の文章の（　①　）～（　③　）にあてはまる語句を，それぞれ1つずつ選び，符号で書きなさい。

光学顕微鏡のレボルバーを回し，対物レンズの倍率を10倍から40倍に変更すると視野は（①：ア　広くなる　　イ　狭くなる）。また，ピントが合っているときの，対物レンズの先端からプレパラートまでの距離は（②：ウ　長くなる　　エ　短くなる）。また，対物レンズが40倍のときは視野は（③：オ　暗くなる　カ　明るくなる）。

【4】　図は，ある場所で９時17分ごろに発生した地震の震源からの距離と，Ｐ波・Ｓ波が届いた時刻との関係を表したグラフの一部である。次の各問いに答えなさい。

図

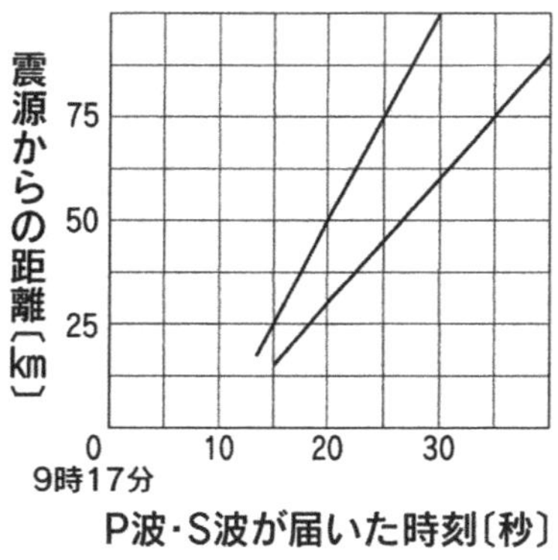

（１）　Ｐ波，Ｓ波が引き起こすゆれを何というか，それぞれ書きなさい。

（２）　ある地点において初期微動継続時間が10秒であったとき，この地点の震源からの距離は何kmか，求めなさい。

（３）　この地震が発生したのは，９時17分何秒か，求めなさい。

（４）　Ｐ波とＳ波の速さはそれぞれ何km／秒か，求めなさい。

（５）　震源から150km離れている場所での初期微動継続時間は何秒か，求めなさい。

（６）　震源から175km離れている場所でゆれ始めるのは，何時何分何秒か，求めなさい。

【5】　図１のように縦0.1m，横0.2m，高さ0.3mの直方体の物体がある。この物体の質量は7.2kgであり，A，B，Cは物体の側面を表している。次の各問いに答えなさい。ただし，100gの質量にはたらく重力の大きさを1Nとする。

図１

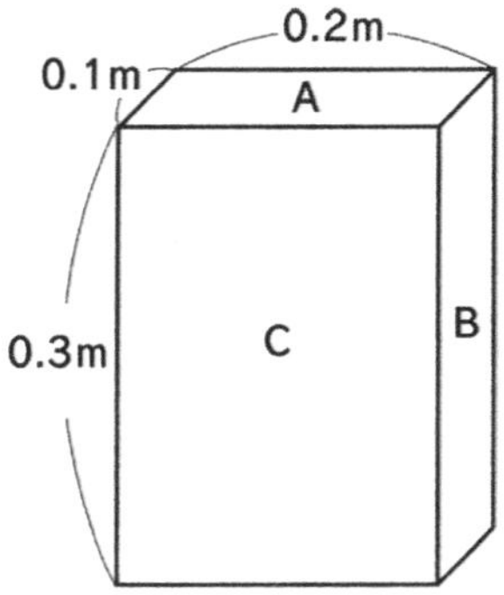

（1）　この物体を水平な床の上に置いた。物体が床におよぼす圧力の大きさが最も小さくなるのはどの面を下にしたときか，Ａ～Ｃから１つ選び，符号で書きなさい。また，その時の圧力は何Paか，求めなさい。

図2

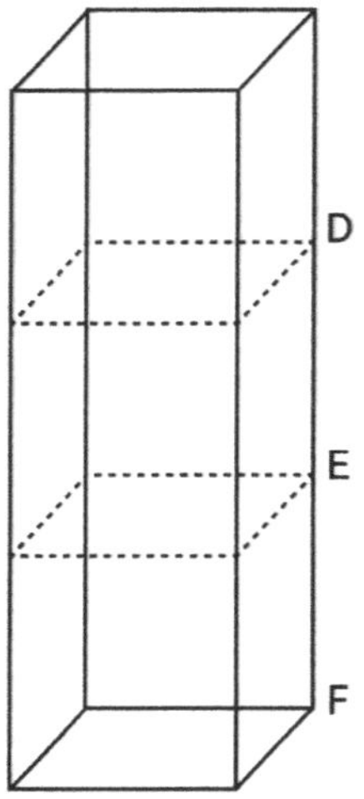

次にアクリル板を使って，図２のような水槽を作り，内部を水で満たした。深さが１mの部分の平面をＤ面，深さが２mの平面をＥ面，深さが３mの部分の平面をＦ面とし，次の問いに答えなさい。

（2）　Ｄ面，Ｅ面，Ｆ面にはたらく水圧のうち，最も大きいのはどれか，Ｄ～Ｆから１つ選び，符号で書きなさい。

次に，図３のようにアクリル板を，Ｄ面，Ｅ面に固定して仕切りを作った。次の問いに答えなさい。ただし，アクリル板の変形は起こらないものとする。

図3

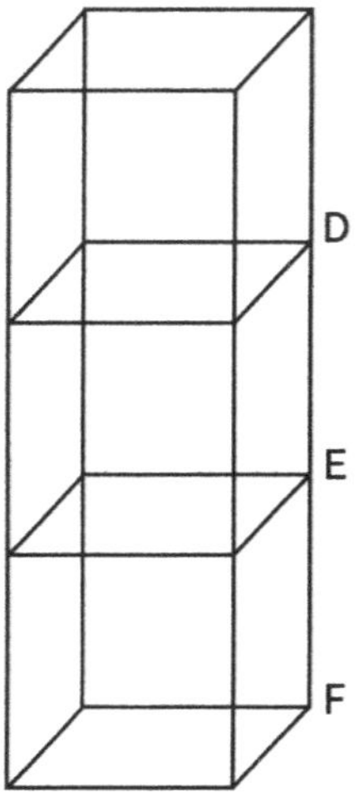

（3）　このとき，Ｄ面，Ｅ面，Ｆ面にはたらく水圧の大きさをそれぞれP_D，P_E，P_Fとしたとき水圧の関係を等号・不等号を使って書きなさい。

【6】　図のように，うすい塩化銅水溶液を入れたビーカーに電極Aと電極Bを入れて，直流電流を流した。電極Aには赤色の物質が付着して，電極Bでは気体が発生した。次の各問いに答えなさい。

図

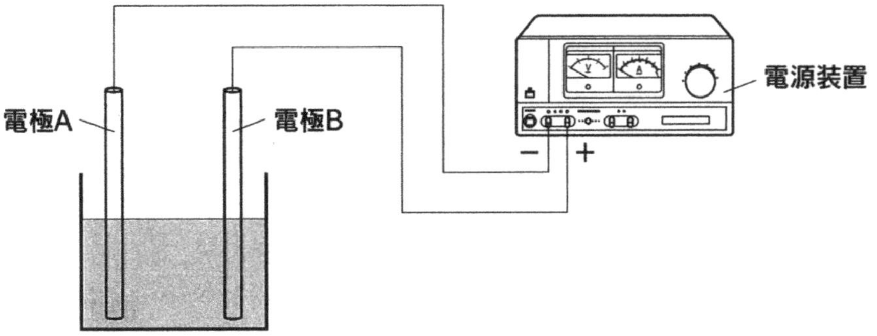

（1）　電極Aを何極というか，次のア〜エの中から1つ選び，符号で書きなさい。

ア　+極　　　イ　−極　　　ウ　陽極　　　エ　陰極

（2）　電極Aに付着した赤色の物質は何か，化学式で書きなさい。

（3）　電極Bで発生した気体の性質として正しいものはどれか，次のア〜オの中から1つ選び，符号で書きなさい。

ア　空気のおよそ80%を占める気体で，水に溶けにくい。
イ　空気と比べると密度が小さい気体で，空気中で燃えると水ができる。
ウ　水に非常によく溶ける気体で，その水溶液はアルカリ性を示す。
エ　黄緑色の有毒な気体で，殺菌・漂白作用がある。
オ　ものを燃やすはたらきをもつ気体である。

（4）　塩化銅の電離の様子を表す式を，化学式を用いて書きなさい。

（5）　図のビーカーの溶液をうすい塩酸に変えた場合，電極Aと電極Bのそれぞれで発生する気体は何か，化学式で書きなさい。

【7】　だ液のはたらきを調べるために，次のような実験を行った。

> 【実験】
> 操作1：4本の試験管a～dを用意し，試験管aと試験管bにはだ液とデンプンを入れ，試験管cと試験管dには水とデンプンを入れた。
> 操作2：4本の試験管を10分間ほど36℃の水に入れた。
> 操作3：試験管aと試験管cにヨウ素液を数滴加え，色の変化を確かめた。
> 操作4：試験管bと試験管dにベネジクト液を数滴加えたのち，
> ［　　A　　］して色の変化を確かめた。

（1）　操作1について，だ液のかわりに水を入れた試験管を用意するのはなぜか，その理由を簡潔に書きなさい。

（2）　操作2について，試験管を36℃の水に入れておくのはなぜか，その理由を簡潔に書きなさい。

（3）　操作3について，以下の問いに答えなさい。

①　試験管aとcにおいて色が変化するのはどちらか，aまたはcの符号で書きなさい。また，そのとき試験管内の溶液は何色に変化するか書きなさい。
②　①について，試験管内の溶液の色が変化した理由を簡潔に書きなさい。

（4）　操作4について，以下の問いに答えなさい。

③　［　　A　　］にあてはまる実験上の操作を書きなさい。
④　試験管bとdにおいて，赤かっ色の沈殿が生じるのはどちらか，bまたはdの符号で書きなさい。

（5）　この実験から，だ液にはどのようなはたらきがあることがわかるか，簡潔に書きなさい。

【8】　次の会話文を読み，次の各問いに答えなさい。

孝太郎さん「今日は絶好のサイクリング日和だね。」
お父さん　「夏はジメジメしていたからね。最近過ごしやすくなったね。」

お父さん　「おや，少し雨が降るかもね，どこかで休憩しておこうか。」
孝太郎さん「こんなに晴れているのに？」
お父さん　「A向こうの空を見てごらん。暗い雲があるだろう。B雨雲じゃないかな。」
孝太郎さん「確かに暗い雲があるけど・・・」

孝太郎さん「本当に雨が降ってきたね。お父さんの言う通りだ。」
お父さん　「おばあちゃんがよく言ってたんだよ。暗い雲は雨の雲だよって。今のような天気予報がなかったから，昔の人は空の様子をよく見ていたんだね。」
孝太郎さん「へえ。他にはどんなものがあるの？」
お父さん　「そうだな，例えば『ツバメが低く飛ぶと雨』や『夕焼けの翌日は晴れ』などは有名だね。」
孝太郎さん「それ聞いたことがあるよ。」
お父さん　「理由があるものもあるし，ないものもあるよ。」
孝太郎さん「ただのいい伝えじゃないんだね。帰ったら調べてみようかな。」
お父さん　「いいね，おもしろそうだ。」

（1）　日本の夏の湿度について正しく説明している文章はどれか，次のア～エから1つ選び，符号で書きなさい。

ア　日本の夏は南北の気団の寒暖差で露点が下がり，水蒸気が水滴になりやすいので湿度が高い。
イ　大陸は海洋よりも熱を溜めやすい。大陸と海洋の境界にある日本上空で暖気と寒気がぶつかり前線が発生するので，日本の夏は雨が降りやすく湿度も上がりやすい。
ウ　日本の夏は海上で発達した湿潤な気団が勢力を増し，列島を覆うので湿度が高い。
エ　日本の夏は大陸上で発達した湿潤な気団が勢力を増し，列島を覆うので湿度が高い。

（2） 下の表は2020年の大分市の各月の平均気温と湿度を表したものである。次の文章のうち，季節の気温と湿度の関係について説明できているものはどれか，ア～エから1つ選び，符号で書きなさい。

表

	1月	2月	3月	4月	5月	6月	7月	8月	9月	10月	11月	12月
気温〔℃〕	9.1	8.7	11.5	14.0	20.2	24.0	25.1	29.3	24.5	19.1	14.8	7.9
湿度〔%〕	69	69	68	59	72	79	86	74	75	70	72	64

ア 10月から12月にかけて徐々に平均気温が低下し，それに伴って空気中の水蒸気量も減少するため湿度も低下する。

イ 1月から3月までの3ヶ月間は湿度の変化がほとんどないので，20℃に温めていた室内の窓に結露する時の温度も同じである。

ウ 3月から4月にかけて湿度が10%も下がっているのは，オホーツク海気団の勢力が弱まったことで，1 m^3あたりに含まれる水蒸気量が少なくなったためである。

エ 6月と9月は平均気温が近く，含まれる水蒸気量の違いだけが湿度に影響を与えている。

（3） 下線部Aの「向こう」とはどの方角だと考えられるか。最も可能性の高いものを，東・西・南・北のいずれかで書きなさい。

（4） 下線部Bについて，雨を降らせる雲にはいくつか種類があるが，多くは水滴を多く含み太陽光を通しにくいため地上からは暗く見える。次の雲のうち，雨をふらせやすい雲はどれか，2つ選び書きなさい。

乱層雲　　積雲　　高積雲　　巻雲　　積乱雲　　層雲

（5） 次の文は会話中でお父さんが紹介した『ツバメが低く飛んだら雨』について，孝太郎さんが理由を調べた内容である。

なぜ『ツバメが低く飛んだら雨』と言われているのか 理由：雨が降る前のように空気中の水分が多いと，ツバメの餌となる小さな虫は羽に水分を含み高く飛べず低空飛行をする。その餌を追ってツバメも低く飛ぶから。

なぜ『夕焼けの翌日は晴れ』と言われているか，理由を簡潔に書きなさい。

2022(R4) 大分高
K 教英出版

2022年度

後期入学試験問題

社　　　　会

（50分）

注 意 事 項

① 試験開始の合図があるまで、中を見てはいけません。
② 解答はすべて解答用紙の所定の欄に書きなさい。
③ 解答用紙は、この冊子の間にはさんであります。

大 分 高 等 学 校

【1】 **ミドリさんは，世界の国と地域について，調べ学習をおこない，パネルにまとめた。パネルA～Cは，その一部である。（1）～（3）の問いに答えなさい。**

パネルA

この国は，国土面積が広く，人口も多い。西側には高原が広がっており，人口は平地が多い東側に集中している。

1970年代末からの改革によって経済成長が著しく，「**a**世界の工場」と呼ばれるようになった。**b**農業でも「万元戸」と呼ばれる富裕層も誕生するなど，生産性が向上した。

パネルB

この地域は，年平均気温が25℃以上で雨季には急な雷雨が多い。チャオプラヤ川河口の三角州では（**c**）がさかんである。

dこの地域の10か国からなる政府間組織は，日本とも関係が深く，貿易を拡大してきた。また，さまざまな宗教が信仰されている。2004年のスマトラ島沖地震による津波によって，多くの犠牲者を出した国では，（**e**）教信徒が多い。

パネルC

この国は，世界最小の大陸と周辺の島などからなる。

東部の山脈から低地を挟み，西部に台地があり，人口は東部の沿岸部や南西部の温帯気候地域に集中している。日本の21倍の国土を有しており，**f**気候は変化に富んでいる。農業では，牧羊，牧牛，酪農がさかんである。また，**g**地下資源も豊富で日本へも輸出されている。

（1）　**パネルA**に関連して，①・②の問いに答えなさい。

①　**下線部a**に関連して，**資料1**の●は，外国企業が進出しやすいように規制が緩和された地域を示している。この地域には，日本の企業も多く進出している。この地域を何というか，書きなさい。

資料1

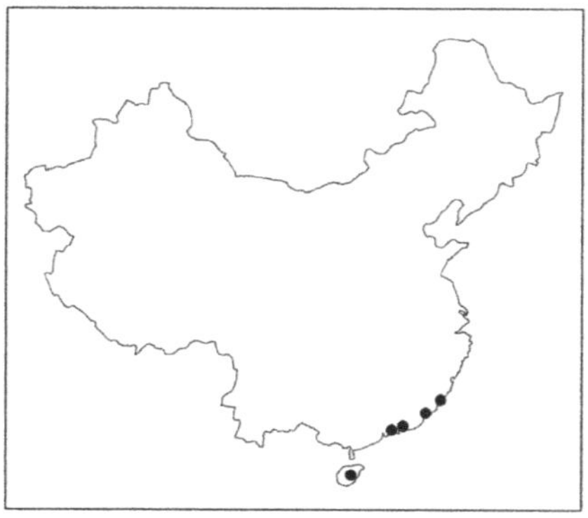

②　**下線部b**に関連して，**資料2**は，この国のおもな農業分布をあらわしている。**資料2**を参考にして，地区ごとの食文化について述べた文として**誤っているもの**を，ア～エから1つ選び，記号を書きなさい。

資料2

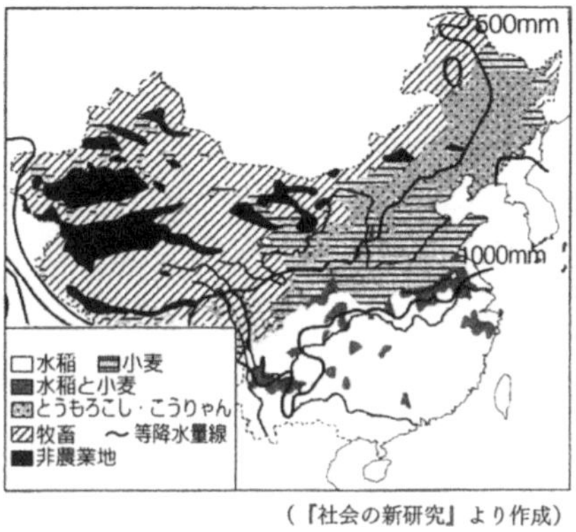

（『社会の新研究』より作成）

ア．北部では，気温が低く降水量が多いため，灌漑《かんがい》設備を利用して小麦やタロイモなどの畑作がさかんであり，麺料理や蒸しパンが食べられる。

イ．東北部では，とうもろこしや大豆などの畑作がさかんであり，厳しい冬の寒さに備えて野菜を漬け物にして保存している。

ウ．西部では，降水量が少なく乾燥しており，農業には不向きなことから牧畜がさかんであり，羊肉がよく食べられる。

エ．南部では，温暖で年間降水量が1,000mm以上と比較的多いことから，米の二期作がさかんであり，米や魚介類がよく食べられる。

（2） **パネルB**に関連して，①・②の問いに答えなさい。

① **下線部d**の組織の略称を**アルファベット**で書きなさい。また，（**c**）・（**e**）にあてはまる語句の組み合わせとして正しいものを，ア～エから1つ選び，記号を書きなさい。

	c	e
ア	えびの養殖	イスラム
イ	稲作	イスラム
ウ	稲作	仏
エ	えびの養殖	仏

② この地域のある都市が2月1日午前7時のとき，日本は2月1日午前9時であった。ある都市が標準時子午線に定めている経度を書きなさい。

（3） **パネルC**に関連して，①・②の問いに答えなさい。

① **下線部 f** に関連して，**資料3**は大陸縦断鉄道の路線をあらわしており，**資料4**は**資料3**の**X～Z**の気候についての説明文である。**資料4**を参考にして，**X～Z**の雨温図の組み合わせとして正しいものを，ア～クから1つ選び，記号を書きなさい。

資料3

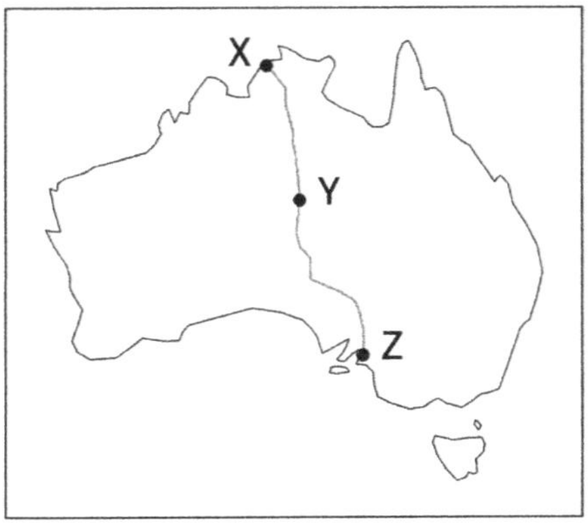

資料4

X　気温は一年中高温で，雨季と乾季に大別される。雨季といっても，日本の梅雨のように1日中降り続くことはない。

Y　夏と冬の気温差が大きく，年間を通して乾燥しており，冬の夜は0℃以下になることもある。

Z　夏はカラッとしており，冬は日中でも涼しく感じる程度である。

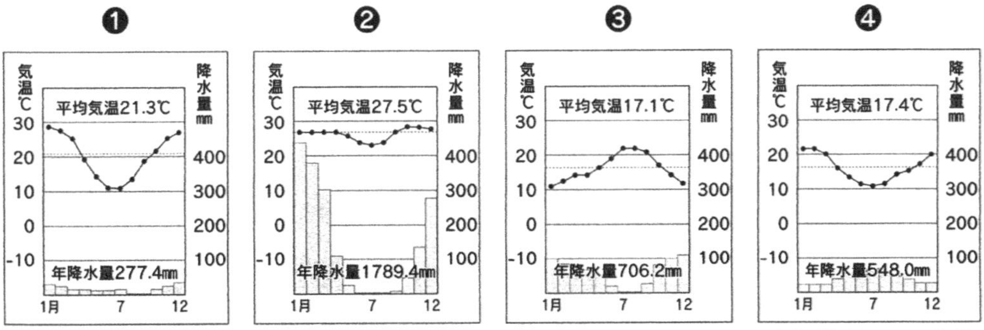

（『理科年表』などより作成）

	ア	イ	ウ	エ	オ	カ	キ	ク
X	❶	❶	❷	❷	❸	❸	❹	❹
Y	❷	❹	❶	❸	❶	❷	❷	❸
Z	❸	❷	❹	❹	❷	❹	❸	❶

② **下線部g**に関連して，ア～エのグラフは，羊毛・石炭・鉄鉱石・液化石油ガスについて日本のおもな輸入先をあらわしている。また，**A・C**は**パネルA・C**と同じ国である。石炭をあらわすグラフとして正しいものを，ア～エから1つ選び，記号を書きなさい。

ア

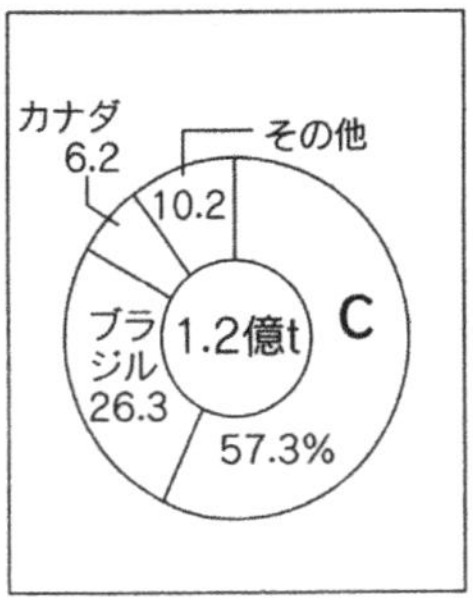

イ

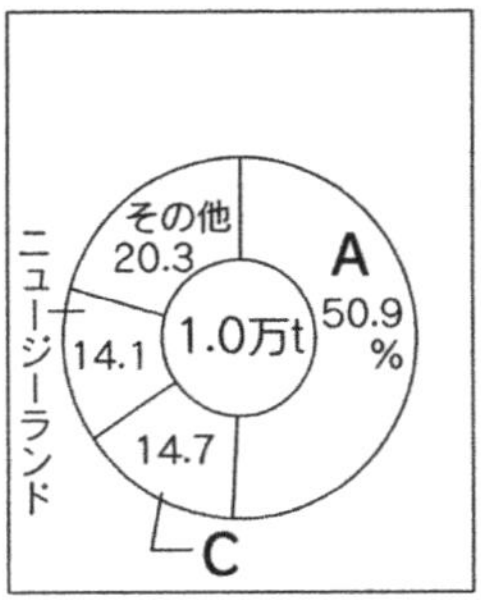

ウ

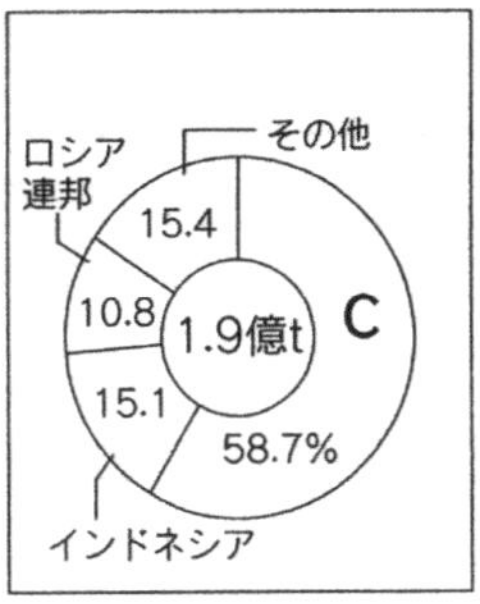

エ

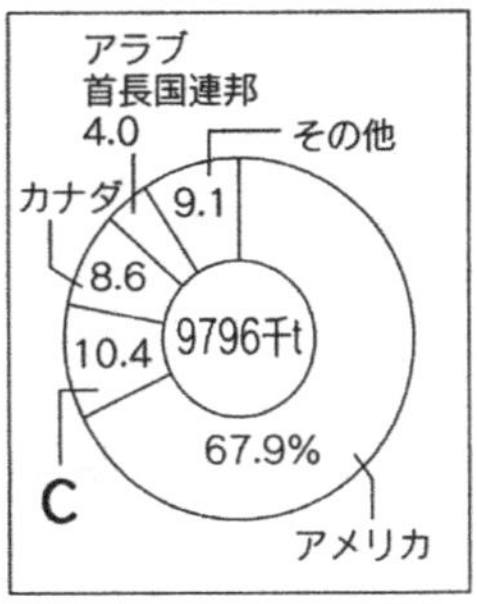

（『日本国勢図会2020／21』より作成）

【2】　仁さんは，夏休みに北海道・東北地方について調べた。地図や資料は，その一部である。（1）～（6）の問いに答えなさい。

地図

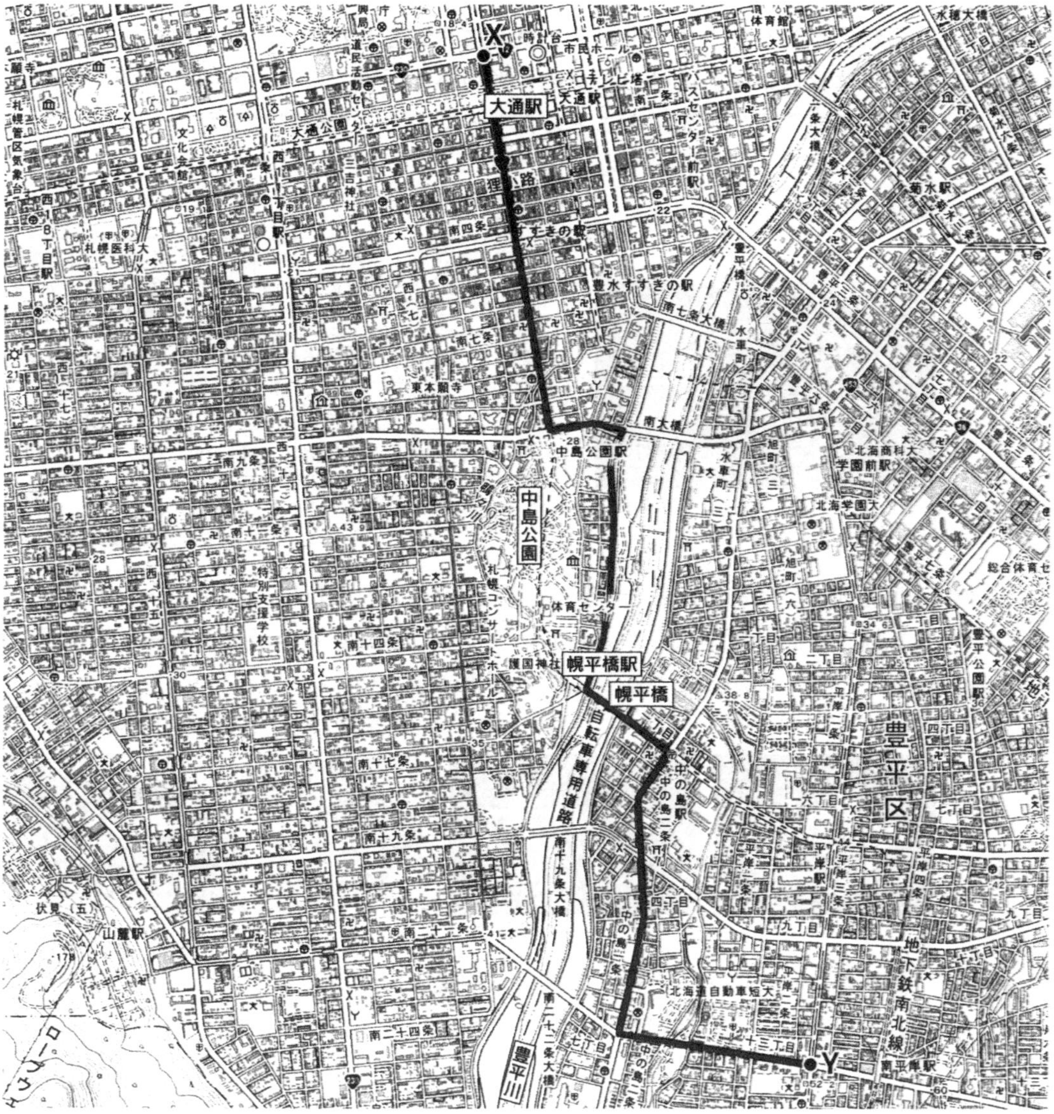

（国土地理院　平成27年発行２万５千分の１地形図「札幌」）

（1）　**地図**の**X ― Y**で示されているのは，2021年の東京オリンピックのマラソン競技で使用されたコースの一部である。**地図**を見て，①・②の問いに答えなさい。

①　**資料1**はこのコースについて述べた文章である。下線部ア～エから**誤っているもの**を１つ選び，記号を書きなさい。

資料1

地下鉄南北線「大通駅」をア南に進む。「中島公園」手前で左に曲がる。「豊平川」沿いを南に進む。イ博物館を右手に見ながら進む。「幌平橋駅」を左に曲がり，「幌平橋」を渡る。ウ郵便局の手前を右に曲がり南に進む。神社を左手に見ながら進む。エ小学校の角を左に曲がる。

② **地図のX ― Y**で書かれている長さは，地図上で約19cmである。実際の距離は約何mか書きなさい。

（2）　**資料2**は2021年７月に世界文化遺産に登録された青森県の三内丸山遺跡である。**資料3**は青森県・新潟県・千葉県・香川県の面積，人口，米の産出額，果実の産出額，小売業商品販売額をまとめたものである。青森県にあたるものを，ア～エから１つ選び，記号を書きなさい。

資料2

（文化庁ＨＰ）

資料3

	面積（㎢）	人口（千人）	米の産出額（億円）	果実の産出額（億円）	小売業商品販売額（億円）
ア	9646	1246	553	828	14715
イ	5158	6259	728	157	64055
ウ	12584	2223	1445	77	26031
エ	1877	956	126	64	11694

（『データでみる県勢2021』より作成）

（3）　東北地方では古くから岩手県の南部鉄器のような伝統工芸品が作られてきた。東北地方の武将伊達政宗が訪れていたとされる佐賀県の伝統工芸品として正しいものを，ア～エから１つ選び，記号を書きなさい。

ア

イ

ウ

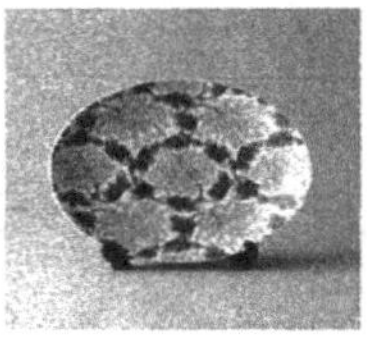

エ

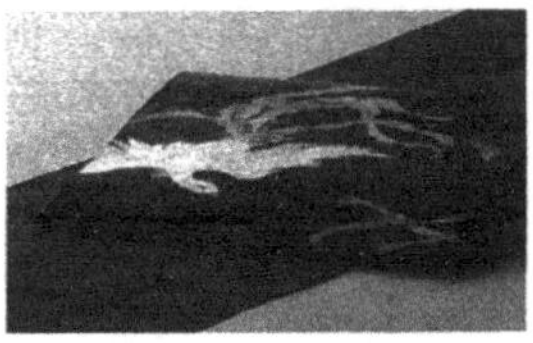

（4）　**資料4**は秋田県・埼玉県・茨城県・沖縄県の人口30万人以上の都市数，65歳以上人口の割合，人口増加率をまとめたものである。秋田県にあたるものを，ア～エから１つ選び，記号を書きなさい。

資料4

	人口30万人以上の都市数	65歳以上の人口割合（%）	人口増加率（%）
ア	1	36.4	−1.47
イ	5	26.4	0.28
ウ	0	28.9	−0.53
エ	1	21.6	0.21

（『県勢2020』より作成）

（5）　**資料5**の〇で見られるような海岸線が複雑に入り組んだ地形を，リアス海岸とよぶ。**A**～**C**の地域にあてはまる名称の組み合わせとして正しいものを，ア～カから1つ選び，記号を書きなさい。

資料5

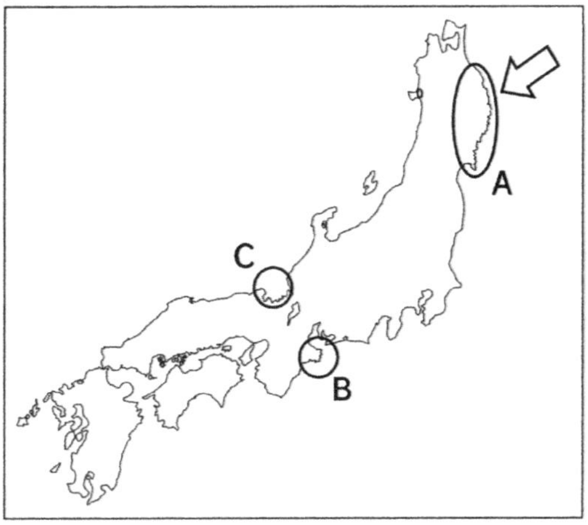

	A	B	C
ア	三陸海岸	房総半島	若狭湾
イ	日南海岸	志摩半島	富山湾
ウ	三陸海岸	志摩半島	富山湾
エ	日南海岸	房総半島	若狭湾
オ	三陸海岸	志摩半島	若狭湾
カ	日南海岸	房総半島	富山湾

（6）　**資料6**のグラフで2003年の岩手県の作況指数が山形県より大幅に低い理由として考えられることを，**資料5**の⇙で示した**風の名称**を使って簡潔に書きなさい。

資料6　　岩手県と山形県の作況指数

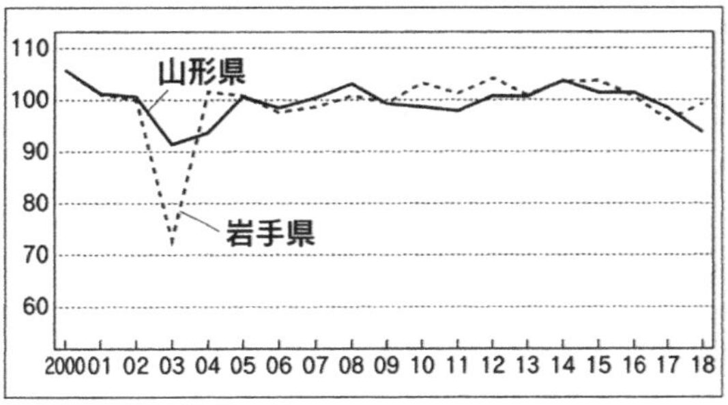

（農林水産省資料より作成）

【3】　大輝さんは，教育機関について調べ学習をおこない，パネルにまとめた。パネル1～4は，その一部である。（1）～（4）の問いに答えなさい。

パネル1

ａ奈良時代の教育機関としては，官吏養成のために中央に大学，地方に国学がおかれた。

平安時代になると，貴族は一族子弟の教育のために，寄宿舎に当たる大学別曹を設けた。また（　ｂ　）が創設した綜芸種智院は，庶民に対しても教育の門戸を開いたことで名高い。

パネル2

15世紀中頃，関東管領上杉憲実が足利学校を再興した。ここでは全国から集まった禅僧・武士に対して高度な教育がほどこされた。

この頃すでに地方でも武士の子弟を寺院に預けて教育を受けさせる習慣ができており，『庭訓往来』やｃ『御成敗式目』などが教科書として用いられていた。

パネル3

1549年，イエズス会宣教師フランシスコ＝ザビエルが鹿児島に到着し，ｄ大友義鎮（宗麟）らの大名の保護を受けて布教を開始した。

その後，宣教師はあいついで来日し，南蛮寺（教会堂）やコレジオ（宣教師の養成学校）・セミナリオ（神学校）などをつくって布教につとめた。

パネル4

江戸時代には，学者たちにより新たな私塾が各地でつくられた。儒学者広瀬淡窓が豊後日田で開いた咸宜園や，蘭学者緒方洪庵が大坂で始めた適々斎塾（適塾），長門萩に開設された松下村塾などが有名である。またオランダ商館医であったドイツ人シーボルトが，診療所と鳴滝塾を長崎郊外に開き，ｅ高野長英らの人材を育てた。

（1）　**パネル1**に関連して，①・②の問いに答えなさい。

①　**下線部ａ**に関連して，この時代の人々の暮らしについて述べた文として**誤っているもの**を，ア～エから１つ選び，記号を書きなさい。

ア．人々は６年ごとに作られる戸籍に，良民と賤民に分けられて登録された。

イ．男女ともに，口分田の面積に応じて稲を納める租を負担した。

ウ．一般の成人男子には，布や特産物を納める庸・調などの税が課せられた。

エ．律令国家の仕組みは，中国の漢の仕組みを取り入れて作られた。

②　（　ｂ　）にあてはまる人物を，次の文章を参考にして書きなさい。

９世紀の初め，遣唐使に従って唐にわたり密教を学んだ。帰国後，高野山に金剛峯寺を建て，真言宗を広めた。

（2）　**パネル2**の**下線部c**に関連して，**資料1**を読んで内容と一致する文をア～エから1つ選び，記号を書きなさい。

資料1

御成敗式目

一　諸国の守護の職務は，頼朝公の時代に定められたように，京都の御所の警備と，謀反や殺人などの犯罪人の取りしまりに限る。

一　武士が20年の間，実際に土地を支配しているならば，その権利を認める。

一　女性が養子をとることは，律令では許されていないが，頼朝公のとき以来現在にいたるまで，子どものない女性が土地を養子にゆずりあたえる事例は，武士の習慣として数え切れない。

（『新しい社会　歴史』）

式目制定のねらい

（執権北条泰時が弟に送った手紙）

前もって裁決の基準を定め，身分を問わず，公平な裁判ができるよう，細かいことを記しておくのである。

この式目は，律令と異なるところがあるが，仮名しか知らない者が多いので，武家の便利を考えて定めた。

律令を知る者は，武家や民間で百人千人の中で一人二人もいないであろう。だから朝廷の裁判官の都合のよいように裁判されてしまうのだ。

（『学び考える歴史』）

ア．守護の職務は，鎌倉幕府が成立した頃に定められたものと同じである。

イ．武士の習慣では，子どものない女性が養子に土地をゆずりあたえることは認められていない。

ウ．この式目は律令とまったく同じ内容であるが，仮名しか知らない者が多いので定めた。

エ．律令を知る者は少ないので，幕府の裁判官に都合の良いように裁判されてしまう。

（3）　**パネル3**の**下線部d**に関連して，大友義鎮(宗麟)らがキリスト教の信者になった理由の1つは［　　　　］に書かれていることである。**資料2**を参考にして，（　　）にあてはまる語句を**漢字4字**で書きなさい。

（　　　　　）の利益を得られると考えたから。

資料2

（神戸市立博物館HP）

（4）　**パネル4**に関連して，①・②の問いに答えなさい。

①　**下線部e**に関連して，この人物は，通商などを求めて接近したアメリカの商船を砲撃した事件（モリソン号事件）を批判したため，幕府から厳しく処罰された。幕府がこのような措置を取る根拠となった**資料3**の法令を何というか，書きなさい。

資料3

> イギリスに限らず，南蛮や西洋の国は幕府が厳禁しているキリスト教の国であるから，今後はどこの海辺の村においても，外国船が乗り寄せてきたのを見たならば，その村にいる人々で，ためらうことなく，ひたすら撃退し，もし強引に上陸したならばつかまえ，場合によっては討ち取っても差し支えない。

（『新しい社会　歴史』）

②　江戸時代後期，諸藩では財政立て直しのためのさまざまな改革がおこなわれた。**資料4**を参考にして，成功した諸藩に見られる政策を次の語句を**すべて使って**簡潔に書きなさい。

語句「 特産物・登用 」

資料4

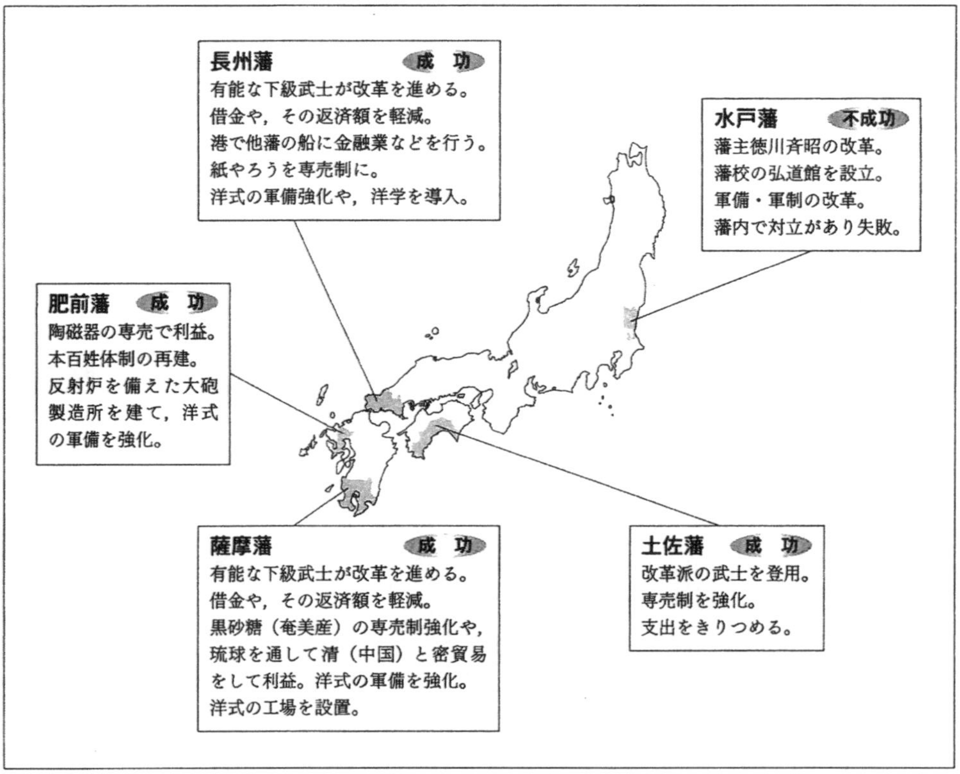

（『学び考える歴史』より作成）

２０２２年度　国語　後期解答用紙

大分高等学校

※解答は楷書で正しく書くこと

【一】

問一
1
2
3
4
5　やかな
6

問二
(1)
(2)

問三
(1)
(2)

(　　)点

1点×10

【二】

問一

問二

問三
(1) Ⅰ　Ⅲ
(2)
(3)

問四
Ⅰ
Ⅱ

問五
怒
楽

問六
(1)
(2)

問七

(　　)点

2点×9
問三(1)，問四，問五，問六は完答

受験番号		得点	点

※60点満点

【3】

(1)	①	通り	②		点
(2)	①	$x=$ 　　$y=$	②	人以上　　人以下	

【4】

(1)	時間	(2)	時間	点
(3)	時間	(4)	時間	

【5】

(1)		(2)		点
(3)		(4)		

【6】

(1)		(2)		点
(3)		(4)		

受験番号		得点	点

※60点満点

【4】　⑴３点　⑵１点×２　⑶２点　⑷２点　⑸３点

(1)				点
(2)	(c)		(d)	
(3)			(4)	
(5)				

【5】　⑴２点　⑵完答３点　⑶２点×４

(1)					点
(2)					
(3)	①		②		
	③		④		

受験番号		得点	点

※60点満点

【5】 (1)2点×2 (2)2点 (3)2点

(1)	符号	圧力 Pa	(2)		(3)		点

【6】 (1)1点 (2)1点 (3)1点 (4)2点 (5)完答2点

(1)		(2)		(3)		点
(4)				(5)	A	B

【7】 (1)1点 (2)1点 (3)①完答1点 ②1点 (4)1点×2 (5)2点

(1)			点
(2)			
(3)	① 変化するもの	色	
	②		
(4)	③	④ 試験管	
(5)			

【8】 (1)1点 (2)1点 (3)1点 (4)完答1点 (5)2点

(1)		(2)		(3)		点
(4)						
(5)						

受験番号		得点	点

※60点満点

【4】 ⑴１点 ⑵完答１点 ⑶１点 ⑷１点 ⑸２点 ⑹２点 ⑺２点

（１）カタカナ	（２）		
（３）	（４）		
		点	
（５）	（６）		
（７）漢字５字		点	点

【5】 ⑴１点 ⑵１点 ⑶２点 ⑷２点 ⑸２点×２

（１）	（２）			
			点	
（３）	（４）	（５）①漢字４字		
（５）②				
			点	点

【6】 ⑴１点×２ ⑵１点×２ ⑶２点×３

（１）①	（１）②		
（２）①	（２）②		
		点	
（３）①	（３）②ｉ漢字２字		
（３）②ii６字		点	点

受験番号		得点	点

※60点満点

2022年度　社会　後期解答用紙　大分高等学校

【1】 (1) 1点×2　(2) 2点×2　(3) 2点×2

(1) ①	(1) ②		
		点	
(2) ①	(2) ②		
略称　アルファベット ／ 記号	度		
(3) ①	(3) ②		
		点	点

【2】 (1) 1点×2　(2) 1点　(3) 1点　(4) 2点　(5) 2点　(6) 2点

(1) ①	(1) ②		
	約　m		
(2)	(3)		
		点	
(4)	(5)		
(6)			
		点	点

【3】 (1) 1点×2　(2) 2点　(3) 2点　(4) 2点×2

(1) ①		(1) ②		
			点	
(2)	(3) 漢字4字	(4) ①		
(4) ②				
			点	点

2022年度　理科　後期解答用紙　大分高等学校

【1】　(1)１点　(2)２点　(3)２点　(4)２点

(1)		(2)	cm	(3)	cm	(4)	cm	点

【2】　(1)１点　(2)１点　(3)２点　(4)２点　(5)２点

(1)		(2)		(3)		
(4)		(5)				点

【3】　(1)１点　(2)①２点×２　②１点　(3)完答１点

(1)				
(2)	①　ア			
	①　イ			
	②　倍			
(3)	①	②	③	点

【4】　(1)１点×２　(2)１点　(3)１点　(4)完答２点　(5)１点　(6)完答２点

(1)	P波	S波	(2)	km	
(3)	９時17分　秒	(4)	P波　km/秒	S波　km/秒	
(5)	秒	(6)	時　分　秒		点

2022年度　　英語　　後期解答用紙　　　　大分高等学校

【1】　[A] 1点×2　[B] 1点×3　[C] 2点×3

[A]	1番		2番					
[B]	1番		2番		3番			
[C]	1番		2番		3番			点

【2】　1点×10

A	(1)	①		②		③		④	
	(2)			(3)					
B	①		②		③		④		点

【3】　A．(1) 2点×2　(2) 3点　B．7点

A	(1)	①		
		②		
	(2)			
B	I want to talk about（ ）.			点

2022年度　**数学**　**後期解答用紙**　大分高等学校　2点×30

【1】

(1)	①		②		
	③		④		
	⑤				
(2)	$x=$	(3)			
(4)	$\angle x=$	(5)	円		
(6)					点

【2】

(1)	$a=$	(2)		
(3)		(4)		点

【三

問一

問二

20

25

問三

問四

20

こと

10

問五

問六

A

B

問七

問八

問九

I

II

(　　) 点

２点×10
問六は完答

【四】

問一

問二

問三

問四

問五

問六

(　　) 点

２点×６

【4】 由岐子さんは，ナイチンゲールと志賀潔について調べ学習をおこない，年表にまとめた。（1）～（7）の問いに答えなさい。

年表

ナイチンゲールの生涯		志賀潔の生涯	
1820	aフィレンツェで誕生	1871	仙台藩で誕生
1851	ドイツのカイザースベルト学園に滞在	1892	d帝国大学医科大学に入学
b1854	クリミア戦争に従軍	1897	赤痢菌発見
1860	ナイチンゲール看護学校設立	1920	e朝鮮総督府医院長に就任
1901	完全に目が見えなくなる	f1929	現在のソウル大学校の総長に就任
1907	女性として初めて有功勲章を授かる	1931	東京で北里研究所の顧問に就任
1910	cイギリスで死去	1945	（ g ）で被災
		1957	宮城県で死去

（1） **下線部a**に関連して，この都市では古代ギリシャ・ローマの文化を学び直す動きが最初に始まった。これを何というか，**カタカナ**で書きなさい。

（2） **下線部b**に関連して，この年日本では日米和親条約が結ばれた。このとき開港した港の位置を地図上のア～オから**2つ**選び，記号を書きなさい。

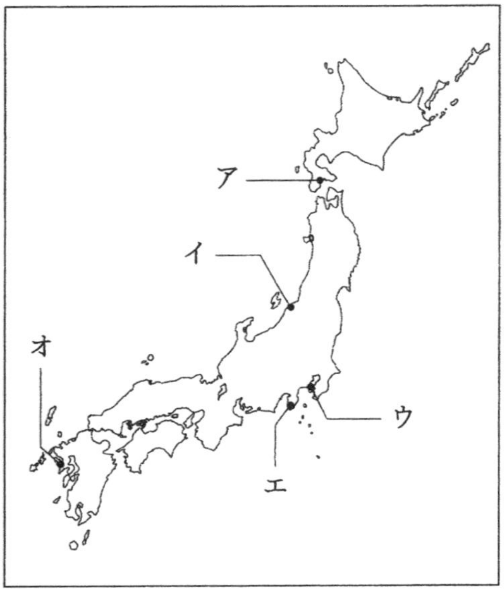

（3） **下線部c**の国が関係するできごとA～Dを年代の**古い順**に並べたものとして正しいものを，ア～エから1つ選び，記号を書きなさい。

A．アヘン戦争　　B．ガンディーの非暴力・不服従運動

C．権利章典　　D．日英同盟

ア．C→B→A→D　　イ．C→A→D→B

ウ．A→C→D→B　　エ．A→B→D→C

（4） **下線部d**に関連して，由岐子さんは志賀潔以外の帝国大学出身者を調べ，加藤高明首相(在任：1924～1926)に関係する資料を集めた。しかし，１つだけ**間違った資料**を入れてしまった。その資料を，ア～エから１つ選び，記号を書きなさい。

ア

> 第１条　国体を変え，改めること，あるいは私有財産制を否認することを目的として結社を組織した者，またはその事情を知っていて結社に加入した者は，十年以下の懲役または禁固にする。

イ

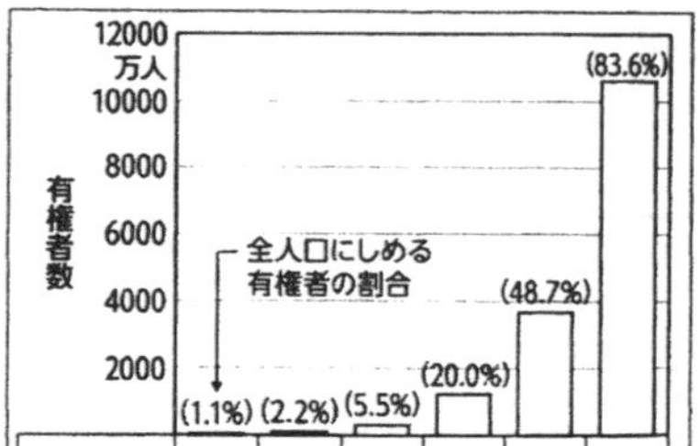

法改正年	1889	1900	1919	1925	1945	2015
実施年	1890	1902	1920	1928	1946	2016
年齢(以上)	男25	男25	男25	男25	男女20	男女18
直接国税(円)	15	10	3	普通選挙		

ウ

第二次護憲運動の結果成立した内閣

エ

（5） **下線部e**に関連して，**資料１・２**から読み取れることとしてもっとも適当なものを，ア～エから１つ選び，記号を書きなさい。

ア．**資料１**の**X**の人物は，韓国統監府の初代統監であり，初代の内閣総理大臣でもあった大隈重信である。

イ．**資料１**の**Y**の人物（韓国の皇太子）が和服姿であるのは，日韓親善を強調するためと考えられる。

ウ．**資料２**に書かれている歴史的なできごとは，甲午農民戦争である。

エ．**資料２**の短歌を詠んだ石川啄木は，このできごとを歓迎している。

資料１

（『新しい社会　歴史』より作成）

資料２

> 地図の上朝鮮国に黒々と墨を塗りつつ秋風を聴く

（6）　**下線部ｆ**に関連して，この年は世界恐慌がおこった年である。**資料３**を参考にして，各国の当時の状況として**誤っているもの**を，ア～エから１つ選び，記号を書きなさい。

資料３　おもな国の鉱工業生産の推移

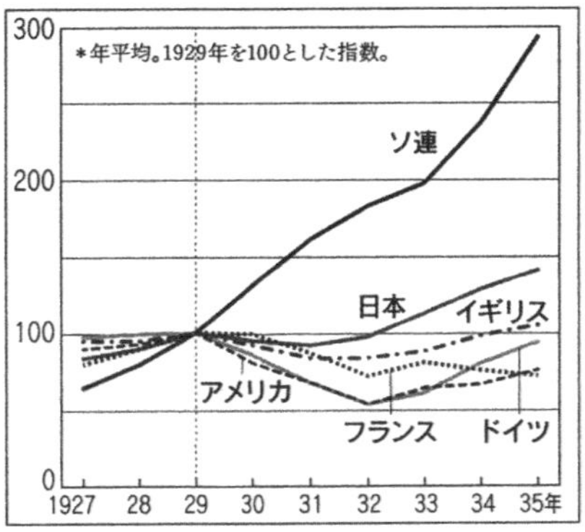

（『新しい社会　歴史』より作成）

ア．アメリカでは，ウィルソン大統領がニューディール政策を実施した。
イ．イギリスやフランスでは，ブロック経済を成立させた。
ウ．ドイツでは，ヒトラーの率いるナチスによる独裁がおこなわれた。
エ．ソ連は，五ヵ年計画を実施していたため，世界恐慌の影響を受けなかった。

（7）　（　ｇ　）にあてはまるできごとを，**資料４**を参考に**漢字５字**で書きなさい。

資料４

　来たなと思った瞬間，夜空が深紅に染まって大火災の発生を知らせた。浅草橋の交差点まで来ると，前方は大火炎が渦を巻いて凄絶《せいぜつ》そのもの。避難してくる人人人。

　周囲は猛火の壁に囲まれ，熱風に煽《あお》られ，眼も開いておられない。空を仰げば醜敵《しゅうてき》Ｂ29は低空で乱舞している。そして焼夷弾《しょういだん》の束は無数に落下してくるのだ。

1945年３月10日の（　ｇ　）後の写真

（『学び考える歴史』より作成）

【5】　恵美さんと美月さんは，決まりについて話し合いをおこなうため，法に関することを調べ発表した。会話文は，その一部である。（1）～（5）の問いに答えなさい。

会話文

先生：今日は，「多様化していく社会で必要とされる **a** 新たな決まりは何か」というテーマについて話し合ってもらいます。社会の中で多くの人々がともに暮らしていくためには，決まりが必要になります。法はそのような決まりの一つです。調べたことを発表し，話し合いましょう。

恵美：私は，生活に関わる法をいくつか調べ，**資料1**にまとめました。それ以外に，**b** 企業に勤めた際の賃金や休日などの労働条件，**c** 権利・義務などといった，多くの決まりについて細かく定められています。さらに，**d** 消費者基本法など消費者の権利や自立の支援などの基本理念を定めた法律があります。

美月：私は，法と裁判の関係について，**資料2**にまとめました。法には，社会の秩序を保つ役割があります。他にも法にもとづいて，行政がおこなわれています。

先生：法について理解するということは，決まりについて話していく中でも重要なことです。それでは資料を使い，さらにテーマについて話し合いを進めていきましょう。

資料1

出生	成年
出生届を提出 （戸籍法第49条）	年齢20歳をもって，成年とする。（民法第４条） ただし，2022年４月以降，成年になる年齢が満18歳となる。
結婚	**e 地方公共団体**
女性16歳，男性18歳になると結婚が可能になる。（民法第731条） ただし，2022年４月以降，男女とも満18歳となる。	地方公共団体は，普通地方公共団体及び特別地方公共団体とする。（地方自治法第１条の３）

資料2

法律は，司法にも大きく関係している。司法では，あらかじめ定められた法に従って，土地などの所有権をめぐる争いに決着をつけたり，犯罪を起こした疑いのある人が有罪か無罪かを判断したりする。こうした司法の仕事をおこなうのが **f** 裁判所である。

（1）　**下線部 a** に関連して，新しい人権は，主に日本国憲法第13条に定められている「幸福追求権」にもとづいて主張されている。**資料3**の建物は，ある権利に配慮されたことにより，側面が階段状の形をしている。その権利として正しいものを，ア～エから１つ選び，記号を書きなさい。

資料3

（『新しい社会　公民』）

ア．プライバシーの権利
イ．自己決定権
ウ．環境権
エ．知る権利

（2） **下線部b** に関連して，**資料４** は企業について述べた文章である。 X ～ Z に入る語句の組み合わせとして正しいものを，ア～カから１つ選び，記号を書きなさい。

資料4

資本主義経済で，利潤を目的とする企業を X 企業という。日本の企業数は，99%以上が Y 企業で，日本の生産力を支えている。近年では，企業の在り方を大きく変え，新技術を活用して，新しい分野に乗り出したり，企業を起こしたりする起業の重要性が高まっている。特に，独自の先進技術を活用して急成長する Z 企業が増えている。

	X	Y	Z
ア	公	中小	ベンチャー
イ	公	大	トレンド
ウ	公	中小	トレンド
エ	私	大	ベンチャー
オ	私	中小	ベンチャー
カ	私	大	トレンド

（3） **下線部c** に関連して，**資料５** は，それぞれ平等権と社会権について述べた文章である。**ⅰ・ⅱ** の正誤の組み合わせとして正しいものを，ア～エから１つ選び，記号を書きなさい。

資料5

ⅰ　平等権は，だれもが等しく生きるための権利である。この権利にもとづいて，1999年には男女共同参画社会基本法が制定され，男性も女性も対等な立場で活躍できる社会を創ることが求められている。

ⅱ　社会権は，人間らしい豊かな生活を送るための権利である。この権利にもとづいて，2016年から，満18歳以上のすべての国民に選挙権が認められた。

	ⅰ	ⅱ
ア	正	正
イ	正	誤
ウ	誤	正
エ	誤	誤

（4） **下線部d** に関連して，消費者問題に関する説明として **誤っているもの** を，ア～エから１つ選び，記号を書きなさい。

ア．訪問販売や電話勧誘などで商品を購入した場合に，購入後８日以内であれば消費者側から無条件で契約を解除できるクーリング・オフ制度がある。

イ．契約上のトラブルから消費者を保護する消費者契約法がある。

ウ．2009年には，政府のさまざまな省庁がおこなっていた消費者政策をまとめておこなう，中小企業庁が設置された。

エ．欠陥商品で消費者が被害を受けたときの企業の責任について定めた製造物責任法（ＰＬ法）がある。

（5）　**下線部 f** に関連して，①・②の問いに答えなさい。

①　**資料6**は，ある制度で使用される投票用紙の一部である。この制度は，最高裁判所の裁判官に対して国民の意思を示すもので，衆議院議員総選挙の際に実施されることになっている。この制度を何というか，**漢字4字**で書きなさい。

資料6

注意《ちゅうい》

一　やめさせた方《ほう》がよいと思《おも》う裁判官《さいばんかん》については、その名《な》の上《うえ》の欄《らん》に×を書《か》くこと。

二　やめさせなくてよいと思《おも》う裁判官《さいばんかん》については、何《なに》も書《か》かないこと。

×を書《か》く欄《らん》	裁《さい》判《ばん》官《かん》の名《な》
	○○○
	△△△

②　裁判官は，公正中立な立場を象徴し，**資料7**のように「他の何色にも染まらない」という意味の，黒の法服を着用している。この公正中立を確保するための原則が「司法権の独立」である。「司法権の独立」について，次の語句を**すべて使って**簡潔に説明しなさい。

語句「 国会・内閣 」

資料7

（『新しい社会　公民』）

【6】 **理帆さんのクラスでは，夏休みの課題で調べ学習をおこない，パネルにまとめた。パネル1・2は，その一部である。（1）～（3）の問いに答えなさい。**

パネル1

○大分市子ども条例
第3条
子どもの育成に関する基本理念は，次のとおりとする。
(1) 家庭，学校等，地域，事業主及び**a**市が主体的にそれぞれの役割及び責務を果たすとともに，相互に連携協力することにより，将来の地域社会を担う子どもが健やかに育つための環境が整えられること。
(2) 子どもの年齢及び成長に応じ，子どもの意見が尊重され，子どもにとって最善の利益が考慮されること。
(3) 子どもに関心を寄せ，触れ合う中で信頼関係の確立に努めること。

第10条
事業主は，子どもの育成に関し，次に掲げる役割を果たすよう努めるものとする。
(1) その**b**事業所で働く保護者が仕事と生活の調和を図ることができるよう職場環境づくりを進めること。
(2) 地域社会の一員として，学校等，地域，市等の行う子どもの育成に関する活動に協力すること。

（大分市ＨＰより作成）

（1） **下線部a**に関連して，①・②の問いに答えなさい。

① 地方公共団体と国の政治のしくみとして**誤っているもの**を，ア～エから1つ選び，記号を書きなさい。

ア．地方公共団体の首長は地方議会の指名により選出され，内閣総理大臣は国会の指名により選出される。

イ．地方公共団体の議会は首長の不信任の議決をおこなうことができ，衆議院は内閣不信任の議決をおこなうことができる。

ウ．地方公共団体の首長は議会の解散をおこなうことができ，内閣は衆議院の解散をおこなうことができる。

エ．地方公共団体の議員選挙も国会議員選挙も選挙権の年齢は同じであり，市（区）町村長と衆議院議員の被選挙権の年齢も同じである。

② **資料1**は，大分市の2015年の人口ピラミッドである。大分市の総人口の減少や少子高齢化がこのまま進むと，50年後の人口ピラミッドはどのような形になると予測されるか。もっとも適当なものを，ア～エから１つ選び，記号を書きなさい。

資料1

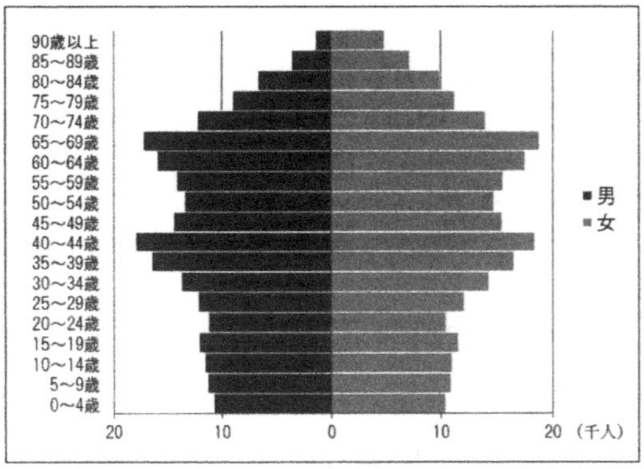

(大分市人口ビジョンＨＰより作成)

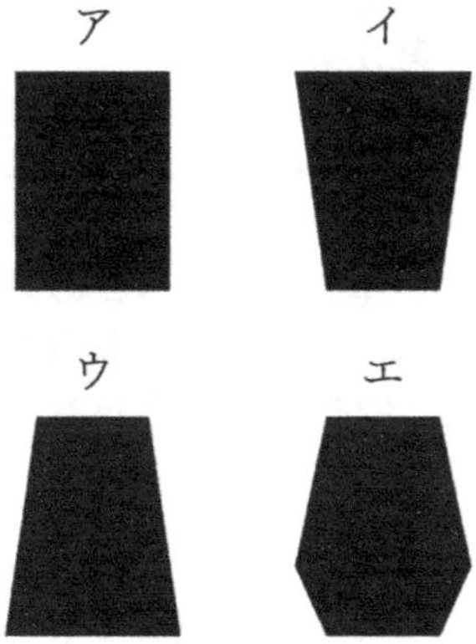

（2） **下線部b**に関連して，①・②の問いに答えなさい。

① **資料2**は労働者を，正規の社員・従業員と非正規の社員・従業員という２種類の雇用形態に分け，割合を示したグラフである。雇用形態のうち，非正規の社員・従業員の割合を示しているのはどれか，組み合わせとして正しいものを，ア～エから１つ選び，記号を書きなさい。

資料2

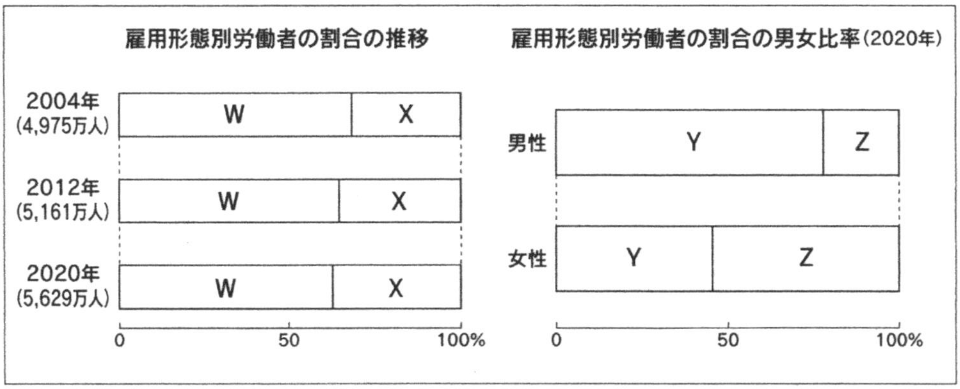

(独立行政法人労働政策研究・研修機構ＨＰより作成)

ア．WとY　　イ．WとZ　　ウ．XとY　　エ．XとZ

② 非正規の社員・従業員について述べた文として**適当でないもの**を，ア～エから１つ選び，記号を書きなさい。

ア．労働者側は働く日数や時間を選ぶことができるメリットがある。

イ．終身雇用と年功序列賃金の形態が一般的である。

ウ．正規の社員・従業員との間の経済的格差の解消が課題となっている。

エ．企業側は業績に応じて雇用する労働者の数を調整しやすい。

（3） **パネル2**は，大分県の輸出品について，新聞記事を用いてまとめたものの一部である。①・②の問いに答えなさい。

パネル2

木材けん引 最高更新

20年度県産農林水産物輸出額28．9億円

２０２０年度に県内から輸出した農林水産物の総販売額は28億９２４６万３千円で前年度から約３億３千万円増え、５年連続で過去最高を更新した。全体の半分を占める原木丸太が好調で、主力市場の中国の経済回復が助けになった。一方、米国の外食産業を主な取引先とする養殖ブリは激減するなど、新型コロナウイルス禍で明暗が分かれた。

丸太は14億７５０９万４千円（13万１７８８立方メートル）だった。新型コロナの影響で中国向けの輸出が一部止まった前年度は約11億４千万円にとどまったものの、４月からの再開で持ち直した。土木現場の型枠材や建築の内装材として引き合いが多く、大分、佐伯、中津港から運んだ。

製材も２億９３９１万１千円（８６７０立方メートル）で３・３％増加。中国や北米向けが堅調だった。

中　略

養殖ブリは２億７５１万円（２３４トン）で前年度の約５億１千万円から６割弱、落ちた。18年度から出荷を始めた養殖クロマグロが５２５９万６千円（23トン）と７割超上昇したのに対し、影響が大きかった。

中　略

おおいたブランド推進課は「コロナ禍で対面でのＰＲ活動ができずに苦労した。現地のサポーターや日系商社の協力を得ながら何とか数字を残せた」と話す。

県内の19年度の農林水産物の産出総額は１８１９億円で、海外向けの割合はまだ低い。県は24年度に輸出額を57億円とする目標を設けている。

後　略

（大分合同新聞令和３年６月９日紙面より作成）

① **パネル2**を見て，大分県の2020年度の農林水産物の輸出について読み取れることとして，**適当でないもの**を，ア～オから１つ選び，記号を書きなさい。

ア．農林水産物輸出額が過去最高を更新した要因は，中国の経済回復が影響している。

イ．丸太の輸出額は，前年度より約1.3倍の伸びである。

ウ．おおいたブランド推進課は，農林水産物の輸出において苦労した点として，コロナ禍で対面でのＰＲ活動ができなかったことをあげている。

エ．前年度に比べて養殖クロマグロの輸出額が伸びたことにより，養殖ブリの輸出額の減少額をほぼ補うことができた。

オ．大分県は，農林水産物輸出額について，2024年度は2020年度実績の約２倍にすることを目標にしている。

② **傍線部**に関連して，ｉ・ⅱの問いに答えなさい。

ｉ　貿易などにおいて，それぞれの国が競争力が強い得意分野の産業に力を入れ，競争力の弱い産業については他国に頼る関係のことを，「国際（　**A**　）」という。**A**に入る適当な語句を，**漢字２字**で書きなさい。

ⅱ　人やもの，お金や情報などが，国境を越えて移動し地球規模に広がることを何というか，**６字**で書きなさい。

2022(R4) 大分高
K教英出版